U0831443

山西省普通高中
数学学科
新课程教学指导与实施建议

山西省教育科学研究院　编

编　委　会

主　　任：郭晚盛
副 主 任：卢　红　刘斌魁　肖增英
编　　委：（以姓氏笔画为序）
王月玲　毛新耀　卢　红　冯　宇　刘桂云
刘斌魁　孙潇巍　李元平　连玉秀　肖增英
张敬侠　赵　靖　郭晚盛　常　磊　常玉梅
阎建平　程淑贞　薛红霞

本册主编：薛红霞
本册编委：（以姓氏笔画为序）
卫　锋　马　婷　马胜利　王　萍　王阿庆　王晓光
王晓玲　田晨曦　白　伟　朱喜娜　任建宝　刘　帆
刘文武　刘国玲　刘晓瑜　刘跃梅　李　叶　李　汇
李　刚　李　宇　李三有　李林霞　李海玲　岑学琴
何宏杰　佟　佳　宋文霞　张　贺　张士彩　张立平
张永刚　张丽丽　张明明　武海瑞　赵玉东　赵爱国
赵浩浩　赵婧一　赵煜政　祝　妍　栗忠勇　徐晓莉
高　鹏　郭金红　常　青　常　磊　常丽丽　梁豪豪
逯振娟　董　凯　董乔宝　韩　灵　韩丽英　谢永清
蔚　旺　薛红霞　薛翠萍

山西出版传媒集团　山西教育出版社

图书在版编目（CIP）数据

山西省普通高中数学学科新课程教学指导与实施建议 / 薛红霞著. — 太原 ：山西教育出版社，2022.6（2022.10 重印）
ISBN 978-7-5703-2491-0

Ⅰ. ①山… Ⅱ. ①薛… Ⅲ. ①中学数学课—教学研究—高中 Ⅳ. ①G633.602

中国版本图书馆 CIP 数据核字（2022）第 084632 号

山西省普通高中数学学科新课程教学指导与实施建议

SHANXI SHENG PUTONG GAOZHONG SHUXUE XUEKE XINKECHENG JIAOXUE ZHIDAO YU SHISHI JIANYI

责任编辑 张志强
复　　审 姚吉祥
终　　审 闫果红
装帧设计 王　妮
印装监制 赵　群

出版发行 山西出版传媒集团·山西教育出版社
（太原市水西门街馒头巷 7 号　电话：0351-4729801　邮编：030002）
印　　装 山西万佳印业有限公司
开　　本 787×1092　1/16
印　　张 15
字　　数 246 千字
版　　次 2022 年 7 月第 1 版　2022 年 10 月山西第 2 次印刷
书　　号 ISBN 978-7-5703-2491-0
定　　价 57.00 元

如发现印装质量问题，影响阅读，请与山西教育出版社联系调换。电话：0351-4729588

序　言

我省已于2020年从高一起始年级实施普通高中新课程，并将于2025年全部实施新课程、新高考。

为贯彻落实《国务院办公厅关于新时代推进普通高中育人方式改革的指导意见》（国办发〔2019〕29号）、《教育部关于印发普通高中课程方案和语文等学科课程标准（2017年版2020年修订）的通知》（教材〔2020〕3号）和《山西省教育厅关于印发普通高中新课程学科教学指导意见的通知》（晋教基〔2021〕13号）的精神，确保普通高中新课程、新高考在我省顺利实施，帮助各学科教师更好地理解和贯彻新课程、新教材理念，把握学科核心素养及学科本质，真正起到对普通高中新课程学科教学的指导和促进作用，在多次深度调研和广泛征求意见的基础上，山西省教育科学研究院与山西教育出版社联合研发出版了《山西省普通高中学科新课程教学指导与实施建议》（以下简称《教学指导与实施建议》）。

省教科院普通高中各学科相关人员高度重视丛书的研制工作，各学科教研员作为研制工作的第一责任人，组织了山西省普通高中新课程各学科指导组核心成员，多次研讨，反复修改，并将丛书的研制和前期的调研结合起来，高质量完成了《教学指导与实施建议》编写任务。山西教育出版社学科编辑逐字斟酌，反复琢磨，高质量完成了《教学指导与实施建议》的编辑工作，使得丛书得以如期出版。

《教学指导与实施建议》是针对近两年我省新课程实施中存在的难点、热点问题研发的，因此非常重视对教学指导与课标、教材、教师教学用书及教学典型案例关系的科学处理，既要具有一定高度，又不与国家政策有过多的重复；既要反映新课程对教学的共性要求，又要结合我省学科教学的实际针对性地提出可操作的意见。丛书在撰写方式上采用了理论和实践、指导和案例相融合的方式。

《教学指导与实施建议》的编写主要分两部分。第一部分为“山西省普通高中学科新课程教学指导意见”，根据各学科课程标准，结合我省普通高中教学实际，内容设置为“深刻理解课程性质与基本理念”“全面落实学科核心素养与课程目标”“科学安排三年教学规划”“准确把握学业质量标准”“灵活运用多种教学方式”等，基本与课程标准中的课程性质与基本理念、学科核心素养与课程目标、课程结构、学业质量、实施建议等内容相对应。第二部分为“山西省普通高中学科新课程教学实施建议”，是以各学科课程标准为依据，针对我省普通高中教学实际，对课程标准各模块主题中的“内容标准”提出较明确、具体的学习目标以及相应的实施建议、参考事例，对教学策略、教学方式、教学方法、教学活动，以及教师在教学中应如何落实相关知识点，怎样把握教学深度和广度，如何落实学科核心素养和学业质量标准要求等，提出了相应的建议和教学设计案例，供教师在教学中参考。

教师在使用过程中，要处理好《教学指导与实施建议》同学校特色发展的关系，要处理好《教学指导与实施建议》同本校学生个性发展的关系。虽然《教学指导与实施建议》提出了非常明确具体的教学指导和实施建议，但我们更鼓励教师要根据本校实际条件和教学情况创造性地加以发挥运用。

山西省教育科学研究院院长 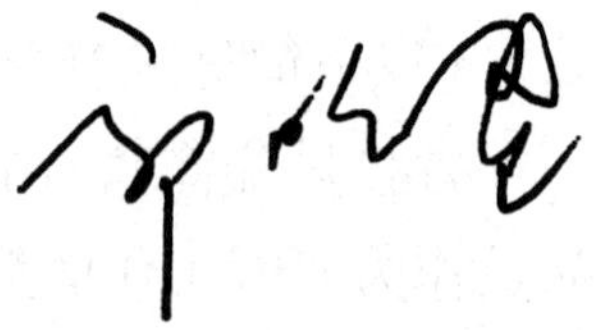

目　录

第二篇　新课程教学评价探索

上 编

山西省普通高中数学学科新课程教学指导意见

为贯彻落实新课程理念要求，推进普通高中育人方式变革，根据普通高中新课程方案、数学学科课程标准等，结合我省普通高中数学学科教学实际，制定本意见。

一、深刻理解课程性质与基本理念

（一）课程性质

数学是研究数量关系和空间形式的一门科学。数学源于对现实世界的抽象，基于抽象结构，通过符号运算、形式推理、模型构建等，理解和表达现实世界中事物的本质、关系和规律。数学与人类生活和社会发展紧密关联。数学不仅是运算和推理的工具，还是表达和交流的语言。数学承载着思想和文化，是人类文明的重要组成部分。数学是自然科学的重要基础，并且在社会科学中发挥越来越大的作用，数学的应用已渗透到现代社会及人们日常生活的各个方面。随着现代科学技术特别是计算机科学、人工智能的迅猛发展，人们获取数据和处理数据的能力都得到很大的提升，伴随着大数据时代的到来，人们常常需要对网络、文本、声音、图像等反映的信息进行数字化处理，这使数学的研究领域与应用领域得到极大拓展。数学直接为社会创造价值，推动社会生产力的发展。

数学在形成人的理性思维、科学精神和促进个人智力发展的过程中发挥着不可替代的作用。数学素养是现代社会每一个人应该具备的基本素养。

数学教育承载着落实立德树人根本任务、发展素质教育的功能。数学教育帮助学生掌握现代生活和进一步学习所必需的数学知识、技能、思想和方法；提升学生的数学素养，引导学生会用数学眼光观察世界，会用数学思维思考世界，会用数学语言表达世界；促进学生思维能力、实践能力和创新意识的发展，探寻事物变化规律，增强社会责任感；在学生形成正确人生观、价值观、世界观等方面发挥独特作用。

高中数学课程是义务教育阶段后普通高级中学的主要课程，具有基础性、选择性和发展性。必修课程面向全体学生，构建共同基础；选择性必修课程、选修课程充分考虑学生的不同成长需求，提供多样性的课程供学生自主选择；高中数学课程为学生的可持续发展和终身学习创造条件。

（二）基本理念

1. 学生发展为本，立德树人，提升素养

高中数学课程以学生发展为本，落实立德树人根本任务，培育科学精神和创新意识，提升数学学科核心素养。高中数学课程面向全体学生，实现：人人都能获得良好的数学教育，不同的人在数学上得到不同的发展。

2. 优化课程结构，突出主线，精选内容

高中数学课程体现社会发展的需求、数学学科的特征和学生的认知规律，发展学生数学学科核心素养。优化课程结构，为学生发展提供共同基础和多样化选择；突出数学主线，凸显数学的内在逻辑和思想方法；精选课程内容，处理好数学学科核心素养与知识技能之间的关系，强调数学与生活以及其他学科的联系，提升学生应用数学解决实际问题的能力，同时注重数学文化的渗透。

3. 把握数学本质，启发思考，改进教学

高中数学教学以发展学生数学学科核心素养为导向，创设合适的教学情境，启发学生思考，引导学生把握数学内容的本质。提倡独立思考、自主学习、合作交流等多种学习方式，激发学习数学的兴趣，养成良好的学习习惯，促进学生实践能力和创新意识的发展。注重信息技术与数学课程的深度融合，提高教学的实效性。不断引导学生感悟数学的科学价值、应用价值、文化价值和审美价值。

4. 重视过程评价,聚焦素养,提高质量

高中数学学习评价关注学生知识技能的掌握,更关注数学学科核心素养的形成和发展,制订科学合理的学业质量要求,促进学生在不同学习阶段数学学科核心素养水平的达成。评价既要关注学生学习的结果,更要重视学生学习的过程。开发合理的评价工具,将知识技能的掌握与数学学科核心素养的达成有机结合,建立目标多元、方式多样、重视过程的评价体系。通过评价,提高学生学习兴趣,帮助学生认识自我,增强自信;帮助教师改进教学,提高质量。

(三)教科书理念

1. 教科书体系依据数学本质,遵从学生认知规律,符合教育规律

数学教科书为"教"与"学"活动提供学习主题、基本线索和具体内容,是实现数学课程目标、发展学生数学学科核心素养重要的教学资源。

数学教科书全面落实立德树人的基本要求,充分体现数学学科特有的育人价值与功能。贯彻高中数学课程的基本理念与要求,贯穿发展学生数学学科核心素养的主线,体现数学内容的逻辑体系,揭示数学内容的发生、发展过程;遵从学生认知规律,合理安排学习内容,形成符合教育学、心理学,且与数学本质相融合的教科书的编排体系以及相应的特色和风格。因此教学中要研读教科书,充分体现教科书的编写意图。

2. 以学科大概念为核心,促进学科核心素养的落实

《课程标准》修订的变化之一是更新了教学内容。进一步精选了学科内容,重视以学科大概念为核心,使课程内容结构化,以主题为引领,使课程内容情境化,促进学科核心素养的落实。结合学生年龄特点和学科特征,课程内容落实习近平新时代中国特色社会主义思想,有机融入社会主义核心价值观,中华优秀传统文化、革命文化和社会主义先进文化教育内容,努力呈现经济、政治、文化、科技、社会、生态等发展的新成就、新成果,充实培养学生社会责任感、创新精神、实践能力相关内容。

数学新教科书落实了《课程标准》的如上精神,体现在具体的内容中。由于高中数学学习内容是经典的基础数学,从知识名称的角度看似乎没有变化,但从立德树人的角度看,其取材和立意都发生了根本的变化,这些都是需要在教学中引起重视的。

这样的变化主要体现在如下方面:部分内容定位的改变,比如常用逻辑用

语、幂函数、向量地位的提升(解三角形与立体几何中的位置关系、距离问题、角度问题等都是向量的应用),等等;内容结构的变化,比如三角函数内容结构的变化、概率与统计的变化,等等;研究视角的改变,比如函数主题中函数概念的抽象方式的统一,突出的变化体现在指数函数和三角函数概念的形成,立体几何研究更凸显数学内在的逻辑关系,等等。

3. 重视数学建模和数学探究,探索新教学

数学建模与数学探究是普通高中数学的一条主线。《课程标准》要求,在必修课程、选择性必修课程中分别进行6课时、4课时的数学建模和数学探究活动,教科书中编写了相关内容。这都属于必修或选择性必修的内容,因此在教学中要实实在在做起来。

教学中要引导每个学生都积极参加,可以是个体活动,也可以是小组活动。教学活动包括对于给出的问题情境,经历发现数学关联、提出数学问题、构建数学模型、完善数学模型、得到数学结论、说明结论意义的全过程;也包括根据现实情境,反复修改模型或者结论,最终提交研究报告或者小论文。无论是研究报告还是小论文,都要阐明提出问题的依据、解决问题的思路、得到结论的意义,遵循学术规范,坚守诚信底线。可以召开小型报告会,除了教师和学生之外,还可以邀请家长、有关方面的专家,对研究报告或者小论文作出评价。可以把学生完成的研究报告或者小论文以及各方评价存入学生个人档案,为大学招生提供参考。

尝试用项目学习的方式开展数学建模和数学探究活动。

二、全面落实学科核心素养与课程目标

(一)学科核心素养

学科核心素养是育人价值的集中体现,是学生通过学科学习而逐步形成的正确价值观念、必备品格和关键能力。数学学科核心素养是数学课程目标的集中体现,是具有数学基本特征的思维品质、关键能力以及情感、态度与价值观的综合体现,是在数学学习和应用的过程中逐步形成和发展的。数学学科核心素养包括:数学抽象、逻辑推理、数学建模、直观想象、数学运算和数据分析。这些数学学科核心素养既相对独立、又相互交融,是一个有机的整体。

1. 数学抽象

数学抽象是指通过对数量关系与空间形式的抽象,得到数学研究对象的素养。主要包括:从数量与数量关系、图形与图形关系中抽象出数学概念及概念之间的关系,从事物的具体背景中抽象出一般规律和结构,并用数学语言予以表征。

数学抽象是数学的基本思想,是形成理性思维的重要基础,反映了数学的本质特征,贯穿在数学产生、发展、应用的过程中。数学抽象使得数学成为高度概括、表达准确、结论一般、有序多级的系统。

数学抽象主要表现为:获得数学概念和规则,提出数学命题和模型,形成数学方法与思想,认识数学结构与体系。

通过高中数学课程的学习,学生能在情境中抽象出数学概念、命题、方法和体系,积累从具体到抽象的活动经验;养成在日常生活和实践中一般性思考问题的习惯,把握事物的本质,以简驭繁;运用数学抽象的思维方式思考并解决问题。

2. 逻辑推理

逻辑推理是指从一些事实和命题出发,依据规则推出其他命题的素养。主要包括两类:一类是从特殊到一般的推理,推理形式主要有归纳、类比,一类是从一般到特殊的推理,推理形式主要有演绎。

逻辑推理是得到数学结论、构建数学体系的重要方式,是数学严谨性的基本保证,是人们在数学活动中进行交流的基本思维品质。

逻辑推理主要表现为:掌握推理基本形式和规则,发现问题和提出命题,探索和表述论证过程,理解命题体系,有逻辑地表达与交流。

通过高中数学课程的学习,学生能掌握逻辑推理的基本形式,学会有逻辑地思考问题;能够在比较复杂的情境中把握事物之间的关联,把握事物发展的脉络;形成重论据、有条理、合乎逻辑的思维品质和理性精神,增强交流能力。

3. 数学建模

数学建模是对现实问题进行数学抽象,用数学语言表达问题、用数学方法构建模型解决问题的素养。数学建模过程主要包括:在实际情境中从数学的视角发现问题、提出问题,分析问题、建立模型,确定参数、计算求解,检验结果、改进模型,最终解决实际问题。

数学模型搭建了数学与外部世界联系的桥梁,是数学应用的重要形式。

数学建模是应用数学解决实际问题的基本手段，也是推动数学发展的动力。

数学建模主要表现为：发现和提出问题，建立和求解模型，检验和完善模型，分析和解决问题。

通过高中数学课程的学习，学生能有意识地用数学语言表达现实世界，发现和提出问题，感悟数学与现实之间的关联；学会用数学模型解决实际问题，积累数学实践的经验；认识数学模型在科学、社会、工程技术诸多领域的作用，提升实践能力，增强创新意识和科学精神。

4. 直观想象

直观想象是指借助几何直观和空间想象感知事物的形态与变化，利用空间形式特别是图形，理解和解决数学问题的素养。主要包括：借助空间形式认识事物的位置关系、形态变化与运动规律；利用图形描述、分析数学问题；建立形与数的联系，构建数学问题的直观模型，探索解决问题的思路。

直观想象是发现和提出问题、分析和解决问题的重要手段，是探索和形成论证思路、进行数学推理、构建抽象结构的思维基础。

直观想象主要表现为：建立形与数的联系，利用几何图形描述问题，借助几何直观理解问题，运用空间想象认识事物。

通过高中数学课程的学习，学生能提升数形结合的能力，发展几何直观和空间想象能力；增强运用几何直观和空间想象思考问题的意识；形成数学直观，在具体的情境中感悟事物的本质。

5. 数学运算

数学运算是指在明晰运算对象的基础上，依据运算法则解决数学问题的素养。主要包括：理解运算对象，掌握运算法则，探究运算思路，选择运算方法，设计运算程序，求得运算结果等。

数学运算是解决数学问题的基本手段。数学运算是演绎推理，是计算机解决问题的基础。

数学运算主要表现为：理解运算对象，掌握运算法则，探究运算思路，求得运算结果。

通过高中数学课程的学习，学生能进一步发展数学运算能力；有效借助运算方法解决实际问题；通过运算促进数学思维发展，形成规范化思考问题的品质，养成一丝不苟、严谨求实的科学精神。

6. 数据分析

数据分析是指针对研究对象获取数据,运用数学方法对数据进行整理、分析和推断,形成关于研究对象知识的素养。数据分析过程主要包括:收集数据,整理数据,提取信息,构建模型,进行推断,获得结论。

数据分析是研究随机现象的重要数学技术,是大数据时代数学应用的主要方法,也是“互联网+”相关领域的主要数学方法,数据分析已经深入到科学、技术、工程和现代社会生活的各个方面。

数据分析主要表现为:收集和整理数据,理解和处理数据,获得和解释结论,概括和形成知识。

通过高中数学课程的学习,学生能提升获取有价值信息并进行定量分析的意识和能力;适应数字化学习的需要,增强基于数据表达现实问题的意识,形成通过数据认识事物的思维品质,积累依托数据探索事物本质、关联和规律的活动经验。

(二)课程目标

通过高中数学课程的学习,学生能获得进一步学习以及未来发展所必需的数学基础知识、基本技能、基本思想、基本活动经验(简称“四基”);提高从数学角度发现和提出问题的能力、分析和解决问题的能力(简称“四能”)。

在学习数学和应用数学的过程中,学生能发展数学抽象、逻辑推理、数学建模、直观想象、数学运算、数据分析等数学学科核心素养。

通过高中数学课程的学习,学生能提高学习数学的兴趣,增强学好数学的自信心,养成良好的数学学习习惯,发展自主学习的能力;树立敢于质疑、善于思考、严谨求实的科学精神;不断提高实践能力,提升创新意识;认识数学的科学价值、应用价值、文化价值和审美价值。

三、科学制订三年教学规划

1. 课程结构

高中数学课程分为必修课程、选择性必修课程和选修课程。高中数学课程内容突出函数、几何与代数、概率与统计、数学建模活动与数学探究活动四条主线,它们贯穿必修、选择性必修和选修课程。数学文化融入课程内容。高中数学课程结构如下:

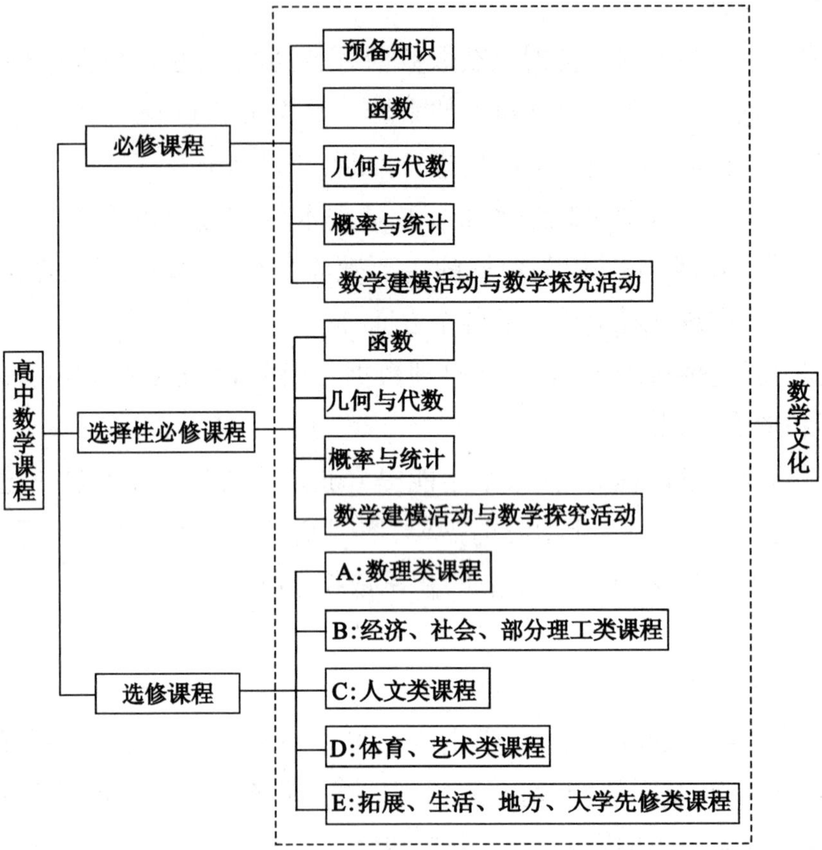

说明:数学文化是指数学的思想、精神、语言、方法、观点,以及它们的形成和发展;还包括数学在人类生活、科学技术、社会发展中的贡献和意义,以及与数学相关的人文活动。

2. 学分设置

必修课程 8 学分,选择性必修课程 6 学分,选修课程 6 学分。

3. 课程定位

必修课程为学生发展提供共同基础。是高中毕业的数学学业水平考试的内容要求,也是高考的内容要求。

选择性必修课程是供学生选择的课程,也是高考的内容要求。

选修课程为学生确定发展方向提供引导,为学生展示数学才能提供平台,为学生发展数学兴趣提供选择,为大学自主招生提供参考。

4. 选课说明

如果学生以高中毕业为目标,可以只学习必修课程,参加高中毕业的数学学业水平考试。

如果学生计划通过参加高考进入高等学校学习,必须学习必修课程和选择性必修课程。参加数学高考。

如果学生在上述选择的基础上,还希望多学习一些数学课程,可以在选择性必修课程或选修课程中,根据自身未来发展的需求进行选择。

在选修课程中可以选择某一类课程,例如,A 类课程;也可以选择某类课程中的某个专题,例如,E 类大学先修课程中的微积分;还可以选择某些专题的组合,例如,D 类课程中的美与数学、C 类课程中的社会调查与数据分析等。

5. 教学规划

(1)《普通高中课程方案(2017 年版 2020 年修订)》的要求

《普通高中课程方案(2017 年版 2020 年修订)》中有如下几项相关要求:

①学制与课时

普通高中学制为三年。每学年 52 周,其中教学时间 40 周,社会实践 1 周,假期(包括寒暑假、节假日和农忙假)11 周。每周 35 课时,每课时按 45 分钟计。18 课时为 1 学分。

②数学学分

必修课程 8 学分,选择性必修课程 0~6 学分,选修课程 0~6 学分。

③毕业学分要求

学生完成相应课程规定课时的学习并考试(考核)合格,即可获得相应学分。

学生毕业学分最低要求为 144 学分。其中必修课程 88 学分,选择性必修课程 42 学分,选修课程 14 学分。

(2)《山西省普通高中课程设置与实施指导意见(试行)》的要求

学科教学周课时建议安排中指出:

高一上学期和高一下学期,数学每周课时数为 4;高二和高三上学期,数学选择性必修课程每周安排 0~4 课时。高三下学期,学校自主安排。

(3)教学规划

根据以上要求,如果高二数学选择性必修依然按照每周 4 课时安排,那么必修和选择性必修的教学时长为 3. 5 个学期。

根据《普通高中课程方案(2017 年版 2020 年修订)》,要求选修课程完成 14 学分,这 14 学分对应的课程中是否有数学课程,没有明确规定,建议各校根据自身特点确定开设的数学选修课程。

四、准确把握学业质量标准

1.“内容要求”“学业要求”和“学业质量”概述

《普通高中数学课程标准(2017年版2020年修订)》中“四、课程内容”详细叙述了三类课程的“内容要求”“学业要求”,并研制了“学业质量”标准。

“内容要求”指出了每一个具体内容在教学时要达到的目标。“学业要求”指出了每一个主题的教学完成之后要达到的目标。“学业质量”是学生在完成本学科课程学习后的学业成就表现。

学业质量标准是以本学科核心素养及其表现水平为主要维度,结合课程内容,对学生学业成就表现的总体刻画。依据不同水平的学业或其表现的关键特征,学业质量标准明确将学业质量划分为三个不同水平,并描述了不同水平学习结果的具体表现。数学学科学业质量是应该达成的数学学科核心素养的目标,是数学学科核心素养水平与课程内容的有机结合。学业质量是学生自主学习与评价、教师教学活动与评价、教科书编写的指导性要求,也是相应考试命题的依据。

2. 学业质量水平与考试评价的关系

数学学业质量水平是高中毕业应当达到的要求,也是高中毕业数学学业水平考试的命题依据;

数学学业质量水平是高考的要求,也是数学高考的命题依据;

数学学业质量水平是基于必修课程、选择性必修课程和选修课程的某些内容对数学学科核心素养的达成提出的要求,可以作为大学自主招生的参考。

《普通高中数学课程标准(2017年版2020年修订)》在“六、实施建议”中的“教学与评价建议”给出了关于教学与评价的具体要求;“学业水平考试与高考命题建议”给出了关于学业水平考试与高考命题的具体要求。

五、灵活运用教学方式

1. 既要重视教,更要重视学,促进学生学会学习

教师要把教学活动的重心放在促进学生学会学习上,积极探索有利于促进学生学习的多样化教学方式,不仅限于讲授与练习,也包括引导学生独立思考、动手实践、自主探索、合作交流等,教师要善于根据不同的内容和学习任务采用不同的教学方式,优化教学,抓住关键的教学与学习环节,增强实效。例

如，丰富作业的形式，提高作业的质量，提升学生完成作业的自主性、有效性。

教师要加强学习方法指导，帮助学生养成良好的数学学习习惯，敢于质疑、善于思考，理解概念、把握本质，数形结合、明晰算理，厘清知识的来龙去脉，建立知识之间的关联。教师还可以根据自身教学经验和学生学习的个性特点，引导学生总结出一些具有针对性的学习方式，因材施教。

2. 重视信息技术运用，实现信息技术与数学课程的深度融合

在“互联网+”时代，信息技术的广泛应用正在对数学教育产生深刻影响。在数学教学中，信息技术是学生学习和教师教学的重要辅助手段，为师生交流、生生交流、人机交流搭建了平台，为学习和教学提供了丰富的资源。因此，教师应重视信息技术的运用，优化课堂教学，转变教学与学习方式。例如，为学生理解概念创设背景，为学生探索规律启发思路，为学生解决问题提供直观，引导学生自主获取资源。在这个过程中，教师要有意识地积累数学活动案例，总结出生动、自主、有效的教学方式和学习方式。

教师应注重信息技术与数学课程的深度融合，实现传统教学手段难以达到的效果。例如，利用计算机展示函数图象、几何图形运动变化过程，利用计算机探究算法、进行较大规模的计算，从数据库中获得数据，绘制合适的统计图表；利用计算机的随机模拟结果，帮助学生更好地理解随机事件以及随机事件发生的概率。

3. 探索项目学习在高中数学教学中的常态化应用

何为项目学习？项目学习综合了主题学习、问题学习、研究性学习和综合实践等的特征，但是又与它们有所不同。项目学习是一套系统教学法，它是对复杂、真实问题的探究过程，也是设计项目任务、规划并实施、精心制作项目成果的过程，在这个过程中，学生能够掌握所需的知识和技能。

项目素材的结构是：项目—任务—问题—学习程序/方式/资源—项目作品展示/评价。

从项目设计到实施的一般程序是：选定项目主题—确定驱动任务及项目成果—设计项目活动—制订项目评价方案—实施项目任务。实施项目又分六个环节：启动项目—规划项目—实施项目—过程管理及调整—成果分享—完成项目反思。

项目类型，从内容特点上可以划分为：真实情境项目，虚拟情境项目；实践型项目，学术型项目，教学型项目；学科项目，跨学科项目，超学科项目；等等。

从容量大小上可以划分为:微项目(用时少于1课时),小项目(1课时),中项目(2至5课时),大项目(5课时以上),等等。

在数学学科教学中可以针对一道题目做微项目,可以针对一个小的内容做小项目,可以针对一个实际问题做实践型大项目,可以针对一个数学问题做学术型项目。数学建模与数学探究活动可以用项目学习的方式很好地实现。后续会提供相应的案例,通过这些案例你可以感受到如何将项目学习常态化地应用在数学教学中。

下　编

山西省普通高中数学学科新课程教学实施建议

“普通高中数学学科新课程教学实施建议”(以下简称《实施建议》),是以教育部颁布的《普通高中数学课程标准(2017 年版 2020 年修订)》(以下简称《课程标准》)为依据,针对我省普通高中数学教学实际,提出的教学实施建议,并以案例的形式具体解读建议。

第一篇　新课程教学实施建议

引　言

一、寻找“一般观念”,设计并实施教学

新课程实施中提出很多新的观点,比如“大概念”“大观念”,还有章建跃提出的“一般观念”。从对相关文献的研究看,这些观点的本质是一致的,但“一般观念”更适用于数学,一方面可以与具体的数学概念区分开,更重要的是将观念与概念在数学教育中的地位区分开来,便于一线教师理解和应用。

2019 年章建跃在《核心素养导向的高中数学教材变革(续4)》一文中给出一般观念的内涵:“所谓一般观念,是对内容及其反映的数学思想和方法的进一步提炼和概括,是对数学对象的定义方式、几何性质指什么、代数性质指什么、函数性质指什么、概率性质指什么等问题的一般性回答,是研究数学对象的方法论,对学生学会用数学的方式对事物进行观察、思考、分析以及发现和提出数学问题等都具有指路明灯的作用。显然,能自觉地运用一般观念指导数学学习与探究活动,是学生学会学习的标志,是从‘知其然’到‘知其所以然’再到‘何由以知其所以然’的过程,也是理性思维得到良好发展的表现。”

并指出,“一般观念是高度抽象的,与具体对象的联系、在解决问题中的力量并不是显而易见的。因此,对一般观念的学习,必须是渗透式、浸润式,不能离开具体内容进行说教,不可能一蹴而就地学会,而是要经历一个从接触到熟悉、领悟再到自觉运用的长期过程”。

下面以《普通高中教科书数学必修第二册》(人教 A 版)第八章“8. 6. 2 直线与平面垂直”为例,结合对具体对象的研究解读“一般观念”。

1. 转变知识观,寻找一般观念

教学设计由教师的知识观主导。在《普通高中教科书教师教学用书数学必修第一册》(人教 A 版)中写道:“教科书除了介绍……基本知识,还特别注意指引学生‘如何研究一类数学对象’,即引入一个新的数学对象后,需要研究什么,研究方法是什么等。”这些都是研究对象中的一般观念。站在“一般观念”的视角审视数学知识,超越碎片化的知识观,追求数学的整体性,自然生成的就是单元教学设计。

(1) 自下而上追溯“一般观念”

明确统领一个单元的“一般观念”是做好单元教学设计的前提。从实践的角度出发,一个可行的方法是从具体单元的知识内容出发,对研究同类对象或问题中的数学思想和方法的共性进行归纳,从而获得研究此类对象或问题的一般观念。其路径如图 1 所示。

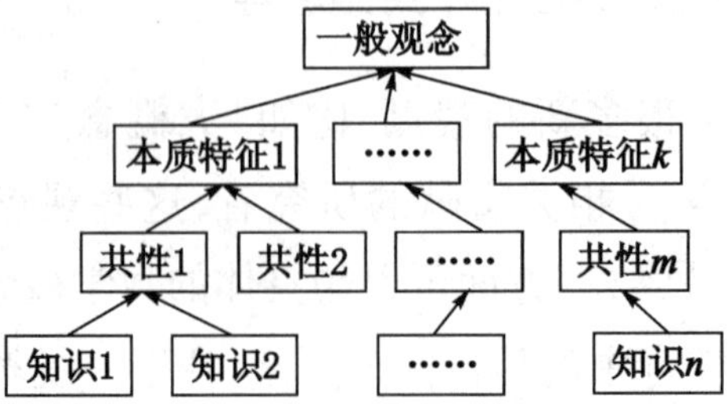

图 1

以“直线与平面垂直”为例，可以按照如图 2 所示的路径追溯“一般观念”：

第一层，以教科书为依据，列举单元内容，得到概念、判定、性质等；

第二、三层，是依据知识的共性将之分类整理，逐级抽象；

第四层，抽象得到研究几何图形思路的“一般观念”，即“研究视角”：“研究图形的位置关系，就是对它们的组成元素之间位置关系的研究”。

按照这个“一般观念”，研究直线与平面垂直的判定，就是要研究直线与平面内直线的位置关系；已知直线与平面垂直的性质，是转化为研究直线、平面内的直线，以及与相关直线、平面之间的位置关系，比如与已知直线平行或垂直的直线、平面，与已知平面平行或垂直的直线、平面等。直线与平面所成的角是转化为直线与平面内某条特殊直线所成的角。

换一个角度审视第一层，如果只看具体知识，它们是孤立零散的，这是课时教学设计采用的知识观。在“一般观念”指导下研究位置关系，则要强调研究的“基本套路”：实例→定义→性质→判定→应用。对于一个具体的研究对象，比如“直线与平面垂直”，这个“套路”可以具体化为：实例→直线与平面垂直的定义、表示、唯一性（过一点垂直于已知平面的直线有且只有一条）→应用（点到平面的距离）→判定定理→应用（直线与平面相交的刻画：直线与平面成的角）→性质定理→应用（直线到平面的距离，两个平行平面间的距离），如图 2 所示。

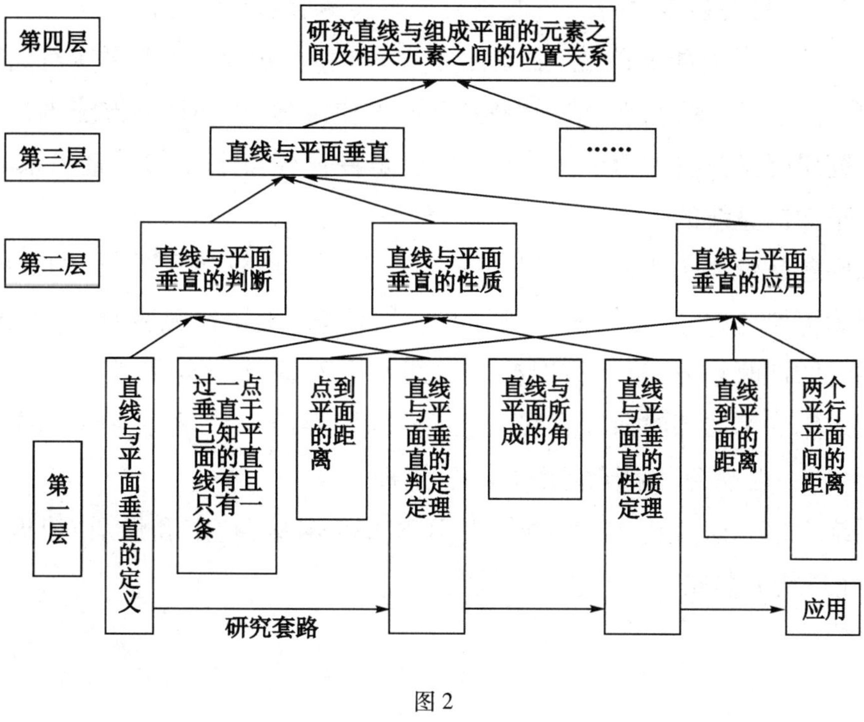

图 2

事实上，寻找“一般观念”还有一个捷径，即在教科书和教师用书中寻找，这是教学实践经验与教育教学理论相结合，高效快捷地理解教科书的过程。

（2）自上而下形成单元教学设计

明确“一般观念”为教学设计指明了方向，并构建了教科书与教学之间的桥梁。“一般观念”不仅在单元教学中起统领作用，而且可以转化为教学过程中的具体问题，从而直接推动教师的教和学生的学。下面我们依据图 2，给出“直线与平面垂直”的教学设计。

①以“一般观念”为指导构建先行组织者

学生已经学习了“空间直线、平面的平行”，拥有一定的研究几何图形位置关系的经验。通过“问题 1”，引导学生归纳已有学习经验，构建本单元的学习路径，形成先行组织者。

【问题 1】在日常生活中，我们对直线与平面垂直有丰富的感性认识。比如，旗杆与地面的位置关系（图 3），大桥的桥柱与水面的位置关系，相邻墙面交线与地面的位置关系等，都给我们以直线与平面垂直的形象。接下来我们就以这些日常经验为基础展开“直线与平面垂直”的研究。

图 3

类比直线、平面平行的研究，对于直线与平面垂直，你认为要研究哪些内容？按怎样的程序展开研究？研究思路是什么？

简答：研究内容是直线与平面垂直的定义、判定、性质等。

研究的程序是基于情境，抽象出定义，再利用定义、基本事实等，借助实物、模型等进行直观，归纳、猜想判定定理、性质定理，再用适当方法进行证明。

研究思路是“空间问题平面化”，这里是将直线与平面的垂直关系转化为直线与平面内直线的垂直关系进行研究。

该问题是依据图 2 中第一层和第四、五层的“一般观念”设计的。由第一层可以确定研究内容，由第四、五层的“一般观念”确定研究视角，由此可以给出本单元的课时划分：第一课时研究直线与平面垂直的定义、判定，及其相关知识和应用。第二课时研究直线与平面垂直的性质，及其相关知识和应用。

②以“一般观念”为指导探索定义、定理

围绕本单元研究内容：直线与平面垂直的定义、判定和性质，依据“问题 1”总结的“研究思路”，设计如下问题。

【问题 2】如图 4,在阳光下观察直立于地面的旗杆 AB 及它在地面的影子 BC。随着时间的变化,影子 BC 的位置在不断地变化,旗杆所在直线 AB 与其影子 BC 所在直线是否保持垂直?

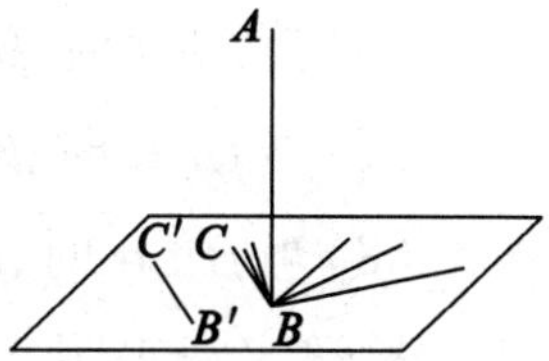

图 4

【问题 3】根据定义可以进行判断,但无法验证一条直线与一个平面内的所有直线都垂直。那么,有没有可行的方法?如图 5,准备一块三角形的纸片 ABC,过 $\triangle ABC$ 的顶点 A 翻折纸片,得到折痕 AD,将翻折后的纸片竖起放置在桌面上(BD,DC 与桌面接触)。

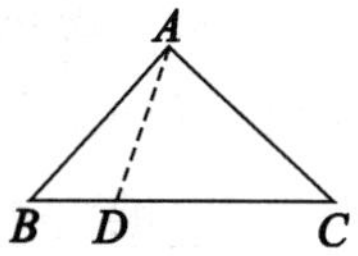

图 5

(1)折痕 AD 与桌面垂直吗?

(2)如何翻折才能使折痕 AD 与桌面垂直?为什么?

【问题 4】上一节课的课后作业让大家梳理直线与平面平行、平面与平面平行的性质的学习过程,并归纳“性质”所研究的问题,然后通过类比,提出直线与平面垂直的性质所要研究的问题,猜想性质定理并尝试证明猜想。哪位同学来说一说直线与平面垂直的性质所要研究的问题是什么?

“问题 2”和“问题 3”中创设了生活情境,是依据数学教育心理学,先给出典型例证,在分析实例的基础上,抽象概括出定义或猜想。这是依据“一般观念”确定的研究程序,是在落实“问题 1”。

这 3 个问题中隐含了图 2 中第四、五层的“一般观念”,即“研究视角”。分别是:“问题 2”中将旗杆与地面的位置关系问题转化为旗杆与它在地面上影子的位置关系问题。“问题 3”中为了探索当纸片竖立时折痕何时与桌面垂直,转化为折痕与底边的位置关系问题。“问题 4”是第二课时的第一个问题,在“一般观念”指导下,让学生先梳理,再探索已知线面垂直能推出哪些结论。

通过“问题 4”,引导学生联想到可以研究与已知直线、平面相关的直线和平面的位置关系,提出如下猜想,然后再通过推理论证,逐一检验真伪。

已知直线 $a\perp$ 平面 α,直线 b 不在平面 α 内,β 是和 α 不重合的平面。

(1)当 $b/\!/a$ 时,$b\perp\alpha$;

(2)当 $b/\!/\alpha$ 时,$b\perp a$;

(3)当 $b\perp a$ 时,$b/\!/\alpha$;

(4)当 $b\perp\alpha$ 时,$b/\!/a$;

(5)当 $\beta\perp a$ 时,$\beta/\!/\alpha$;

(6)当$\beta /\!/ a$时,$\beta \perp \alpha$;

(7)当$\beta /\!/ \alpha$时,$\beta \perp a$;

(8)当$\beta \perp \alpha$时,$\beta /\!/ a$;等等。

教学实践表明,学生确实可以在“一般观念”指导下,独立提出上述猜想。所以“一般观念”在提升学生的“四能”中可以发挥非常积极的作用。

③通过“一般观念”促进学生课后自主探索

第一课时的课后作业可以有巩固性作业,还可以布置探索性作业,比如可以布置如下作业:

根据“问题1”,接下来我们要研究直线与平面垂直的性质。请你梳理直线与平面平行、平面与平面平行的性质的学习过程,并归纳“性质”所研究的问题,类比提出直线与平面垂直的性质所要研究的问题,猜想性质定理并尝试证明猜想。

该作业体现了本单元用到的两个“一般观念”,即“问题1”得到的研究内容和研究思路。

站在更大的单元的角度审视,本单元结束后还可以布置作业:

关于位置关系,目前还剩两个平面垂直没有研究,你能类比本单元的研究过程,对两个平面垂直的问题进行研究吗?请你试一试,并写出你的研究报告。

2. 理性认识“一般观念”,为单元教学设计奠基

以章建跃给出的以“一般观念”为指导,我们可以从学习对象、学生心理、知识发生发展过程等角度对“一般观念”作更具体的阐释。

(1)依据一个数学学习对象的“研究套路”规划研究内容

相近的数学学习对象,有相似的知识结构,通过类比可以确定要研究的具体内容,即发挥“研究套路”的作用。

“直线与平面垂直”和“直线与平面平行”类似,因此可以类比“直线与平面平行”,确定“直线与平面垂直”的“研究套路”,即“问题1”中得到的研究内容:定义→判定→性质→应用。

向上追溯,可以得到“立体几何”关于直线、平面位置关系的研究套路(如图6):

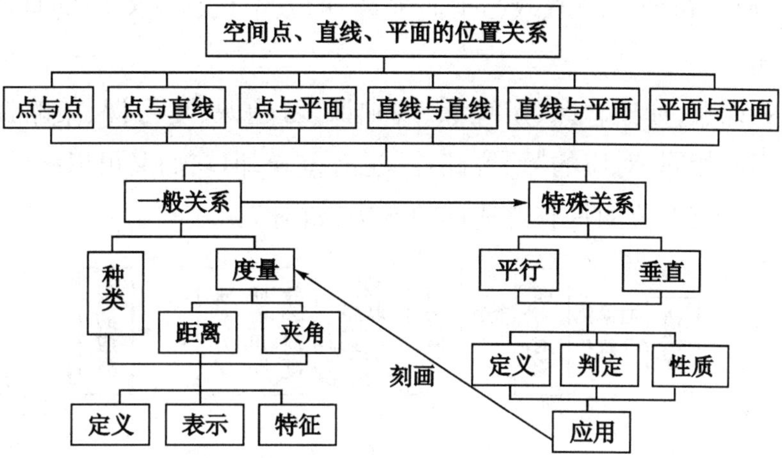

图 6

图 6 中部分内容在平面几何中已经研究过,由此可见“研究套路”的重要性,它凸显了数学知识的整体性、联系性。学生已经拥有丰富的关于空间中直线、平面位置关系的研究经验,教学设计要利用它在几何体系中进行,这是做单元设计的基础。

“一般观念”具有层级性,对应的单元可以有不同的容量,即单元的大小具有相对性。比如,可以将“直线与平面垂直”设计为一个单元,还可以将“空间直线、平面的垂直”设计为一个单元。教师根据自己的驾驭能力和学生的自我调控能力、自主学习能力等选择适宜的单元容量即可。

继续向上追溯,可以得到“立体几何”的“研究套路”。它是对立体几何研究的指导,有了这个“套路”,才能明晰立体几何的整体研究规划。

(2)依据数学教育心理学确定的“研究路径”设计研究程序

不同数学内容的学习心理学路径不同。比如数学概念学习的路径是:丰富典型例证—观察比较分析—抽象本质特征—习得定义—辨析理解概念—应用掌握概念。学习直线与平面垂直的定义,【问题 2】提供了典型例证之一,紧接其后还有变式例证,通过对例证的观察、比较、分析,抽象出共同特征,进而得到定义,再进行辨析、应用。

在“直线与平面垂直”中,判定定理获得的心理学路径与定义形成的路径基本一致:丰富典型例证—观察比较分析—抽象本质特征—获得猜想—论证反驳—获得定理—辨析理解定理—应用掌握定理。获得性质定理的路径稍有差异:提出问题—获得猜想—论证反驳—获得定理—辨析理解定理—应用掌握定理。

这些“研究路径”在“直线与平面垂直”的教学设计中对应的具体问题，此处不予赘述。

不同的课型，如概念课、定理课、规则课、习题课、复习课、策略课等，其心理学路径不尽相同，对应的“研究路径”也有差异，但它们又可以统一。章建跃曾经提出一个较上位的具有普适性的方法，如图 7：

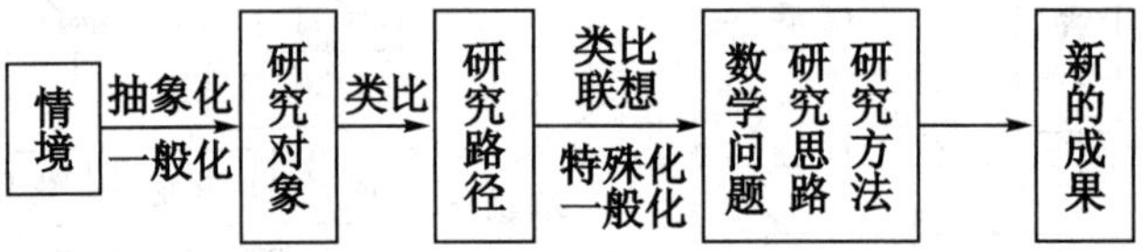

图 7

(3) 依据数学知识内在规律确定的“研究思路”“研究方法”，明确针对哪些因素进行研究或者用什么方法研究，即明确研究视角

立体几何的研究方法总体而言是从整体到局部，从宏观到微观，从定性到定量，但每一部分的研究思路又有差异，如图 8 所示。图中第二至四层概述了立体几何的研究内容。第一层给出了不同内容对应的“研究思路”，前述问题 2、3、4 就是据此设计的。单元设计时，可以依据第一层给出的“一般观念”进行。

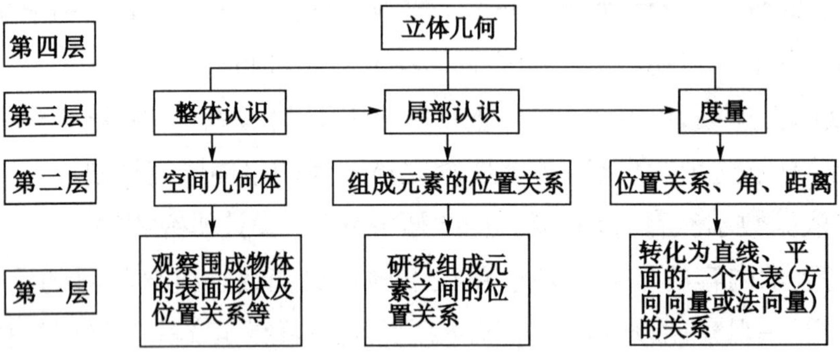

图 8

不同数学主题，因为研究对象的类型不同，所以研究内容会有不同，但依然能找到相同的“研究思路”。比如，关于性质的研究，立体几何主要研究图形的组成元素的相互关系，代数主要研究“运算中的不变性就是性质”，函数主要研究“变化中的不变性、规律性”，等等。可以发现，从“一般观念”层面看，性质的表现方式具有本质的一致。认识到知识背后的“一般观念”，就由关注差异、拆分内容，转向关注联系，注重整体，就能跳出课时教学设计，走向单元教

学设计。

3. 用好“一般观念”，让单元教学设计落地

“一般观念”有层级之分，可以选择不同抽象度或不同容量的“一般观念”做单元教学设计，从可行性的角度有如下建议。

(1)发挥“研究套路”的作用，选择适当容量的内容做单元设计

从如上关于性质研究的阐述中看到，不同数学主题呈现出一致的本质，但是以“变化中的不变性就是性质，变化中的规律性也是性质”这个“一般观念”为指导，跨越不同主题设计单元教学，在学习新内容阶段是比较困难的。在复习阶段，作为一种策略课的设计基础，尚可考虑。作为高中阶段教学的指导思想之一是必要的。

可行的做法是根据“研究套路”确定研究内容，选择恰当容量的内容做设计，实施单元教学。比如“空间直线、平面的垂直”，可以设计为三个单元：“直线与直线垂直”“直线与平面垂直”“平面与平面垂直”。如果学生自我调控能力和自主学习能力达到了所需水平，并且在学习“空间直线、平面的平行”时已经培养起学生应用“一般观念”的意识和能力，也可以将“空间直线、平面的垂直”设计为一个比较大的单元。

以内容为依据做单元教学设计，一定要兼顾其他两个“一般观念”，切忌做成内容的拼盘。

(2)发挥“研究路径”“研究思路”或“研究方法”的作用，运用类比，让单元教学延绵发展

以“研究套路”为指导做单元教学设计是直观易见的，以“研究路径”“研究思路”或“研究方法”为指导做单元教学设计则是隐性的串联。开普勒说：“我珍视类比胜过任何别的东西，它是我最可信赖的老师，它能揭示自然界的秘密。”“研究路径”“研究思路”或“研究方法”就是生成类比的不竭动力。如上“问题 1”“问题 4”就是让学生进行类比，激活其已有知识经验，针对新的研究对象做出规划或者猜想。因此要通过类比、对比，让单元教学展现数学知识逻辑的连贯性，思想的一致性，并且延绵发展，自然生成。

(3)发挥“一般观念”的作用，恰当变革，协同发展

“一般观念”一方面指导单元设计的整体布局。如上“问题 1”是对整个单元的整体规划，“问题 4”则是承上启下，落实、延续规划。另一方面带来单元教学细节的变革，如前所述案例中的两个作业。单元教学让作业的变革成为

必然,变革作业又使得单元不因课时而割裂,学生不因单元结束而停止思考,反而成为有机联系的整体,自觉推进学习进程。

4. 实践证明“一般观念”是学生学习的“指路明灯”

围绕如上案例,对第八章的“8.5 空间直线、平面的平行”至“8.6 空间直线、平面的垂直”做了整体的规划。

在“8.5”和“8.6.1”,教师先研究、理解,并对学生渗透“一般观念”,在“8.6.2”和“8.6.3”明确使用“一般观念”。

实际教学中,讲到“8.6.2”第二课时,学生的展示让教师激动。比如上述“问题4”,两个展示小组学生给出了8种猜想。讲到“8.6.3”时,执教教师激动地说:“不用我说,学生就知道应该研究什么了!”这就是“一般观念”,是学生学习的“指路明灯”。

执笔人:山西省教育科学研究院　薛红霞

二、“一般观念”指导下的课时教学设计

案例1　指　　数

学习目标:

1. 通过观察具体实例,抽象出 n 次方根的定义,并理解其意义和性质,提升数学抽象素养。

2. 能将数的 n 次方根推广到 n 次根式,理解并能运用根式的运算性质进行运算,提升数学运算素养。

3. 理解分数指数幂的含义,掌握根式与分数指数幂的互化。

重点:n 次方根的定义及性质、分数指数幂的运算及其性质。

难点:分数指数幂的运算。

一、了解背景,整体把握

(一)章头图和章引言

【问题1】请同学们先阅读《普通高中教科书数学必修第一册》(人教A版)第103页的章头图和章引言,再回答如下问题:

(1)本章将要学习的内容是什么?

(2)从文中你了解到这些函数可以解决哪些现实问题?

为了解决这些问题,我们需要把指数的范围拓展到全体实数,这就是我们这节研究的主题——指数。

二、类比归纳,探究新知

(二)n 次方根的概念

【问题 2】初中阶段,我们由平方、立方的运算,引入了平方根、立方根,回顾它们的概念并举例说明。

若 $x^2=a$,则 x 叫做 a 的________,用符号________表示,比如:________;

若 $x^3=a$,则 x 叫做 a 的________,用符号________表示,比如:________。

【问题 3】类比平方根、立方根的意义,你能说出 4 次方根、5 次方根、……、n 次方根的概念吗?

若________,则 x 叫做 a 的 4 次方根,用符号________表示,比如:____________;

若________,则 x 叫做 a 的 5 次方根,用符号________表示,比如:____________。

……

若________,则 x 叫做 a 的 n 次方根,其中 $n>1$ 且 $n\in\mathbf{N}^*$。

【问题 4】从这些举例来看,该如何用符号表示实数 a 的 n 次方根?依据什么分类?

____

追问:特殊地,0 的 n 次方根是什么?

0 的 n 次方根为________,记作:________________。

(三)n 次方根的表示

阅读教科书第 104 页,之后默写完成:

式子________叫做根式,这里________叫做根指数,________叫做被开方数。

【问题 5】计算:

$(\sqrt{5})^2=$________,$(\sqrt[3]{5})^3=$________,$(\sqrt[4]{6})^4=$________,

$(\sqrt[5]{7})^5=$________,$(\sqrt{-5})^2=$________,$(\sqrt[3]{-5})^3=$________,

$(\sqrt[4]{-6})^4=$________,$(\sqrt[5]{-7})^5=$________。

由此你能得出$(\sqrt[n]{a})^n$的值吗？

结论：$(\sqrt[n]{a})^n=$____________________。

【问题 6】类比问题 5 的研究方法：由特殊到一般，你能用同样的方法探索$\sqrt[n]{a^n}$的值吗？请你写在下面：

结论：$\sqrt[n]{a^n}=$__________。

三、初步应用，加深理解

例 1　求下列各式的值：

(1)$\sqrt[3]{(-8)^3}=$__________；(2)$\sqrt{(-10)^2}=$__________；

(3)$\sqrt[4]{(3-\pi)^4}=$__________；(4)$\sqrt{(a-b)^2}=$__________；

(5)$\sqrt[3]{x^{12}}=$__________；(6)$\sqrt[4]{x^{12}}=$__________。

【问题 7】求解的依据是什么？步骤是什么？易错点是什么？

(四)分数指数幂

【问题 8】例 1 中(5)(6)题的计算结果还可以怎样表示？

阅读教科书第 105 至 106 页，之后写出答案，并默写完成如下任务：

$a^{\frac{m}{n}}=$__________$(a>0,m,n\in\mathbf{N}^*,n>1)$，$a^{-\frac{m}{n}}=$__________$(a>0,m,n\in\mathbf{N}^*,n>1)$。

规定：0 的正分数指数幂等于__________；0 的负分数指数幂__________。

(五)有理数指数幂的运算性质

规定了分数指数幂的意义后，幂a^x中指数x的取值范围就从整数拓展到了有理数，整数指数幂的性质对于有理数指数幂也同样适用。

【问题 9】回顾整数指数幂的运算性质，对任意有理数r,s，写出有理数指数幂的运算性质：

①________________________$(a>0,r,s\in\mathbf{Q})$。

②________________________$(a>0,r,s\in\mathbf{Q})$。

③________________________$(a>0,b>0,r\in\mathbf{Q})$。

追问：同桌互评，你默写对了吗？并给同桌解释它们与初中学习过的整数指数幂的关系。

例 2　(1)用根式的形式表示下列各式$(a>0)$：

①$a^{\frac{3}{4}}$；②$a^{-\frac{3}{5}}$；

(2)用分数指数幂的形式表示下列各式：

①$\sqrt[3]{x^2}\,(x>0)$；②$\sqrt[5]{(m-n)^4}\,(m>n)$。

四、梳理知识，归纳总结

【问题 10】自己画一下本节课学习到的内容的知识结构图，并写出是用什么方法研究的。

五、布置作业

教科书第 109 页“习题 4.1”第 1、2 题。

六、目标检测设计

求值：(1) $8^{\frac{2}{3}}=$________；(2) $\left(\frac{16}{81}\right)^{-\frac{3}{4}}=$________。

案例分析

该学案充分应用了一般观念，将之具体化为教学的程序、问题，带领学生自动地进行学习。

1. 利用“一般观念”构建先行组织者，整体把握这一章的研究内容

“4.1　指数”是必修第一册第四章“指数函数与对数函数”的起始课，是一节数学概念课，在单元伊始以“一般观念”为指导，明确了本章的研究内容是指数、指数函数等，而本节主要的研究内容是“n 次方根与分数指数幂”。在教学设计中，环节一是针对教科书第 103 页的章头图和章引言提出的，让学生通过阅读，了解背景，整体把握，从“一般观念”的视角审视数学知识，超越碎片化的知识观，追求数学的整体性。

2. 利用概念的心理学路径，设计本节课的研究程序

本节作为一节概念课，研究路径是：丰富典型例证—观察比较分析—抽象本质特征—习得定义—辨析理解概念—应用掌握概念。环节二中问题 2 的设计就是用丰富的实例让学生观察比较分析进而抽象本质特征，从而习得定义。

值得注意的是，这里的实例是“数学情境”，是低抽象度的数学。

在初稿中是采用由特殊到一般的研究方法引导学生归纳出 n 次方根的概念，发现这样举例有些烦琐，学生不能很准确地用符号语言表示 n 次方根的概念，存在的问题是举例不典型，学生不能迅速捕捉到关键的信息。故在终稿中改为设置相似的数学情境引导学生通过二次方根、三次方根，再到四次方根、五次方根的概念，再进一步类比得到 n 次方根的概念，进而对实数 n 次方根进行符号表示。这是一个数学认知过程，实际上，由“事实——概念”主要是“抽象”，就是对典型而丰富的具体事例进行观察，教师在这个过程中要通过提出

问题启发、引导学生思考和发现实例具有的特征，让学生从中“悟”出这样的形式就是“n 次方根”。

3. 利用“代数性质是什么”确定研究视角

本节的研究思路是由具体到抽象，由特殊到一般。问题 5 和问题 6 中两个性质的得出在初稿中是直接提问，没有给学生提供素材和思路让学生回答，学生有些措手不及，有的同学急于回答，没有充分思考，只是凭感觉猜想一个答案，违背数学学习的规律，有失严谨性。在终稿中问题 5 首先举出一些实例，通过被开方数的正负变化，根指数的奇偶变化，让学生充分感知数学对象的本质、规律，获得数学性质。这种研究方法也体现了对“代数性质是什么”的理解和应用。

4. “一般观念”指引下自然而然地达成教学目标

使用学案终稿实施教学，课堂上，学生按照学案给出的线索，要求的方法，自觉地展开学习，一堂课顺顺利利地就上完了。学生在完成具体的任务之后，根据要求进行思考概括归纳，得出一般结论。有了抽象概念的形成过程，更能在这个过程中理解抽象概念，理解数学的本质。在完成学案的过程中，教师设计的易错点，学生也充分暴露出来了，而且在三处反复出现，这三处是：问题 2 和问题 3 中偶次方根中都丢掉了负的偶次方根；在问题 5 中，居然有同学计算出了“$\sqrt{(-5)^2}$”等；在例 1(6) 中没有考虑 x 的正负。这三处中情境的复杂度不断提升，对学生的思维严谨性、辨别能力要求比较高。通过这样的设计切实将本课时的易错点消灭在初识状态。

5. 学生学会运用“一般观念”研究和解决问题，大大增加课堂容量

初稿在设计时考虑到指数内容的抽象性，预计课堂上概念的讲解可能会花费较长时间，分数指数幂和有理数指数幂的内容安排在下一节，本节如果有剩余时间，可以安排根式性质的练习，学生在学了概念性质后通过课堂练习巩固知识点，完全是陈旧的教法。

终稿却是相反的顺序，从具体的实例出发，先让学生练习，从中发现规律，进而总结规律，有同学产生质疑，再讨论、辨析，最终得到正确的结论。这种先让学生产生认知冲突，再进行讨论、辨析的方式有利于学生积极参与课堂，积极参与思考，从而增加了课堂容量，同时在不知不觉中将知识内化成自己的能力。

新教材、新课程，要求教师要转变数学知识观，转变教学观。首先做好单元教学，不同于以往的就零碎知识点设计教学，而是从宏观上把握整个单元的

研究对象、研究路径及研究方法。然后再有计划地、有逻辑地安排具体内容，学生从中体会到研究一类数学对象的基本框架和路径，这就要求教师从“一般观念”的三个维度对教科书进行深入思考，整体设计，分步实施。

其次高中数学对象的抽象性、复杂性大大提高，比初中要抽象、复杂得多，所以需要利用更多、更“高级”的研究方法，学生有了初中的基础知识可以进行类比推理，归纳推理，进而获得猜想，得到性质。在教学中教师要设计适当的问题引导学生思考，不能生硬地灌输，是让学生通过思考获得知识，而不是死记硬背。

教师要注意发挥数学知识的作用，用数学心理学的原理进行教学设计，提供丰富的、真实的情境与问题，使学生通过自主活动获得理解概念所需的“事实”，从而形成对概念本质的深刻体悟。使学生获得学习数学的套路，只有让学生经历这样的过程，学生的数学学科核心素养才能得到提升，最终目的是让学生会用数学眼光观察世界，会用数学思维思考世界，会用数学语言表达世界。

执笔人：太原市进山中学校　张丽丽，李海玲，李宇

案例2　用二分法求方程的近似解

学习目标：

1. 通过求具体方程的近似解了解二分法，体会函数在解方程方面的应用，渗透极限思想。

2. 通过经历二分法的实施步骤，使学生经历由具体到一般的认知过程，强调使用二分法的规定性、程序性，发展数学抽象核心素养，提高分析问题和解决问题的能力。

3. 根据具体函数图象，能够借助信息技术用二分法求方程的近似解，发展数据处理核心素养。

重点：用二分法求方程近似解的思路与步骤

难点：理解精确度的概念，概括和理解求方程近似解的一般步骤

引导语：在“函数的应用（一）”中，我们研究了哪些问题？在“4.5　函数的应用（二）”中分为三节内容，这三节内容之间有什么关联？本节课的研究路径是什么？

在"函数的应用(一)"中,我们通过一些实例,初步了解了建立函数模型解决实际问题的过程,学习了用函数描述客观事物变化规律的方法。我们一起来看一下"函数的应用(二)"的知识体系,为了突出函数应用的广泛性,加强函数与其他数学知识的联系性,本节在"函数的应用(一)"基础上,从两方面展开应用,第一小节研究了函数零点与方程解,建立了求方程近似解的理论依据——函数零点存在性定理,今天我们将利用这个理论依据得到求方程近似解的基本方法(二分法),第三小节的意义在于通过现实背景体现函数的应用价值。这样我们就能站在单元整体的高度去看待本节内容,更加充分地理解学习本节的意义。

本节研究的主线是:求方程的近似解→求函数的零点→缩小区间逼近零点→二分法,其中蕴含一些很重要的数学思想方法,需要我们用心体会。

一、复习旧知,引入问题

上节课我们学习了函数零点存在定理,利用定理和函数的单调性,知道函数 $f(x)=\ln x+2x-6$ 在区间(2,3)内存在一个零点,你能进一步缩小这个区间吗?请你先完成默写。

函数零点存在性定理:如果函数 $y=f(x)$ 在区间 $[a,b]$ 上的图象是一条________的曲线,且________,那么函数 $y=f(x)$ 在区间 (a,b) 上至少有一个零点。

二、操作感悟,理解方法

【问题1】什么是二分法?请你阅读教科书第145页完成下面的默写任务。

二分法的定义:

任务:对于"函数 $f(x)=\ln x+2x-6$ 在区间(2,3)内存在一个零点,你能进一步缩小这个区间吗?"

操作1:请你依据二分法的定义和函数零点存在定理,完成下面的表格,操作3次结束,此时零点存在的区间是什么?可以利用计算器进行计算。

次数	零点所在区间	区间中点	中点函数的近似值	区间长度
0	(2,3)	2.5	-0.084	1
1				
2				
3				

追问 1:如上我们采用二分法逐步缩小零点所在的区间,在二分 3 次之后强行结束。要求满足精确度的近似值,那么应该如何停止二分的操作呢?阅读教科书第 145 页下面的部分之后回答:

假设给定精确度是________。判断是否达到精确度的方法是________。

操作 2:假设给定的精确度是 0.01,请你求出相应的近似值。

次数	零点所在区间	区间中点	中点函数的近似值	区间长度与 0.01 的大小关系
0	(2,3)	2.5	-0.084	1>0.01
1				
2				
3				
…				

追问 2:满足精确度的近似值在哪个区间之内?这个区间内哪些值可以作为所求零点的近似值?

追问 3:如果取了近似值 2.531 25,或者 2.546 875,题目按照四舍五入精确到 0.01 分别是多少?在哪个区间?还满足所给精确度吗?由此你觉得求近似值时要注意什么?

追问 4:若精确度为 0.1,那么进行到第________步停止,此时函数 $f(x)=\ln x+2x-6$ 的零点的近似解所在区间是________,近似值可取________。

三、抽象概括,渗透算法

【问题 2】用二分法求函数 $f(x)$ 零点近似值的一般步骤是什么?请你先尝试总结,然后再阅读教科书第 145 页下面的内容,修改完善,完成如下默写,写出求函数零点的步骤。

二分法的操作步骤:

四、例题剖析,巩固新知

略。

五、归纳小结,深化理解

【问题 3】二分法的定义和操作步骤是什么?其中蕴含了怎样的数学思想?它与我们学习的函数概念又有何不同?

我们已经知道"精确度"和"精确到"是不一样的,课后继续思考它们的异同。

六、目标检测设计

略。

案例分析

本节课是一节操作型规则课，主要内容是用二分法求近似解的思路与步骤。本学案从初稿到终稿，从一开始的没有“一般观念”的指导，到在“一般观念”引领下，对本节课进行整体的设计，针对设计和修改过程进行如下分析。

1. 整体感知，构建先行组织者

终稿的环节一比初稿多了本单元知识框图以及本节课研究的两大主线。

首先，知识框图重在从整体上构建本单元体系，使学生清楚二分法是在上节零点存在性定理的理论依据的基础上，求的方程近似解的二分法。其次让同学们了解本节课的显性内容的学习进程明线，而统领这些显性内容的却是蕴含其中贯穿始终的数学思想和方法，即暗线。本节按照二分法求方程近似解的步骤一步步展开，既渗透了逼近思想和算法思想，又让学生经历了观察发现、抽象概括的过程。一般观念不仅能引领学生开展前后一致、逻辑连贯的学习活动，而且还能激发学生的创造性思维，使发现数学对象的本质关系和规律成为可能。

2. 在单元教学的理念下设计导入环节

在初稿中，导入的设计是情境导入，用求解四个方程的解以及历史史实的引入，花费时间长，而且学生对于一元三次方程的求解过程比较迷茫，收效甚微。在单元教学理念的引领下，深知每一节课不是零散的、孤立存在的，而是紧密联系的。第一课时是建立求方程近似解的理论依据，所以本节课的引入修改为直接复习旧知(零点的存在定理)，引入新课。这样既复习了上节课的知识，又对本节课的学习做了铺垫，同时为后面展开学习争取了更多的探究时间。

3. 问题引领，探究方法的环节

在初稿中，对于“问题1：大家能否找到方程 $\ln x+2x-6=0$ 的一个实数解存在的区间?”用时4分钟左右，很多学生采用画两个函数图象交点的方法。

学生能想到用两种方法求解本题目。其中方法一借助信息技术作图，学生更容易想到寻找两个函数图象的交点，这个方法对于解此题来说没问题。但是纵观本节课的研究主线：求方程的近似解→求函数的零点→缩小区间逼近零点→二分法，可见学生的这种求解方法与本节课的研究主线背离，不属于

本节课的研究范畴,使得研究的分支较多。所以更改为:

上节课,我们利用函数零点的存在性定理和函数的单调性,知道函数 $f(x)=\ln x+2x-6$ 在区间 $(2,3)$ 内存在一个零点。你有进一步缩小函数零点的范围的方法吗?

这样做,使得本节课在一般观念下研究的二分法思路更加明确,直奔主题,避开了不必要的分支。这就是我们确定研究套路的目的,使得内容更加完整系统,主线明确。

4. 依据课型确定教法

本节课是一节操作型的规则课,以方程 $\ln x+2x-6=0$ 的近似解求法问题贯穿始终。为此,首先是操作三次,结束二分的过程,让学生熟悉了解二分法,掌握计算流程。其次逐步提升要求,在满足精确度的条件下,研究如何结束二分的过程。

这样的教学过程就是一个看着说明书进行操作的过程。这体现了此类内容与函数概念课的不同之处。

梳理一下本节课的教学推进程序:

复习函数零点存在定理—提出要解决的问题—阅读教科书了解二分法的基本思路—实际操作掌握方法—提高要求总结二分法的一般步骤—应用二分法。

该程序强调了二分法的规定性、程序性。

5. 结合生成资源,适度引导,分析易混淆概念

在追问中引出精确度,这是本节课的难点,处理办法是,结合具体实例让学生理解,对于学有余力的学生,可以在课后进一步梳理它们的关系。

执笔人:太原市育英中学　韩灵,韩丽英,佟佳

案例 3　正弦定理、余弦定理的应用举例

学习目标:

1. 通过用正弦定理、余弦定理解决一些有关测量距离与高度的实际应用问题,培养学生的数学运算素养。

2. 通过将实际测量问题转化为数学中解三角形问题,培养学生的数学建

模素养。

重点：分析测量问题的实际背景，找出测量距离和高度的方法，运用正弦定理、余弦定理解决实际问题。

难点：根据实际问题建立数学模型，将实际问题抽象成一个或几个三角形，逐个解三角形，得到实际问题的解法。

一、复习回顾

请同学们默写正弦定理、余弦定理并写出可以解决的解三角形问题。

二、方法探索

近测高塔远看山，量天度海只等闲；
古有九章勾股法，今看三角正余弦。

这首诗描述的内容是什么？

例 1　已知河岸上有一点 A，对岸有一点 C，且对岸 C 点不可到达，如何测定河岸点 A 到对岸点 C 的距离？请设计一个测量 A，C 两点间距离的方案。

【问题 1】AC 可测吗？要解决这个问题，同学们在河岸这边选择一个基点 B，可与 A，C 两点构成什么平面图形？

追问：这个图形中哪些量可以测量？测量工具是什么？

【问题 2】依据上述测量的量，AC 是否可解？求 AC 的依据是什么？并用可测量表达出 AC。

追问：你能总结出测量 A，C 两点间距离的方法吗？

例 2　《普通高中教科书数学必修第二册》（人教 A 版）第 49 页例 9：如图，A，B 两点都在河的对岸（不可到达），设计一个测量 A，B 两点间距离的方法，并求出 A，B 间的距离。

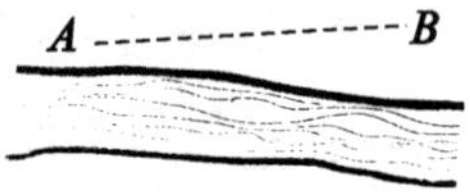

【问题 3】此题只取一个基点，能获得结果吗？为什么？

追问：需要选择几个基点能解决问题？为什么？请同学们设计出自己的测量方案并小组交流，指出可测量的数据，并在图中用字母表示。

【问题 4】求 AB 的依据是什么？请表达出求解 AB 的步骤。

追问：在上述测量方案下，你还有其他计算 A，B 两点间距离的方法吗？

【问题 5】通过上述两个实际问题的解决，同学们初步接触了数学建模的过程，你能说说解决实际问题的数学思想吗？具体步骤是什么？

三、应用创新

下面用你学到的知识解决一个测量高度的问题。

例 3 教科书例 10:AB 是底部 B 不可到达的一座建筑物,A 为建筑物的最高点,设计一种测量建筑物高度 AB 的方法,并求出建筑物的高度。

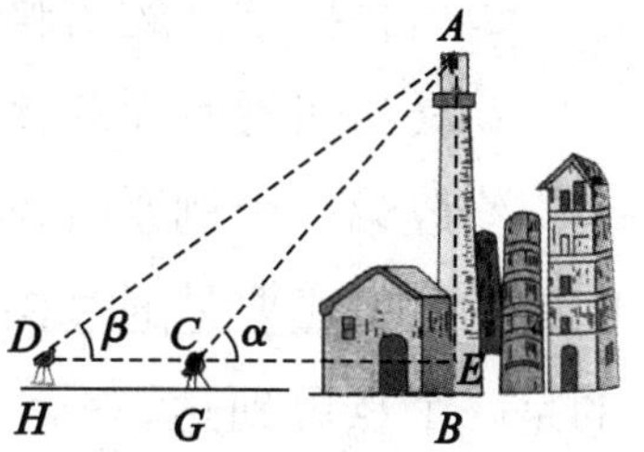

【问题 6】此题选择了几个基点?指出图中哪些量不可测,哪些量可测,测量工具是什么?

追问 1:此题设计了几个三角形?根据可测量是否能达到求解目的?

追问 2:请同学们小组讨论:这种测量方案在实际生活中可操作吗?测角仪的高度能不能忽略?

【问题 7】同学们还有其他计算 AB 的方法吗?能否将解斜三角形问题转化为解直角三角形问题呢?

【问题 8】在实际操作时,使 H,G,B 三点共线不是一件容易的事情,你有什么替代方案吗?请小组讨论画出设计图,标出可测量,写出解题步骤。

四、归纳小结

【问题 9】(1)数学建模的基本思路是怎样的?请你画图表示。

(2)常见的解三角形应用题有哪些情况?求解的经验是什么?

五、作业布置

略。

案例分析

本节课是在学习了正、余弦定理解三角形之后的一节应用举例课,体现了数学与生活的密切关系。本节研究路径是通过对实际问题的分析,把实际问题数学化,即把解决实际问题转化为解决数学问题,以此培养学生的数学建模素养和数学运算素养,提高学生发现问题、分析问题和解决实际问题的能力。

1. 按照解决问题的路径设计教学程序

初稿中设计的问题,直接指向对应用题答案的理解,潜在的设计思想是让学生读懂答案。

终稿中设计的问题,首先是对实际问题的分析。具体程序是:规划如何求解实际问题;再根据规划确定需要哪些量;结合题目条件,哪些量是已知的,哪些量是需要测量的;然后选择测量工具,测得相应的数据。

其次将实际问题转化为数学问题求解。完成上述过程之后,实际问题就转化成了数学问题。

最后将数学问题的解转化为实际问题的解。

2. 提高问题的开放性,弱化计算,强化方法

修改第一个例题时,将具体数字去掉,改为开放性问题,这是因为设置此问题的目的主要是通过探究本题得出数学建模的一般方法和程序。此题设计的是一个点可到达,一个点不可到达的测量距离问题,学生面对这个实际中"不可测问题",需要构建一个三角形模型,结合实际生活弄清哪些量可测,哪些量不可测,依据解三角形的条件,至少需要已知三个量,才能利用正、余弦定理解出本题要测的距离。学生通过这个活动明白本节内容的具体操作步骤,教师点出这就是一个完整的数学建模过程:从实际情境中抽象出数学模型,将实际问题转化为数学问题解决,最后再回到实际问题中。并为学生独立学习教科书例 9 做好铺垫。

3. 围绕解决问题进行设计,激活学生的思维

教科书中的例 9 设计的是"两个点都不可到达"的测量距离问题,学习难度略有提高,教学中让学生根据例 1 数学建模的操作程序自主探究,小组合作,分享设计思路。

有了前面的铺垫,学生便可以规划整体的解决办法。动手操作后,发现选择一个基点构造一个三角形解决不了问题,原因是没有可测的距离,所以需要在河边再选择一个基点,构成基线,可测的距离就产生了。所以有的学生构造的是"两个三角形",有的学生构造的是一个"平行四边形",可见,跳出教科书中的答案设计问题,学生的思维就会被激活。

教师对学生的设计的可操作性方面做出评价,说明选择不共线的三点一定共面,而不共线的四点不一定能保证共面。学生若是理解不了可参考教科书第 49 页图 6.4-13,明白这种设计构造的并非是平行四边形,突出了构造三角形的优势和实际生活中的可实施性。培养学生的数学的严谨性,科学创新意识,发展学生的数学理性思维,提升学生数学素养。

新课程中数学建模和数学探究设置的比较多,在数学建模和数学探究的教学过程中,教师通过提供问题情境,为学生营造良好的学习氛围,消除学生厌烦、畏惧数学建模的心理,逐步引起学生对数学建模的兴趣,做好学生学习数学建模的引路人。同时在教学过程中,教师对学生的学习评价必须及时,仅

仅抓住理性思维提升的关键点做出补充说明,建立科学的学习观。

即使从应对考试的角度看,这样教学也有诸多益处:培养学生的阅读能力、分析问题的能力、解决开放性问题的能力、设计方案的能力,等等。

执笔人:吕梁市兴县友兰中学　王阿庆,逯振娟

案例4　复数的三角形式

学习目标:

1. 会根据复数的几何意义,得到复数的三角表示式。

2. 会求给定复数的辐角和辐角的主值,并写出复数的三角表示式。

3. 会进行复数的三角表示式与代数表示式的互化,记住两个用三角形式表示的复数相等的条件。

重点:复数的三角表示式。

难点:探究、理解复数的三角表示式。

一、创设情境,引出课题

引导语:对于一个概念的研究路径是:实例—定义—表示—应用。我们已经研究了复数的定义、代数表示及其四则运算,并且已经知道复数 $a+bi(a,b\in\mathbf{R})$ 与复平面内的点 $Z(a,b)$、向量 $\overrightarrow{OZ}=(a,b)$ 是一一对应的关系,那么借助于复数的几何意义能不能用其他形式来表示呢?按照复数研究的路径,依次研究哪些内容呢?

二、独思共议,探究新知

【问题1】复数 $z=a+bi$ 与向量 $\overrightarrow{OZ}=(a,b)$ 一一对应,复数 z 由向量 $\overrightarrow{OZ}$ 的坐标 (a,b) 唯一确定。我们知道向量也可以由它的大小和方向唯一确定,观察分析图1,能否借助向量的大小和方向这两个要素来表示复数呢?你认为如何表示?

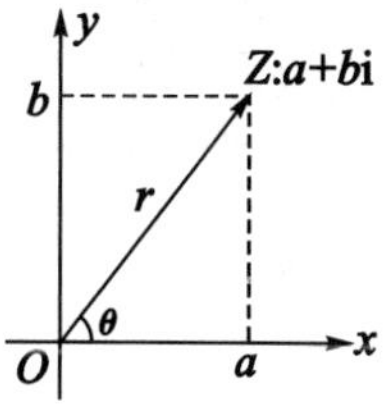

图1

追问1:(1)如何定量刻画向量的大小和方向?

(2)图中角 θ 的始边和终边分别是什么?

(3)你能用图中的 r 和 θ 表示复数 z 吗?

(4)当角 θ 的终边落在其他象限、实轴、虚轴上时,你推出的表示式也成立吗?

完成上述问题之后，先阅读《普通高中教科书数学必修第二册》（人教 A 版）第 83、84 页，再完成下列默写。

①复数的三角表示式：

②辐角的主值：

追问 2：复数 0 的辐角是多少？为什么？

【问题 2】沿着复数研究的路径接下来该研究复数的关系和运算，那么两个用三角形式表示的复数在什么条件下相等？

三、新知应用，内化迁移

例 1　判断下列复数是不是三角形式，并说明理由。

(1) $2\left(\cos\dfrac{\pi}{3}+\mathrm{i}\sin\dfrac{\pi}{3}\right)$；(2) $-2\left(\cos\dfrac{\pi}{3}+\mathrm{i}\sin\dfrac{\pi}{3}\right)$；

(3) $2\left(\cos\dfrac{\pi}{3}+\mathrm{i}\sin\dfrac{\pi}{6}\right)$；(4) $2\left(\sin\dfrac{\pi}{3}+\mathrm{i}\cos\dfrac{\pi}{3}\right)$；

(5) $2\left(\cos\dfrac{\pi}{3}-\mathrm{i}\sin\dfrac{\pi}{3}\right)$；(6) $2\left(\cos\dfrac{7\pi}{3}+\mathrm{i}\sin\dfrac{7\pi}{3}\right)$。

追问：判断的依据是什么？复数三角形式的结构特征是什么？

例 2　画出下列复数对应的向量，并把这些复数表示成三角形式：

(1) $z_1=\dfrac{1}{2}+\dfrac{\sqrt{3}}{2}\mathrm{i}$；(2) $z_2=1-\mathrm{i}$。

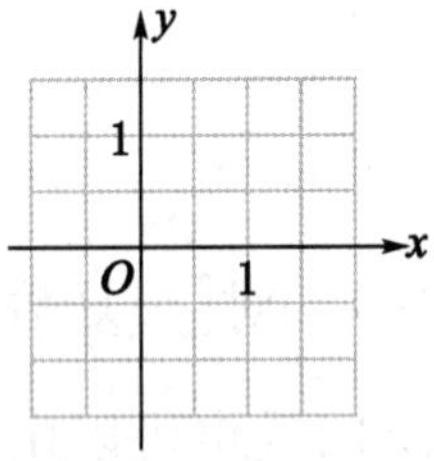

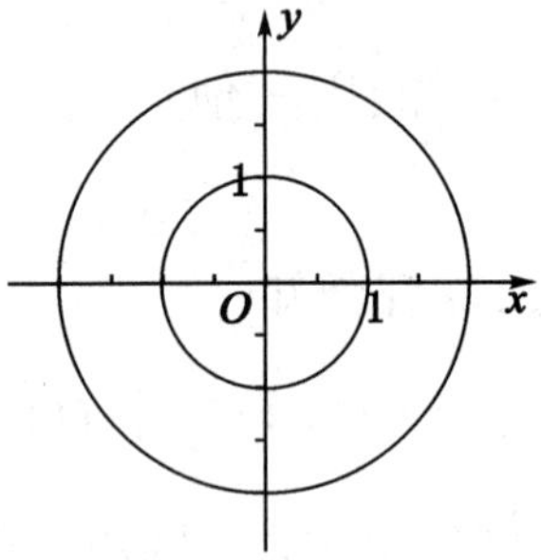

追问：转化的依据是什么？并总结求解的步骤。

例 3　分别指出下列复数的模和一个辐角，画出它们对应的向量，并把这些复数表示成代数形式：

(1) $z_1=\cos\pi+\mathrm{i}\sin\pi$；(2) $z_2=2\left(\cos\dfrac{11\pi}{6}+\mathrm{i}\sin\dfrac{11\pi}{6}\right)$。

追问：本题的求解依据是什么？可以利用例 1 和例 2 中总结出来的哪些方法？

四、归纳小结，深化理解

【问题3】本节课你学到哪些基本知识？体现了什么数学思想？是按照怎样的路径展开研究的？

五、布置作业

略。

六、目标检测设计

略。

案例分析

按照实数的研究套路，在前两节（7.1，7.2）已经研究过定义→表示（代数形式、几何意义）→分类→关系→运算（法则、运算律、几何意义）→应用，经历了数系扩充的过程，具备了一定的研究经验。本节课的突破口是引导学生提出问题，并类比代数表示式的研究规划研究内容。

1. 转变知识观方可做出符合教科书立意的教学设计

从知识点到“一般观念”，跳出碎片化，依据数学学习对象确定“研究套路”，规划研究内容，选择适当容量的内容做单元设计。初稿中没有准确领会复数的三角形式的本质，设计的中心偏向于解题，降低了教学的起点。

终稿遵循数学知识发生发展规律设计，本课时一开始在“引导语”中就明确了为什么要研究和怎样研究本节课的内容，以及与之前内容之间的联系。在之后的问题2中又将这种研究观念显性化，强化了这一观念，体现了数学研究方法前后的一致性。

2. 淡化技巧，重视本质，方能做出合理有效的教学设计

终稿中，在复数三角表示式形成的过程中，是由纯数学情境（平面向量、复数、三角函数）结合问题驱动逐步抽象出来的，其中经历了由几何图形到代数表达，再到几何意义的两个过程。而几何与代数的相互作用必须通过具体情境来实现，离开问题与情境的抽象，就会使数学苍白无力、毫无生机，但问题情境的选择必须符合数学发展的逻辑、学生的认知规律及知识内部的关系。本节课曾对复数三角表示式概念的引入做过一种简单的设想：能否模仿前面学习的辅助角公式的推导方法来推导复数的三角表示式呢？

即$\sqrt{3}\sin\alpha+\cos\alpha=2\left(\frac{\sqrt{3}}{2}\sin\alpha+\frac{1}{2}\cos\alpha\right)=2\left(\cos\frac{\pi}{6}\sin\alpha+\sin\frac{\pi}{6}\cos\alpha\right)$

$$=2\sin\left(\alpha+\frac{\pi}{6}\right),$$

同理，$\sqrt{3}+i=2\left(\frac{\sqrt{3}}{2}+\frac{1}{2}i\right)=2\left(\cos\frac{\pi}{6}+i\sin\frac{\pi}{6}\right)$，并推广为一般情形。

模仿辅助角公式的推导策略来类比复数三角表示式的推导，看似有一定的合理性，其实只是一种变形技巧上的巧合，两者之间没有本质的联系，不符合学生的认知规律。因此，在概念抽象的过程中，设置这种非本质属性的教学情境显得十分牵强附会，是不可取的。

3. 导入的修改更突出从数学发生发展的内部提出问题

初稿中“概念引入”环节为了让学生体会引入三角形式的必要性，体会用代数形式运算的烦琐，从实际问题的求解角度提出学习的需求，为新课学习做好铺垫，这样的引入看似有道理。这是因为教师知道学习了复数的三角表示式之后可以简便地求解此类问题，但是当学生面对一个新的研究领域时，他不可能从更高难度的问题出发提出研究问题。所以这样的引入对于学生提出问题能力的培养是没有帮助的，而且这样的设计会因为导入的难度大一方面影响了学生学习新知识的兴趣，另一方面也影响了课堂的节奏。

终稿中的导入环节，顺着复数研究的路径自然地提出问题，起点低、内涵深刻，而且这样的设计给学生示范了面对一个研究对象，怎样发现值得研究的问题，怎样类比展开对新问题的研究。这就是落实《课程标准》中的“四能”。

4. 依据学生学习本节课的心理特征设计活动，匹配例题、习题

“概念形成”环节一般经历由具体到抽象、由特殊到一般的认知过程，通过归纳概括出概念的本质特征。在此之前，学生已经熟悉了平面向量、复数以及复平面内的点之间的对应关系，但由于学生的创造意识、知识的整合及运用能力不强，对问题的理解不够深入，使得学生在复数的三角表示式的推导上有一定的难度，需要教师合理创设问题情境，精心预设问题串，引导学生在一个个问题的驱动下积极思考，自主探究，进而感受知识的产生过程及解决抽象问题的方法。初稿中没有形成问题串，学生的探究活动问题不够具体，终稿依据数学知识内在联系确定“研究思路”，找到研究视角，即为了定义复数的三角形式，还需要定义哪些量？依据复数的几何意义，还可以怎样确定一个复数呢？在问题 1 中又以追问的形式设置了问题串，使得问题具有层次性、递进性、诱发性，学生生成概念有方向、更自然，同时借助小组合作探究环节，帮助学生回忆三角函数的定义，引导学生提炼向量的大小与方向的数量要素，为表示复数引入三角函数做必要的方法准备，即在方法上引导学生如何提炼 r 和 θ 来表示

复数 z。

概念的掌握并不是一次完成的,它是一个由浅入深、由易到难的循序渐进的过程。初稿中知识应用跨度大,不利于学生对生成的新概念的理解和巩固,学生学习了复数的三角形式后,容易将一些含有三角符号的复数表达式与复数的三角形式混淆。为使学生准确认识复数三角形式的结构,在终稿中设置了例 1,引导学生从具体问题中归纳概括出复数的三角形式的结构特征,通过对该问题的分析,揭示复数三角形式的本质特点,澄清模糊认识,训练思维能力。

每一节课都有重难点,如何突出重点、突破难点是教学的关键。"概念落实"环节应以课时教学内容为主题,以学习目标为导向,围绕重难点设置目标检测,要有明确的针对性和目标性。通过让学生画出向量帮助学生进一步体会复数的实际意义,感受复数与向量一一对应的关系,另一方面是借助复数对应向量的坐标,确定辐角的终边所在的象限,体会将复数的代数形式化为三角形式的基本方法,进一步体会概念的生成过程。初稿中目标检测练习多,没有紧扣学习目标,终稿的目标检测少而精,能有效地检测学生对本节课学习内容的掌握程度,更突出本节知识的重难点,不会冲淡主题。

执笔人:山西大学附属中学　王晓玲,武海瑞,岑学琴

案例 5　简单随机抽样

学习目标:

1. 结合具体案例,了解统计的基本概念,了解简单随机抽样的含义,培养数学抽象素养。

2. 通过实例,掌握两种简单随机抽样方法:抽签法和随机数法,及其解决问题的过程。

3. 通过实际操作,计算机模拟等活动,积累数据分析的经验,培养数据分析的素养。

重点:根据实际问题的特点,设计恰当的抽样方法解决问题。

难点:理解简单随机抽样的公平性。

一、课前预习

阅读《普通高中教科书数学必修第二册》(人教 A 版)第 172~177 页。

二、课堂学习

问题情境:朔城区第一中学校正在新建教学楼,我们要为学校定制桌椅高度,以便为规划教室空间的大小提供决策依据。

【问题 1】(1)根据初中的统计知识我们应该怎么做?

(2)你觉得我们应该分哪些步骤去完成?

(3)我们可以用怎样的方式调查?如果从节省人力、时间上考虑,有什么方法吗?

活动任务:结合教科书内容,请就上述问题给出简单随机抽样方法(完成调查报告)。

抽签法(写出操作过程):

【问题 2】抽签法中为什么要给学生编号,用学号可以吗?

随机数法(写出实验过程,并记录实验结果)

(1)用随机数实验生成随机数

(2)用信息技术生成随机数

①用计算器生成随机数

②用电子表格生成随机数

③用 R 系统生成随机数

【问题 3】(1)从总体中,逐个不放回地随机抽取 n 个个体作为样本,一次性批量随机抽取 n 个个体作为样本,这两种方法等价吗?(2)简单随机抽样如何保证抽样的公平性?

【问题 4】通过上述操作,比较随机数法和抽签法,它们各有什么优点和缺点?用简单随机抽样方法抽取样本,样本容量是否越大越好?

例 1 一名交警在高速公路上随机观测 6 辆车的行驶速度,然后做出了一份报告,调查结果如下表:

车序号	1	2	3	4	5	6
速度(km/h)	66	65	71	54	69	58

(1)交警采取的是________调查方式。

(2)为了强调调查目的,这次调查的样本是________,个体是________。

例 2 略。

例3 略。

课堂小结：

【问题5】本节课你收获了什么？请写出本节的思维导图。

三、课后任务

各组分工收集样本数据(选上述一种抽样方法完成任务)

题目	朔城区第一中学校高一年级平均身高调查表
小组成员	
小组分工	组长________ 其他组员分工________
使用工具	
调查方式	
抽签法(写出操作过程)	
用随机数实验生成随机数 (写出操作结果)	
用电子表格生成随机数 (写出操作结果)	
用R系统生成随机数 (写出操作结果)	
收集样本数据 (选上述结果中的一种完成任务)	
调查过程中遇到的 问题和解决办法	
调查结论	
你认为可以改进的地方	
组内互评成绩(百分制)	________;________分 ________;________分 ________;________分 ________;________分 ________;________分 ________;________分

案例分析

统计学是收集、处理、分析、解释数据并从数据中得出结论的科学。数据是统计的关键要素之一，如何获取数据是统计中的首要问题。抽样的目的是用样本估计总体，为了提高样本的代表性，需要充分利用已有信息，恰当选取抽样方法。在此过程中，可以促进学生体会统计思维和确定性思维的差异，培养数据分析和数学抽象素养。

1. 通过本校实际情况引导学生经历几种简单随机抽样的全过程

初稿的设计是典型的知识立意下的教学，介绍概念，巩固知识点，小结。

《课程标准》强调，统计的教学活动应通过典型案例进行。教学中应通过对一些经典案例的处理，使学生经历较为系统的数据处理全过程，在此过程中学习数据分析的方法，理解数据分析的思路，运用所学知识和方法解决实际问题。

根据《课程标准》的这一要求，终稿的教学设计以“朔城区第一中学校高一年级学生平均身高的估计”为载体，设计简单随机抽样和分层抽样的连贯学习过程。这样的课堂引入，由本校的实际问题驱动，体现简单随机抽样的必要性、合理性，符合统计学科的特点，同时可以增强学生对统计方法的直观感知，然后设计从具体到抽象的学习过程，从而让学生经历一个比较完整的数据处理过程。

2. 信息技术的融合

统计是通过数据分析解决问题的。在统计的学习中，应该培养学生使用信息技术处理数据的意识和初步能力。同时它对学生体会统计思想（例如样本的随机性，用样本估计总体等）有很大促进作用。终稿的教学设计关注到了这一点，注重信息技术的充分使用，不仅要求教师进行演示操作，还要求学生利用信息技术进行数据处理，在本节的关键环节都安排了学生使用信息技术处理数据的活动。如：计算器、Excel、R 统计软件产生随机数，这也为后面的学习奠定了操作基础，而且有助于学生感受样本的随机性和稳定性。

3. 结合具体研究问题落实数据分析素养

在统计的教学中，要结合数据处理过程发展学生的数据分析素养。终稿的教学设计做了如下努力：首先让学生通过解决身边的问题，体会统计方法不仅有用，而且有助于理解周围的世界，它提供了对获得许多现象新见解的方法。感悟在实际生活中进行科学决策的必要性和可行性。其次让学生真正参与简单随机抽样的活动，引导学生用多种方法进行简单随机抽样，经历发现问题、提出问题、分析问题、解决问题的全过程。最后，让每个小组汇总抽样调查结果,引导学生对结果进行分析,在此过程中理解统计推断结果的或然性,体会如何应用统计结果解释实际问题。总之,让学生经历收集数据的过程,在此过程中,潜移默化的提升学生的数据分析素养。

执笔人:朔州市朔城区第一中学校　赵爱国,刘国玲

案例6　分层随机抽样

学习目标:

1. 在简单情境中,能根据其特点,设计恰当的抽样方法解决问题;经历分层随机抽样收集数据、分析数据、做出决策的过程,提升数据分析素养。

2. 通过实例,了解分层随机抽样的特点、适用范围及必要性;掌握各层样本量比例分配的方法,以及分层随机抽样的样本均值的求法。

重点:应用分层随机抽样的方法解决实际问题,并能计算样本平均值。

难点:对分层抽样方法的理解。

一、新知探究

【问题1】如何比较岚县中学和友兰中学两所学校高一年级学生的身高情况?请你设计方案。

活动1:抽取样本

(1)友兰中学高一年级有963名学生,请你设计抽样方法。

(2)友兰中学高一年级有963名学生,其中男生有423名、女生有540名,我们要从中抽取一个容量为50的样本。请问男生和女生各抽取多少人?

追问:比较(1)(2),哪种设计更合理、抽取的样本更有效?

【问题2】以上活动是按照男生,女生两个子总体抽取样本,那么抽取男生和女生的样本量如何确定才有利于反映总体呢?男生和女生的样本量如何计算?

【问题3】请阅读《普通高中教科书数学必修第二册》(人教A版)第182页相关内容,写出分层随机抽样的定义,以及比例分配的定义。

分层随机抽样:

比例分配:

【问题4】请总结按比例分配的分层随机抽样步骤:

活动2:估计友兰中学高一年级学生的身高

在简单随机抽样中,我们用样本平均数估计总体平均数。本节课,我们用分层随机抽样的方法在友兰中学高一学生中抽取了一个容量为50的样本,老师带来了如下数据(单位:cm):

男生(22人)

173.0 174.0 166.0 172.0 170.0 165.0 165.0 168.0 164.0
173.0 172.0 173.0 175.0 168.0 170.0 172.0 176.0 175.0
168.0 173.0 167.0 174.4

女生(28人)

163.4 164.0 161.0 157.0 162.0 165.0 158.0 155.0 164.0
162.5 154.0 154.0 164.0 149.0 159.0 161.0 170.0 171.0
155.0 148.0 172.0 162.5 158.0 155.5 157.0 163.0 172.0
160.6

参考数据:男生身高的样本平均数为170.6;女生身高的样本平均数为160.6。

(1)请你估计友兰中学高一年级学生的平均身高。

(2)如果样本中的原始数据缺失,只有男、女生身高的样本平均数,如何估计总体的平均身高?

【问题5】下面我们将上述问题符号化,记总体中男生个体数为M,女生个体数为N,样本中男生个体数为m,女生个体数为n。

	总体中的个体数据	样本中的个体数据
男生	M个:$X_1,X_2,\cdots,X_M$	m个:$x_1,x_2,\cdots,x_m$
女生	N个:$Y_1,Y_2,\cdots,Y_N$	n个:$y_1,y_2,\cdots,y_n$

(1)各层总体平均数和样本平均数及总体平均数和样本平均数如何表示?

男生样本的平均数 $\bar{x}=$	男生总体的平均数 $\overline{X}=$
女生样本的平均数 $\bar{y}=$	女生总体的平均数 $\overline{Y}=$
总样本的平均数 $\bar{w}=$	总体的平均数 $\overline{W}=$

(2)如何用样本平均数估计总体平均数?

活动3:请你用相同的方法估计我们学校学生的平均身高,只设计方案,不计算。

二、反馈练习

略。

三、学后反思

【问题6】从样本均值估计总体均值的角度来讲，比例分配的分层随机抽样的估计效果是否一定比简单随机抽样的估计效果好呢？

本节课做了一件怎样的事情	概念理解、公式推导过程中的困难点	例题、练习题求解过程中的易错点	提炼涉及的解题方法及思想方法

案例分析

“分层随机抽样”主要研究两个问题：一是如何从总体中抽取样本，二是如何通过对所抽取的样本进行计算和分析，并对总体的相应情况做出推断。分层随机抽样可以更好地解决总体差异明显的抽样问题，进一步体现设计抽样的基本原则——使抽取的样本更具有代表性。这节内容是简单随机抽样内容的延续和深化，主要涉及的核心素养有数学抽象，数据分析，数学运算。

本节课研究路径：按照研究统计活动的一般路径展开，即制订方案→抽取样本→收集数据→计算并分析数据→做出决策。

研究程序：采用从特殊到一般，从具体到抽象的数学研究方法，让学生通过经历实例的探究过程，理解分层随机抽样，掌握分层随机抽样的步骤，提升数学抽象和数据分析核心素养。

1. 结合学情巧设问题情境，激发学生兴趣

初稿的问题情境沿用教科书中树人中学高一年级学生的身高问题展开，数据没有改动，终稿将情境设置为比较友兰中学和岚县中学高一学生身高问题，更好地调动学生的学习兴趣和探究热情。本节课按照解决统计问题的一般路径展开，在问题的解决中学习有关统计知识，数据根据实际情况做了一定程度的改动，避免学生不经思考，直接从教科书中照搬解答的情况。

2. 按照统计的思想，围绕教学目标，设计教学活动

初稿的统计活动缺乏深度，关注了碎片化知识，活动之间较为孤立，过渡比较生硬，没有抽象知识的形成过程。终稿围绕教学目标，以及学生熟悉的研究统计问题的一般路径展开，在做一个完整的统计活动的大背景下设置一系

列问题串和活动导学，各环节衔接紧密，过渡自然，活动3的设置是学生对本节知识的运用，起到首尾呼应的作用。

3. 从具体到抽象，培养学生数学思维

在统计教学中，确定数学是其工具。在推导利用样本平均数估计总体平均数公式的过程中，从具体实例平均数的计算开始，再将之符号化，最后推广到一般。知识的形成经历由隐性认识到显性再到隐性的过程，从具体到抽象，学生容易理解，且有利于提升逻辑推理素养。

执笔人：吕梁市兴县友兰中学　刘帆，张明明

案例7　事件的相互独立性

学习目标：

1. 结合有限样本空间，认识两个随机事件相互独立的含义。

2. 结合古典概型，能利用独立性计算概率，并能解决一些简单问题。

重点：相互独立事件的概念及概率的计算。

难点：利用事件的独立性解决有关概率计算问题。

一、创设情境，引出课题

引导语：前面我们研究过互斥事件、对立事件的概率性质，还研究过和事件的概率计算方法，对于积事件的概率，你能提出什么值得研究的问题呢？

积事件AB就是事件A与事件B同时发生。因此，积事件AB发生的概率一定与事件A，B的发生有关。那么这种关系是怎样的？

可以先讨论一类与积事件有关的特殊问题。

二、独思共议，探究新知

【问题1】下列两个随机试验各定义了两个随机事件A和B：

试验1：分别抛掷两枚质地均匀的硬币，事件A=“第一枚硬币正面朝上”，事件B=“第二枚硬币反面朝上”。

试验2：一个袋子中装有标号分别是1，2，3，4的4个球，除标号外没有其他差异。采用有放回方式从袋中依次任意摸出两球。设事件A=“第一次摸到球的标号小于3”，事件B=“第二次摸到球的标号小于3”。

思考并回答以下问题：

(1)你觉得两个试验中,事件 A 发生与否会影响事件 B 发生的概率吗?

(2)分别计算两个试验的 $P(A)$、$P(B)$、$P(AB)$,你有什么发现?

对上述两个试验的共同属性进一步抽象概括,我们引入这种事件关系的一般定义:

对任意两个事件 A 与 B,如果 $P(AB)=$ ________成立,则称事件 A 与事件 B 相互独立。

追问 1:

(1)试验 1 和试验 2 中事件 A 与事件 B 是否相互独立?怎么判断?

(2)必然事件 Ω 与任意事件相互独立吗?不可能事件与任意事件相互独立吗?

(3)若将试验 2 中"有放回"改为"不放回",判断事件 A,B 是否相互独立。

(4)学习了事件相互独立的定义后,你能举出符合事件 A,B 相互独立的实例吗?

(5)我们可以类比函数的研究过程和方法来构建概率的研究路径,那么在研究了事件相互独立的定义之后,下一步我们该研究什么呢?

【问题 2】互为对立的两个事件是非常特殊的一种事件关系。如果事件 A 与事件 B 相互独立,那么它们的对立事件是否也相互独立?以问题 1 中试验 2 为例,验证事件 A 与 $\overline{B}$ 是否独立。你有什么发现?

追问 2:事件 $\overline{A}$ 与 B 是否独立?事件 $\overline{A}$ 与 $\overline{B}$ 是否独立?

①事件相互独立的性质:

若事件 A 与事件 B 相互独立,则 A 与 $\overline{B}$ ________,$\overline{A}$ 与 B ________,$\overline{A}$ 与 $\overline{B}$ ________。

②事件相互独立的应用:

若事件 A 与事件 B 相互独立,则 $P(AB)=$ ________。

追问 3:我们回到问题 1,现在你能计算第(2)问的概率了吗?

三、新知应用,内化迁移

例 1 一个袋子中装有标号分别是 1,2,3,4 的 4 个球,除标号外没有其他差异。采用不放回方式从袋中依次任意摸出两球。设事件 A="第一次摸到球的标号小于 3",事件 B="第二次摸到球的标号小于 3",那么事件 A 与事件 B 是否相互独立?

追问 4:判断两个事件是否相互独立的方法是什么?

例 2　甲、乙两名射击运动员进行射击比赛,甲的中靶概率为 0.8,乙的中靶概率为 0.9,求下列事件的概率:

(1)两人都中靶;(2)恰好有一人中靶;

(3)两人都脱靶;(4)至少有一人中靶。

例 3　甲、乙两人组成"星队"参加猜成语活动,每轮活动由甲、乙各猜一个成语,已知甲每轮猜对的概率为$\frac{3}{4}$,乙每轮猜对的概率为$\frac{2}{3}$。在每轮活动中,甲和乙猜对与否互不影响,各轮结果也互不影响。求"星队"在两轮活动中猜对 3 个成语的概率。

追问 5:例 2 和例 3 中如何表示较复杂的事件?

追问 6:通过例 2 和例 3,你发现处理独立性概率问题的一般思路是什么?

四、归纳小结,深化理解

【问题 3】本节课你学到了哪些基本知识?体现了什么数学思想?应按照怎样的路径展开研究?

五、布置作业

略。

六、目标检测设计

略。

案例分析

概率可以看成是定义在样本空间(有限样本点)全体子集上的"集函数",因此,我们可以类比函数的研究,建立概率的研究路径、发现概率的研究内容和方法。《普通高中教科书数学》(人教 A 版)中"事件的相互独立性"由选修提前到必修,内容重构并且"升级",要理解新教科书的变化与价值,需要认真研读教科书、教师用书,重新认识"事件的相互独立性"。

1. 从知识点到"一般观念",做出更符合教科书立意的教学设计

初稿立足于知识点,以知识点来设计并实施教学,这样设计看似比较直接地完成了教学内容,但容易忽略知识背后的思想,更难以达成素养目标。终稿选择比知识点更上位的"核心知识",挖掘知识点背后的"一般观念",即事件相互独立性的"研究套路":实例→定义→性质(包括运算)→特殊模型→应用,亦即先分析实例直观认识事件的独立性,通过计算积事件的概率发现规

律，进而归纳两个事件相互独立的定义，再研究两个事件相互独立的性质，最后利用事件的独立性计算概率，以此进行教学设计，指引学生如何研究“一类数学对象”。这样的教学设计能在高阶思维带动下，促进学生开展持续性的、深刻的探索研究活动，习得知识，熟练技能，让低阶思维得到训练。

2. 在单元的体系内设计本节课的情境

初稿中，用一个电路问题创设情境，让学生感受到要解决新问题。这种引入方式看似合理，其实隔断了本节课与前序内容的联系，而且对于这个题目，如果不予以解决，会使得导入成为一种形式化的环节，或者会吸引一部分学生的注意力降低其听课效果；如果予以解决，事实上，与后续的实例重复，造成浪费。

终稿中，用引导语导入。如果学生已经拥有了一般观念，那么他们可能会想到研究什么问题。如果学生想不到，可以通过教师自问自答的形式完成。这样做简单快捷地明确了本节课与整个单元的关系，了解了即将要研究的问题，简单高效。

3. 遵循学生学习的心理学路径，通过丰富实例认识抽象概念

《课程标准》是在必修课程中介绍随机事件的独立性，在选择性必修课程中介绍条件概率，因此本节教学不能利用条件概率定义两个随机事件的独立性。这就需要通过分析实例直观认识事件的独立性，然后用其他的数学表达形式刻画随机事件的独立性。初稿在给出独立性定义后，没有丰富实例，学生的大脑中没有形象的事件作为支撑，对于学生来说，独立性概念是比较抽象的。终稿在引出独立性定义后，设置了追问 1 的 5 个小问，按照“丰富典型例证—观察比较分析—抽象本质特征—习得定义—辨析理解概念—应用掌握概念”的研究路径提出问题。其中第(4)问，让学生举出符合事件相互独立的实例，学生积极讨论，踊跃发言，课堂氛围热烈，从而激发了学生的学习兴趣，调动起学生的主观能动性，大大提高了课堂效率，加深了学生对抽象概念的理解。这样的教学设计不是把数学概念硬塞给学生，而是根据概念本身的背景和学生已掌握的知识去启发、指导以及鼓励学生主动探索问题，在探究活动中学习和建构数学概念，让学生对事件独立性的理解有表象作为支撑，既突出了重点，又有效克服难点，同时还可以培养学生的数学抽象能力，而数学抽象正是数学学科核心素养的重要组成部分。

4. 以问题串为载体,紧扣教学目标,巧妙设计教学任务

如何让学生经历数学概念的自然建构,领会概念所蕴含的数学思维方法,数学问题串的设计无疑是关键一环。相较于初稿,终稿设计了更有关联性、层次性的问题串,通过4个问题和6个追问创造情境、提供机会启发学生积极主动思考,引导学生围绕本节课的核心问题开展探究,让学生在问题串思考的过程中逐步经历概念的形成和发展过程,促使学生沿明确的探究方向主动获取知识,较深入地理解、掌握知识,有利于学生创新思维与创新能力的形成与发展,学生的主体地位得到较充分的体现,学生不断追求卓越的态度和提出问题、解决问题的能力也得到培养,相关核心素养也得以落实。

问题串中的问题分布在各个环节,作为知识线贯穿整节课。起点性问题是整个概念学习活动的起始性问题,一般难度较低,但往往具有可触发性和可拓展性的特点,目的在于激发学生的求知欲,尽快融入课堂。终稿中问题1通过现实情境抽象出两个事件的积事件概率模型,自然而然地引出本节课的学习主题。在概念的引入阶段,问题串的设计着重以概念的合理建构为主体,不断引导学生自主探索和抽象概括事件相互独立的概念;在概念的辨析阶段,问题串的设计以事件独立性的直观意义和概率本质属性的理解为中心,让学生透过表层形式触及内在本质;在概念的应用阶段,问题串的设计注重通过熟悉情境让学生初步应用相互独立事件概率乘法公式去解决实际问题。在问题串的呈现方式上,设计了以起点问题—延伸问题—提炼问题—延伸问题—应用问题的呈现方式,主要取决于事件的相互独立性概念的引入、构建、确立和应用等功能。在问题串的设计上充分关注学生的认知基础,充分注重学生参与问题的深度和广度。这样将问题串与探究相结合,在问题串中进行探究性学习,在探究性学习中解决问题,探究就不会流于形式、不会浪费课堂时间,这样学生才能获得更好的学习效果,基于问题串的探究式学习才能取得预期效果。

执笔人:山西大学附属中学　武海瑞,王晓玲,徐晓莉

三、"一般观念"指导下的数学建模课

案例 8 建立函数模型 解决真实问题

————"身高与鞋码关系问题"的教学设计与研究成果

数学建模是《课程标准》中指出的四条主线之一,在《普通高中教科书数学必修第一册》(人教 A 版)中设计了数学建模学习内容,并给出确定的课时要求。数学建模的程序师生容易了解,那么在教学中怎样落实呢? 为此我们做了尝试,该尝试依托教科书,但是又区别于教科书,变化之处是问题的选择,变化的原因是为了提高可操作性,特别是便于学生收集数据。下面从教学设计到课题研究成果及反思,再现本次数学建模活动全过程。

一、单元教学内容和内容解析

1. 内容

建立函数模型解决实际问题:预测本班学生鞋码、衣服大小以及合理使用手机问题。

建议课时:2 课时。第一课时通过小组讨论确定研究的课题,撰写、展示开题报告,并审核课题研究的可行性;第一课时课下及第二课时开展课题研究,形成课题研究报告;第二课时课下修改并完善研究报告。

2. 内容解析

数学建模指向数学外部,旨在用数学知识解决现实问题。根据本班学生生活中常见的情况,选择研究学生鞋码、衣服大小与身高的关系,以及玩手机时长与学生成绩的关系等问题。

提出问题:由于个人鞋码和衣服尺寸主要是由身高来决定的,故可选身高作自变量。上衣的尺寸可以用臂长来衡量,裤子的尺寸可以用腿长来衡量。鉴于腿长起点不好把握,最终决定用小腿长来衡量。预设问题最终定为研究身高与鞋码、臂长、小腿长的关系。

收集数据:确定好研究变量后收集本班同学的身高、臂长、小腿长的数据。为确保数据的真实准确,可以多次测量求平均值。

数据分析:用 Excel 作出数据的散点图,去掉异常点,根据散点图的趋势选择线性或非线性模型,并用 Excel 给出的相关系数对拟合效果进行评价。或者

利用统计案例知识，即用最小二乘法建立线性回归模型，用残差去求相关系数的大小，对函数模型进行评价。

模型应用：研究的最终成果可以为本班学生买衣服提供数据支持。

数学建模的选题可以非常丰富，比如，学生玩手机对学习成绩有怎样的影响，研究方法同上。

经历这些研究过程，可提升学生的数学建模素养，让学生学会用数学的眼光看世界。

因此，本单元的教学重点是：将实际问题转化为数学问题，选择和建立合适的函数模型，并应用建立的模型解决实际问题。

二、单元教学目标和目标解析

单元教学目标：

1. 经历提出问题、建立数学模型解决问题的过程，让学生用数学眼光发现和提出问题，用数学语言表达现实世界，感受数学与现实之间的联系。

2. 以课题方式开展数学建模活动，让学生学会做课题，并积累数学实践的经验。

达成目标的标志：

1. 通过观看情景剧，学生能观察常见的家庭矛盾，提出需要研究的问题：身高与衣服大小、玩手机时长与学习成绩等之间的关系，从而知道数学建模是沟通数学世界与现实世界的桥梁，体会数学在生活中的广泛应用，感受数学建模思想和数学建模能力在数学教育中的重要性。

2. 学生能针对实际问题中隐藏的变量进行分析，确定其中的变量：鞋码、臂长、小腿长都与身高有关系，可将身高作为自变量，其他作为因变量，选择恰当的函数模型，利用模型预测变量之间的关系，并解决问题。对于玩手机时长与学习时间、视力、学习成绩等的关系，能预测变量之间成反比例关系，选择恰当的模型进行解决。对于这些选题能用课题研究的方式开展，即学生先选择课题，撰写开题报告，完整经历建模活动，通过展示交流之后，修改、完善研究成果，撰写结题报告。

三、教学问题诊断分析

本单元教学的难点之一是：学生没有数学建模的经历，不知道如何开展。为此，教师要做好方法指导，帮助学生开展建模活动。首先是选题。在课堂上教师给学生提供充足的材料，先让学生以小组为单位提出自己感兴趣的选题；

之后小组内的成员讨论，组间交流，在此基础上，教师再指导学生怎样选题，引导学生学会发现问题、提出问题。之后，在建模活动过程中，教师要根据数学建模的步骤适时地予以指导。特别是要用好教科书中所给的案例，即“茶水口感最佳时最适温度”，让学生初步了解如何开展数学建模活动。

本单元教学的难点之二是：函数模型的选择。学生缺乏发散思维意识和能力，面对固定选题时不善于从多个角度比较之后再进行优化选择。为此，需要改变学生处理问题的理念。具体做法是：分析教科书中关于“茶水口感最佳时最适温度”的课题研究，激发学生探求不一样的方法，比如：有数值比就有数值差，曲线模型除了指数函数，还有反比例函数、二次函数、对数函数、多项式函数等等，因此可以尝试从不同的角度、选用不同的方法进行建模活动，最后根据实际值和预测值的差距选择合适的模型，或者用 Excel 软件模拟其拟合效果进行评价。

四、教学支持条件分析

利用 Excel 软件，对数据进行处理——求平均值、求和；对数据进行分析——画散点图；对散点图中的曲线进行模拟——趋势线公式；对函数模型进行评价——相关系数 R^2。

五、教学方式设计

在教师的指导下，用课题研究的方式进行。

六、研究规划

1. 课前：利用自习时间，就“茶水口感最佳时最适温度”问题，教师指导学生先自主阅读，再进行小组讨论、展示交流，让学生了解数学建模的步骤，体会如何从现实生活中发现问题、提出问题，并借助数学建模解决。学习 Excel 软件中相关功能，了解一些统计常识。

2. 第一课时：学生观看情景剧，思考其中引发家庭矛盾的原因，提出问题，以此为依据确定研究的课题，撰写、展示、交流开题报告，审核课题研究的可行性。

3. 第一课时课下作业：学生利用自习时间，小组合作共同完成课题的研究，并形成研究报告初稿，教师给出课题研究报告的修改意见。

4. 第二课时：以小组为单位展示课题的研究过程、研究成果和研究报告。

5. 第二课时课下作业：根据教师给出的课题研究报告修改意见，及课上展示时其他小组的质疑或建议，对本小组的研究报告进行修改，并最终完成研究报告。

七、教学过程设计

课　前

课前要做以下工作：

1. 了解数学建模

通过自主阅读和小组讨论的方式，学习“茶水口感最佳时最适温度”问题，了解数学建模的简单步骤，并对照情景剧，将之具体化，如下图所示。

数学建模的一般程序

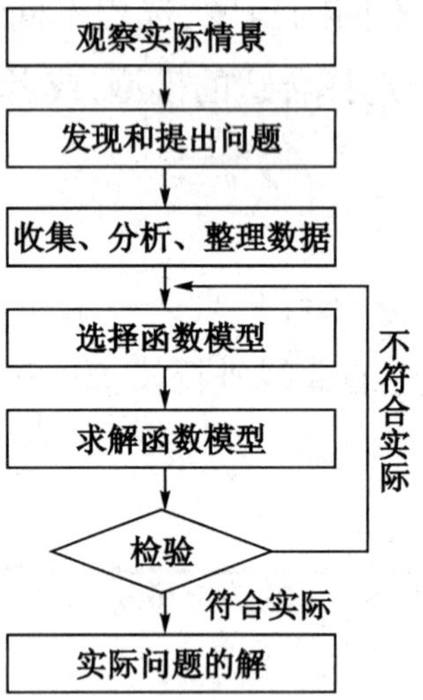

现实问题

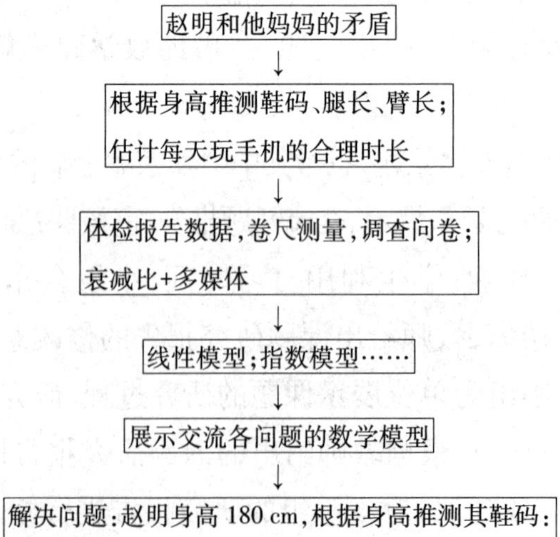

2. 必备知识准备

学习 Excel 软件中与本节课有关的数据处理功能:求平均值、求和,画散点图,模拟趋势线公式,求相关系数 R^2。了解统计的常识,如相关系数的大小与拟合效果的关系。

3. 确定研究选题

对教科书中提供的四个备选课题进行分析,选择将要研究的课题。

(1)应在炒菜之前多长时间将冰箱里的肉拿出来解冻?

由于对解冻缺乏可参考的标准,学生做起来有一定困难。虽然可以类比雪糕、冰块的溶解速度进行推算,但是否有可类比性没有科学依据作支撑。所以放弃了这个选题。

(2)根据某一同学的身高和体重,判断该同学是否超重。

根据身高计算标准体重,已经有成熟的运算公式,学生研究的欲望不够强烈,而且即使展开研究,其成果也是粗糙的,不可能突破现有成果。为此,结合情景剧,学生类比身高与体重的关系提出了身高与鞋码、身高与小臂长、身高与腿长的关系进行研究。

(3)用微波炉或电磁炉烧一壶开水,找到最省电的功率设定方法。

此课题对研究工具要求较高,需要与物理结合。放弃选择。

(4)估计阅读一本书所需要的时间。

读一本书可量化的数据太少,影响因素又太多,不容易把握研究方向。类比此课题,学生提出了关于假期上网时间的研究,进而具体化为玩手机时间对学习成绩、视力、学习时长的影响。其中的变量都可量化,相对容易研究。

4. 了解课题研究的程序

通过阅读教科书可以了解到,课题研究的程序是:

选择课题,撰写开题报告→设计研究方案,实施课题→完成课题,形成研究报告。

第一课时　确定研究选题,撰写开题报告

引导语:通过课前学习“茶水口感最佳时最适温度”问题,大家了解了数学建模是沟通数学与现实世界的桥梁,可以用数学的方法解决生活中的问题。明天要放假回家了,同学们可以活学活用,为长辈泡一杯口感最佳的茶水,表

达我们的孝心。今天我们要用这个方法帮咱们班同学赵明解决他在生活中遇到的一些问题。

环节 1　生活问题数学化

欣赏王泽琦、曹林燕表演的情景剧，观察赵明和他妈妈发生的矛盾，分析矛盾成因，从中可以抽象出怎样的数学问题进行研究？研究它的意义又是什么？

师生活动：观看情景剧，教师提出问题，学生小组讨论合作完成。

预设的答案：

(1)赵明妈妈给他买的鞋子、衣服大小不合适，说明赵明妈妈对赵明的需求估计不准，可从中抽象出研究身高与鞋码、臂长、小腿长的关系，利用研究成果，根据赵明的身高，推测出他的鞋码、衣服的大小，为赵明妈妈做参考。

(2)赵明妈妈关心赵明的成绩，一旦成绩不如意，罪责全怪在手机身上，可从中抽象出玩手机时长与学习时间、成绩排名、视力间的关系，预测赵明每天合理的玩手机时长，为赵明做参考。

学生可能面对的困难：

对于情景剧中事件涉及的变量，及选取哪个变量作自变量或因变量的把控不准确。

事实上，有一个小组就没有在情景剧中抽象出所要研究的课题，但是他们发现教室后面张贴的两次月考成绩表，灵机一动，决定研究两次月考数学成绩间的联系，并预测下一次月考数学成绩。

为此，教师引导学生注意抽取情景中的问题，比如赵明妈妈和赵明的矛盾在哪，影响这些矛盾的因素又是什么？据此确定自变量与因变量。

设计意图：情景剧是根据学生日常生活中所面临的问题设计的，能够直击学生的内心。通过观看情景剧，不仅使学生有身临其境的感觉，激发学生的学习兴趣，更能使学生体会到数学来源于生活，却高于生活，从而培养学生发现问题、提出问题的能力，提升数学抽象核心素养。

环节 2　撰写开题报告

师生活动：教师撰写了教科书中关于“茶水口感最佳时最适温度”课题的开题报告，并以此为模板指导学生完成所选课题的开题报告。

开题报告需要写清楚以下几个方面：课题名称，课题组成员及分工，选题的意义，研究的计划(包括对选题的分析、解决问题的思路等)。

学生可能面对的困难：

（1）不清楚开题报告怎么写。

（2）对于自己研究的课题不清楚如何进行合理规划。

破解办法：学生可以借鉴教师提供的模板，亦可自己查阅相关资料，搜寻自己喜欢的开题报告模板。

设计意图：课题的开题报告是课题研究方案的设计、规划和制订，可以帮助学生明确选题的意义与研究方法；培养学生做事情前有计划、有规划的习惯；指导学生熟悉开题报告的格式，明确借助网络查阅资料是获取信息的有效手段，为以后撰写论文打下基础。

环节 3　展示交流部分开题报告，规划研究步骤

师生活动：展示开题报告中的选题意义、研究方法、研究步骤。

学生可能面对的困难：

（1）研究方法单一，缺少创新思维。

（2）研究步骤相对简单，会局限于教科书上指数函数概念学习时采用的数值比的方法。

破解办法：教师引导学生回顾已有的函数模型：一次函数模型、二次函数模型、指数函数模型和对数函数模型，尝试建立不同的函数模型解决实际问题，并在不断的尝试中，对已有的函数模型进行优化。

设计意图：通过展示开题报告，使各小组的研究思路和方法更加明晰，方便小组间相互学习，取长补短，优化本组的研究思路和方法，促使后续课题的研究思路清晰化，引领课题研究的进展方向。

课下作业：学生依据开题报告，以小组为单位自主开展课题研究，并梳理课题的研究成果，撰写课题研究报告，按规定时间提交，教师给出课题研究报告的修改意见。

第二课时　交流课题研究过程，形成课题研究报告

环节 1　收集、整理和分析数据

师生活动：各组代表展示本组收集数据的过程和方法，以及对数据都进行了怎样的整理和分析。

预设的答案：

收集数据的方法：(1)直接引用了近期体检报告中身高和体重的数据，同时用卷尺测量臂长和小腿长，询问大家的鞋码。

(2)采用问卷调查法，调查学生在假期每天玩手机时长和学习时长，引用体检报告中的视力数据，询问近视度数，并选用近期考试成绩。

处理数据的方法：(1)借助 Excel 软件分析、整理数据，绘制散点图，求出线性回归直线方程，及相关系数 R^2。

(2)借用教科书中构建指数函数模型的方法对数据进行处理，求出学习成绩的变化比例，从第二个数据开始，计算每一个数据与上一个数据的比值，再用平均值求出其曲线方程。

学生可能面对的困难：

(1)数据的收集——异常点较多，收集到的数据规律性不强。

(2)处理数据方法单一——过于依赖多媒体。

破解办法：对于收集数据，可以用多次测量求平均值，以矫正误差；要求学生用 Excel 软件处理数据，同时对数据进行观察、分析，通过计算发现规律。

设计意图：通过用卷尺测量、问卷调查、借助软件或者观察、计算等活动，让学生经历数据的收集、整理、分析的过程，不仅增强了学生的动手能力，同时也培养了学生数据分析的核心素养。

环节 2　选择函数模型

师生活动：各组代表展示小组选择的模型，解释选择该模型的理由。

预设的答案：

(1)身高与鞋码、身高与臂长、身高与小腿长的函数模型均为线性模型，且成正比例关系。

(2)玩手机时长与学习时长、视力、学习成绩的函数模型不是很确定，其中人为因素较多，但可以预测成反比例关系。

学生可能面对的困难：

(1)模型的选择单一：线性回归模型和教科书上的指数模型。

(2)方法单一，直接用电脑模拟。

破解办法：数学模型除常见的线性和非线性的函数模型外，还有高中教科书以外的微分模型(物理学、经济学和管理学)、差分模型(经济金融和人口预测)、变分法模型(最优控制函数使某个泛函达到最大或最小)、模糊数学建模

（模糊评价）、灰色理论建模（社会系统、农业系统、生态系统）等。虽然学生还没有学习到，但是可以通过查阅相关资料，对感兴趣的模型作简单的了解，并借鉴其中对自己所研究课题有用的部分，比如可以用变分法模型研究学生玩手机时长和学习成绩间的一个平衡点。

设计意图：函数模型的选择是数学建模过程中最重要的环节，在众多模型面前，适合的才是最好的选择，学生要学会在众多信息面前进行有效选择。学生在经历了选择合适模型，优化模型的过程中，不断提升数学建模能力。

环节 3　检验函数模型

师生活动：用建立的函数模型求出收集数据的预测值，并与实际值作对比。

学生可能面对的困难：

不清楚对比方法和参考标准。

破解办法：当两个变量间存在相同或相反的变化趋势时，就可以用线性模型描述，但这种关系受其他许多因素的影响，这些影响因素会产生随机误差，它是一个不可观测的量，只能通过其估计值，即实际值与预测值间的差值来衡量，就是所谓的残差。通过残差发现原始数据中的异常数据，判断建立模型的拟合效果。为了使效果更加直观，可以绘制残差图，为了更加精准地比较两个模型的拟合效果，须要借助公式计算 R^2，说明模型拟合的精确度。

这些知识学生没有学习过，鉴于比较好理解，可以直接应用，系统的理论知识后续再学习。

设计意图：学生在遇到困难时，可以通过查阅资料自学新的知识，并尝试用不同的方法解决问题，培养学生的自学能力。这也是数学建模解决实际问题时引发的学习延伸。

环节 4　应用函数模型

师生活动：关于尺码问题除了能解决赵明妈妈给赵明买鞋和衣服大小是否合身的问题，还能解决哪些问题呢？

预设答案：还可以给本班同学网购衣服提供数据支持。但是不能作为这个年龄段学生购买服装的唯一依据，这个问题之后在统计中进一步研究。

学生可能面对的困难：根据研究的模型求出的预测值和实际值之间存在偏差，在实际中应用效果不佳，说服力不足。

破解办法：现实问题抽象为数学问题，有诸多的影响因素，需要很多理想状态下的假设,存在偏差很是正常。

设计意图:实践是检验真理的唯一标准,数学知识只有应用于生活中才能体现其价值,才能给学生更深刻的感悟。数学来源于生活,最终要服务于生活,学以致用是学习的真谛。学生在应用知识的过程中,不仅巩固了所学的知识点,完善了已有的知识结构,更提升了思维的深刻性。

环节5　结题报告修改建议

师生活动:针对学生的结题报告,教师给出修改建议。

预设的答案:

课题	①根据身高预测鞋码、衣服大小; ②预测合理的玩手机时长; ③预测月考数学成绩。
研究过程中的不足	①模型检验意识薄弱——只用赵明的数据作检验,缺少代表性; ②数据的收集——异常点过多,收集数据不准确; ③处理数据办法单一——依赖简单的数据分析工具,忽略了所学的统计案例知识。
研究过程中的优点	①数据处理不断尝试,不断去除异常点,寻求最合理的数据分布; ②探究出三种不同的建模方案: 方案一:模仿教科书中的指数函数模型; 方案二:利用 Excel 软件直接模拟; 方案三:统计案例中的一元线性回归模型。
研究建议	①收集最准确的数据——成绩; ②尝试不同的数据处理—— 直接用、通过求比值或差值发现规律; ③模型的建立——可以尝试选择多种模型,比较之后选最优的。 根据以上建议,完成“预测月考数学成绩”这个课题的研究,形成最终研究报告。
研究课题评价	各组的选题与你们的生活密切相关,不仅能够解决家长和孩子之间因为忙没有时间买衣服的矛盾,更能为现在的网购提供数据支持,降低退换货的概率,减少不必要的资源浪费;了解到只要大家努力程度不变,成绩的趋势将会稳步上升,进而预测下一次的考试成绩。 研究计划合理,分工明确,有利于建模活动的展开,虽然预估值与实际值有些许偏差,但研究过程科学、规范且完整,与建模过程相符合,经审议,同意结题。

设计意图：对学生来说，数学建模活动是全新的体验，研究过程是摸着石头过河，最终形成的研究报告很稚嫩，但又不缺乏创新性，所以教师应先肯定学生在研究过程中的优点，同时指出不足，加以修改，形成新的研究报告，从而培养学生大胆创新的勇气和小心求证的严谨态度。

课下作业：修改研究报告，并参考其他小组研究报告中的优点，对本组研究报告中的不足进行修改，形成新的报告，完成课题研究。

八、研究成果及应用

各组在开题之后，积极开展课题研究，形成如下的研究成果。

1. 学生自主探索形成的初期成果

（1）身高与鞋码、臂长等关系的课题研究成果

该选题是由三个小组共同完成，“狗熊岭”小组研究身高与鞋码，“丽哥粉丝团”小组研究身高与臂长，“名门贵族”小组研究身高与小腿长，并得到最终函数模型：

身高与鞋码：$y=0.2942x-10.211$，其中 x（单位：cm）表示身高，y 表示鞋码。$R^2=0.8421$，说明身高的变化解释了 84.21%的鞋码的变化。

身高与小腿长：$y=0.2506x+0.9906$，其中 x（单位：cm）表示身高，y（单位：cm）表示小腿长。$R^2=0.5334$，说明身高的变化解释了 53.34%的小腿长的变化。

身高与臂长：$y=0.4093x+1.4618$，其中 x（单位：cm）表示身高，y（单位：cm）表示臂长。$R^2=0.642$，说明身高的变化解释了 64.2%的臂长的变化。

（2）玩手机时长与学习时长、视力等关系的课题研究成果

该选题由三个小组共同完成，“比奇堡”小组研究玩手机时长与学习时长，“破案”小组研究玩手机时长与视力，“六人学习”小组研究玩手机时长与学习成绩，并得到最终函数模型：

玩手机时长与学习时长：$y=-0.4223x+6.7701$，其中 x（单位：h）表示玩手机时长，y（单位：h）表示学习时长。$R^2=0.7437$，说明玩手机时长的变化解释了 74.37%的学习时长的变化。

玩手机时长与近视度数：$y=755.09e^{0.097x}$，其中 x（单位：h）表示玩手机时长，y 表示近视度数。$R^2=0.6259$，说明玩手机时长的变化解释了 62.59%的近视度数的变化。

玩手机时长与学习成绩排名：$y=5\times1.29^x$，其中 x（单位：h）表示玩手机时

长,y 表示学习成绩排名。$R^2=0.5495$,说明玩手机时长的变化解释了54.95%的学习成绩排名的变化。

(3)前后两次月考数学成绩之间的关系课题的研究成果

该选题由“久竟”小组完成研究,得到最终函数模型:

预测月考数学成绩:$y=0.0323x+2.4649$,其中 x(单位:分)表示第一次月考数学成绩,y(单位:分)表示第二次月考数学成绩与第一次月考数学成绩的差。$R^2=0.0487$,说明第一次月考数学成绩解释了4.87%的成绩差距的变化。

2. 经过组间讨论之后进一步修改的成果

对于如上初期成果,学生提出质疑,比如玩手机时长与学习时长,前后两次月考数学成绩之间的关系。修改之后的模型如下:

前后两次月考数学成绩之间的关系

对于第一次月考数学成绩不同的学生,其分布规律不尽相同,用一个函数进行拟合会导致预测值与实际值差距较大,因此根据不同分数段内数据的分布规律,选择分段拟合。同时对于同一分数段内的数据,用哪种函数拟合效果好呢?针对这两个问题,进一步对建立的模型进行分析,过程及结果如下:

①对于第一次月考数学成绩在[38,71)内的样本数据,可以有两种拟合方案:

方案一,根据最小二乘法得到线性回归模型:$y=0.08x-0.47$,相关系数 $R^2=0.6$,说明第一次月考数学成绩解释了60%的成绩差距的变化。

方案二,利用 Excel 软件得到线性回归模型:$y=0.1828x-6.1233$,相关系数 $R^2=0.8343$,说明第一次月考数学成绩解释了83.43%的成绩差距的变化。

②对于第一次月考数学成绩在[71,98]内的样本数据,可以有三种拟合方案:

方案一,指数函数模型:$y=e^{-0.08x+8.156}$,相关系数 $R^2=0.778$,说明第一次月考数学成绩解释了77.8%的成绩差距的变化。

方案二,二次函数模型:将二次函数模型线性化以后,散点图并不分布在一条直线周围,因此不宜用二次函数模型拟合。

方案三,指数函数模型:$y=1253.2e^{-0.068x}$,相关系数 $R^2=0.7486$,说明第一次月考数学成绩解释了74.86%的成绩差距的变化。

③确定拟合函数

比较相关系数,可知,当第一次月考数学成绩在[38,71)内时,选用方案二的线性回归模型：$y=0.1828x-6.1233$，相关系数 $R^2=0.8343$；当第一次月考数学成绩在[71,98]内时，选用方案一的指数函数模型：$y=e^{-0.08x+8.156}$，相关系数 $R^2=0.778$。

3. 应用数学模型解决实际问题

有始有终，回到开始的情景剧，不忘初心，牢记建立函数模型是为了解决实际问题。

(1)关于身高与鞋码、臂长等关系模型的应用

本班学生家长在给孩子买衣服时，即使学生不在场，只要知道学生的身高就能大致推算出鞋码的大小，腿长和臂长，买的衣服基本就合身。比如，赵明的身高是 180 cm，可推算出他的鞋码是：42.745，小腿长：46.098 6 cm，臂长：75.135 8 cm。经现场验证，这个数据与真实情况基本吻合。信息时代，网购达到了顶峰，本模型可以为本班学生网上买鞋和衣服提供数据支持。如果该课题后续进一步改进，趋于成熟，也可用于刑侦，但是要注意模型的适用范围。

(2)关于玩手机时长与学习时长、视力等关系模型的应用

关于玩手机，只要每天玩手机时长控制在合理的范围内，基本上不会影响学生的视力、学习成绩，所以可以根据研究成果给出合理的建议，家长就不会一味地限制玩手机，而是有理有据地建议孩子玩手机时长保持在每天 1 h 之内。

(3)关于前后两次月考数学成绩之间的关系模型的应用

根据我们的研究可以说明，只要学生的努力程度保持不变，其他因素在理想状态下，成绩的走势将会是稳步上升的，可以增加学生的信心。

学生通过这次数学建模活动，积累活动经验。在这一系列的活动中，学生认识了刻画现实世界规律的不同函数模型，了解了这些模型的不同特征，并且知道了这些不同的模型都刻画了哪些现实规律，为后续的建模活动奠定了研究基础。经历此次数学建模活动，可以提升学生的核心素养，如数学抽象素养(从情景剧中抽象出数学问题)，数据分析素养(利用 Excel 软件分析、整理数据)，数学建模素养(选择、检验、优化函数模型)。采用课题的方式进行学习，学生明白了合作的重要性，在研究过程中遇到困难时，小组成员互帮互助，在完成课题研究的同时，也收获了友谊。面对真实的问题，学生的创新能力和老师的渊博知识相结合，将会创造奇迹。细节决定成败，比如在对数据收集的认知上，学生深刻感受到失之毫厘，差之千里，本次活动激发了学生认真负责的

态度。通过此次活动,学生切实地感受到数学来源于生活却高于生活,用数学知识解决生活问题,使我们的生活更加便捷。通过此次活动更使学生了解到,用数学解决问题,不必拘泥于已有的知识,可以根据需要自学其他知识,这样才能更好地解决问题。

数学建模对于学生来说是第一次,学生经历一次,可以培养他们用数学眼光欣赏世界,用数学思维思考世界,用数学语言表达世界,了解到数学与现实世界的紧密联系,在后续学习了统计知识后,再开展数学建模活动,他们站位的高度将有所不同,看待问题的观点、角度自然也不同,所以数学建模课应该贯穿整个高中数学课堂,在系列的活动中积累经验,提升核心素养,立德树人,达成高中数学的课程目标。

执笔人:山西省运城盐化中学　常丽丽
山西省教育科学研究院　薛红霞
山西省运城盐化中学　马婷

四、"一般观念"指导下的数学探究课

案例9　探究与发现　利用单位圆的性质研究正弦函数、余弦函数的性质

一、内容与内容解析

1. 内容

"利用单位圆的性质研究正弦函数、余弦函数的性质"是《普通高中教科书数学必修第一册》(人教A版)第五章第四节"探究与发现"部分中的内容。

2. 内容解析

本章我们研究的是三角函数,教科书中首先给出了三角函数的定义。一般地,任意给定一个角$\alpha \in \mathbf{R}$,它的终边OP与单位圆交点P的坐标,无论是横坐标x还是纵坐标y,都是唯一确定的。所以,点P的横坐标x、纵坐标y都是角α的函数。

设α是一个任意角,$\alpha \in \mathbf{R}$,它的终边OP与单位圆相交于点$P(x,y)$,则把点P的纵坐标y叫做α的正弦函数,记作$\sin\alpha$,即$y=\sin\alpha$;把点P的横坐标x

叫做 α 的余弦函数,记作 $\cos\alpha$,即 $x=\cos\alpha$。

接下来,教科书从定义出发,利用单位圆绘制了正弦函数的图象,并根据诱导公式,将正弦函数的图象向左平移 $\frac{\pi}{2}$ 个单位长度,得到了余弦函数的图象,然后,借助图象研究了正弦函数和余弦函数的性质。

借助图象来研究函数的性质,这是一种比较传统的研究函数性质的方法。我们知道,三角函数的定义和其他函数的定义是不同的,其中正弦函数、余弦函数的几何意义是非常明确的,正弦函数的几何意义就是这个点的纵坐标,余弦函数的几何意义就是这个点的横坐标,也就是我们通常所说的三角函数线。因此,我们不绘制函数图象,也可以通过观察单位圆上任意一点在圆周上不断运动变化时其横、纵坐标的变化规律来发现三角函数的性质。

比如:当角 α 的终边绕原点从 x 轴的非负半轴开始,按照逆时针方向旋转时,点 P 的横坐标按照 $1\to0\to-1\to0\to1\cdots$ 的规律连续地、周而复始地变化;同时,纵坐标按照 $0\to1\to0\to-1\to0\cdots$ 的规律连续地、周而复始地变化。

由上述变化规律,可得正弦函数、余弦函数的各种性质。

(1)值域与最值

正弦函数、余弦函数的值域均为 $[-1,1]$,最大值为 1,最小值为 -1。

(2)周期性

自变量每增加 2π(角 x 的终边旋转一周),正弦函数值、余弦函数值重复出现,所以正弦函数、余弦函数的周期都是 2π。

(3)奇偶性

角 x、角 $-x$ 的终边与单位圆的交点 $P(\cos x,\sin x)$,$P'(\cos(-x),\sin(-x))$ 关于 x 轴对称,所以 $\sin(-x)=-\sin x$,$\cos(-x)=\cos x$,所以,正弦函数为奇函数,余弦函数为偶函数。

其他一些性质,不再一一列举。

由于之前学生已经借助正弦曲线、余弦曲线研究了正弦函数和余弦函数的性质,因此,本节课的教学重点就是引导学生观察点在单位圆上运动时其横、纵坐标的代数变化规律,并由此从几何角度抽象概括出其所对应的正弦函数、余弦函数的性质。

二、目标与目标解析

1. 目标

(1)通过观察任意角 α 的终边 OP 与单位圆交点 P 的纵坐标的周期性变化规律,获得正弦函数的性质,提升学生数形结合的能力与直观想象核心素养,强化运用几何直观思考问题的意识。

(2)类比利用单位圆探究正弦函数性质的方法,自主研究余弦函数的性质,积累利用探究方法解决问题的能力,为后续研究相关知识做方法上的铺垫与准备。

2. 目标解析

达成上述目标的标志:

(1)学生能利用图形计算器,生成正弦函数、余弦函数单位圆定义法的动态演示效果图。借助几何直观,建立“形”与“数”的联系,根据已有对正弦函数性质的研究,有序地观察动态图的变化,紧密结合动态图所呈现的任意角 α 的终边 OP 与单位圆交点 P 的纵坐标的周期性变化规律,从几何角度,抽象概括并解释清楚正弦函数的性质,比如:当角 α 的终边绕原点从 x 轴的非负半轴开始,按照逆时针方向旋转时,点 P 的纵坐标按照 $0\to1\to0\to-1\to0\cdots$ 的规律连续地、周而复始地变化,因此说明正弦函数的值域为 $[-1,1]$,最大值为 1,最小值为 -1。

(2)学生通过类比利用单位圆探究正弦函数性质的方法,能自主得到余弦函数的性质,积累并提升学生运用探究方法解决问题的能力,同时在具体的数学情境中落实数形结合的能力与直观想象这一核心素养。

三、问题诊断分析

知识储备上,学生已经学习了正弦函数、余弦函数的定义;思想方法上,有借助正弦函数、余弦函数的图象来研究正弦函数、余弦函数的基本性质的经验,学生对数形结合有基本的了解与认识;能力上,高中生已经具备了一定的形象思维与抽象思维的能力。这些都为本节课的顺利进行奠定了可行性的基础。

教学难点 1:

利用单位圆,从正弦函数、余弦函数的定义这个角度来探究正弦函数、余弦函数的基本性质,由于缺乏几何直观,“周期性”的展现对学生而言,还是有一定难度的。

突破办法：

借助图形计算器的几何功能，生成正弦函数、余弦函数单位圆定义法的动态演示图，为学生营造一个动态的、几何直观的自主学习环境，以便于他们得出相应的结论。

教学难点2：

在之前的学习中，学生基本上从未涉及过这种学习方式，从而导致不会观察数据，不会寻找数据之间的关系。

突破办法：

借助之前的研究，引导学生去观察数据、分析数据。

教学难点3：

学生通过之前的学习，已经获得了正弦函数、余弦函数的性质，现在再让他们去探究，学生很有可能会弱化三角函数的几何解释。

突破办法：

要重点强调本节课的研究方法，即借助图形计算器所呈现的几何直观，从几何的角度去具体解释三角函数的性质。

四、教学支持条件分析

本课时需要用到CASIO fx-CG50图形计算器生成正弦函数、余弦函数单位圆定义法的动态演示效果图，以直观呈现坐标随着角的变化所表现出的周期性变化规律，方便学生从中寻找数据之间的关系，进而得到正弦函数、余弦函数的性质。

五、教学过程设计

1. 复习回顾

复习回顾1　请同学们复习回顾任意角三角函数的定义，并默写定义，说出正弦函数、余弦函数的几何意义。

预设的师生活动：学生复习回顾任意角三角函数的定义（可查阅教科书或课堂笔记），默写定义，小组互查，教师根据学生的作答情况，进行必要的点评。

复习回顾2　我们已经借助正弦曲线、余弦曲线研究过正弦函数和余弦函数的性质，请同学们回顾，我们是如何利用正弦曲线和余弦曲线得到正弦函数和余弦函数的性质的？并试着完成下表：

函数	$y=\sin x$	$y=\cos x$
图象		
周期		
定义域		
值域		
最值		
奇偶性		
单调性		

预设的师生活动：学生合作完成上表，教师巡视，有针对性地对个别小组进行必要的指导、帮助。

设计意图：复习回顾正弦函数、余弦函数的定义、几何意义及其性质，为后续活动的展开做好知识上的准备；回顾利用函数图象研究函数性质的方法，为后续比较两种不同的研究方式做方法层面上的铺垫。

2. 提出问题，形成方案

由三角函数的定义可知，“单位圆上点的坐标就是三角函数”，其中 $y=\sin\alpha$，$x=\cos\alpha$。可见，单位圆是研究三角函数性质的利器，比如，我们曾借助单位圆的对称性推导出诱导公式，那么，今天我们换一个角度，利用单位圆，借助正弦函数、余弦函数的定义及其几何意义来探求正弦函数、余弦函数的性质。

【问题 1】我们该如何利用单位圆，借助正弦函数的定义及其几何意义来探求其性质呢？

预设的师生活动：师生交流、讨论，探寻问题解决的突破口。

预设答案：画图，观察当点 P 在单位圆上运动变化时，其纵坐标有哪些变化规律，然后从几何角度解释其对应的代数性质。

设计意图：通过之前的学习和课前复习回顾，学生对正弦函数的定义、几何意义及其性质已经熟悉并掌握，问题 1 的设计，就是“旧题新做”，激发学生求知与探索的欲望，探寻学生的最近发展区，为后续活动的开展，做好心理上的准备。

3. 技术支持

教师引导：让我们借助图形计算器，试着在直观的图象中，去寻找答案吧！

活动 1:请同学们先利用图形计算器,作出单位圆。

[图形计算器操作步骤 1]

(1)在主菜单,按 S↔D 键,开启“几何”功能窗口(也可以在主菜单下,移动光标选择“几何”功能。如果窗口有其他内容,可以按 F2 键,选择“全部清除”),进入图 1 所示状态。

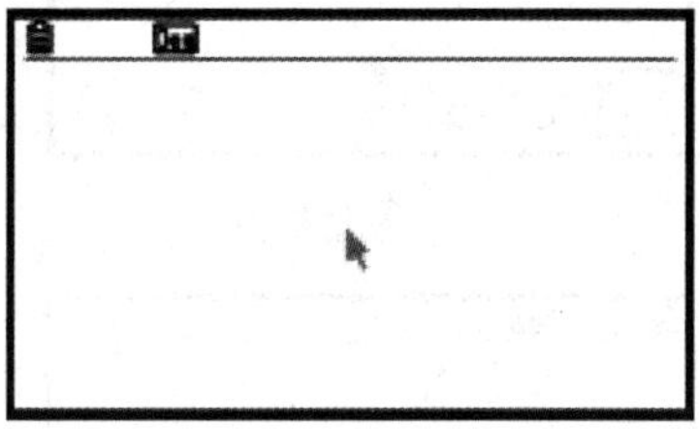

图 1

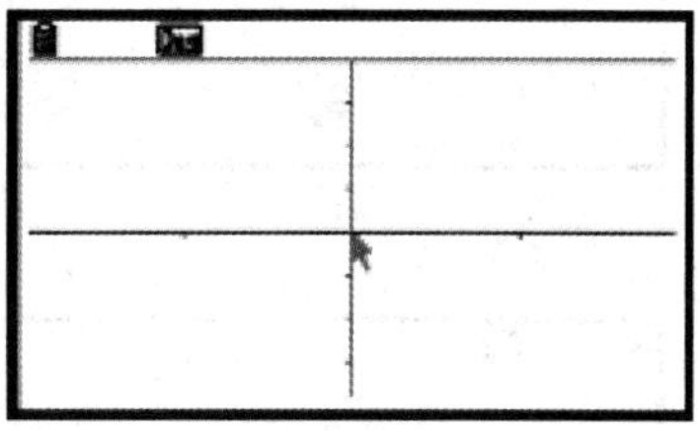

图 2

(2)按 SHIFT 键,再按 MENU 键,进入设置状态,将“坐标轴”设置为“开”,确认后,进入图 2 所示状态。

(3)按 F3 键(绘图),按数字键 6 (或者移动光标选择“圆”,然后按 EXE 键),将光标移动到圆心处,按 EXE 键,移动光标到另一点处,按 EXE 键完成画圆(如图 3 所示);完成后,按 EXIT 键退出画圆操作,右上角的画圆图标消失(如图 4 所示)。

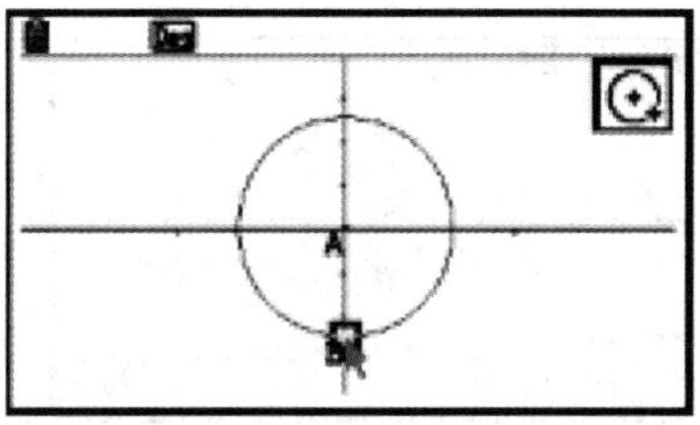

图 3

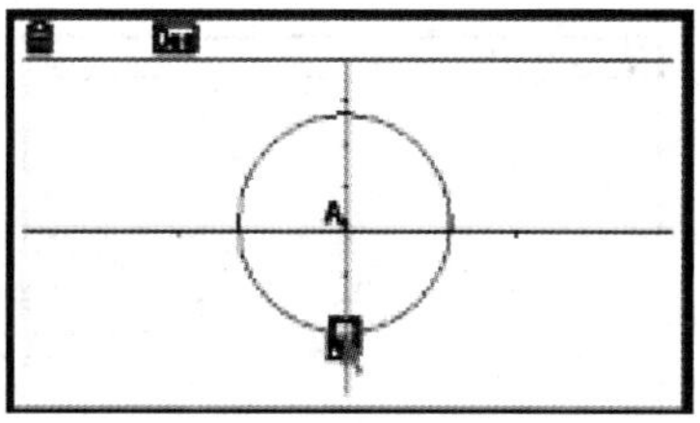

图 4

(4)调整圆心位置与半径,使自己作出的圆为一个单位圆。

操作步骤如下:

将光标移动到点 B 处,按 EXE 键,选中点 B(如图 5 所示),按 VARS 键,再按 EXE 键,进入图 6 所示状态,在光标闪烁处,将点 B 坐标修改为 $(0,-1)$(如图 7 所示);按 EXE 键(如图 8 所示),再按 EXIT 键,再按 EXIT 键,进入图 9 所示状态;移动光标到点 B 处,按 EXE 键,退出对点 B 的选中(如图 10 所示);移

动光标到点 A 处,按 EXE 键选中点 A(如图 11 所示);以同样方法,将点 A 坐标修改为(0,0)(如图 12 所示);按 EXE 键,再按 EXIT 键,再按 EXIT 键,此时,得到单位圆 A(如图 13 所示)。

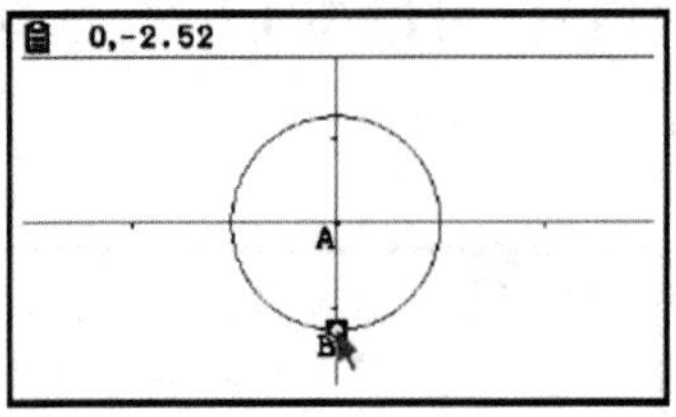

图 5

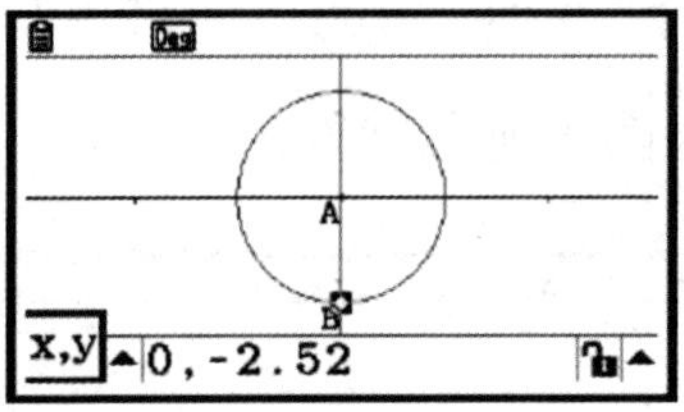

图 6

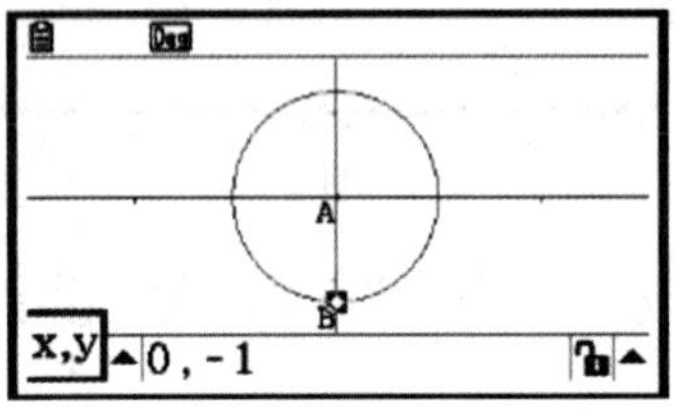

图 7

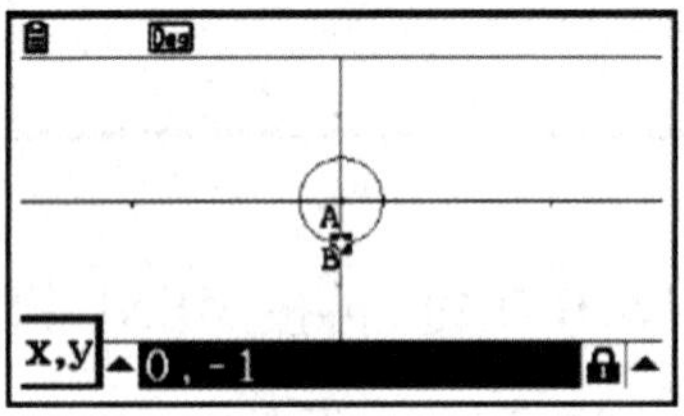

图 8

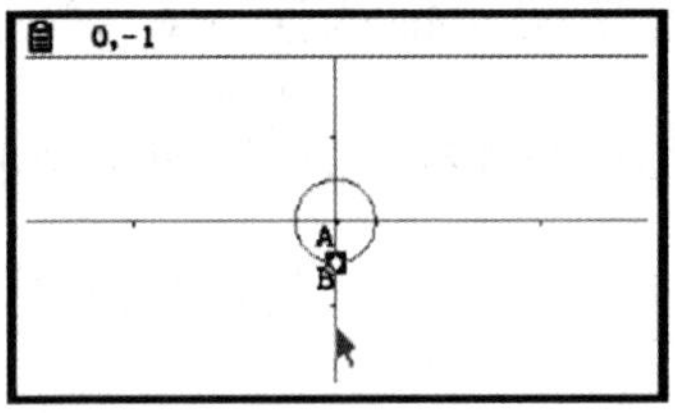

图 9

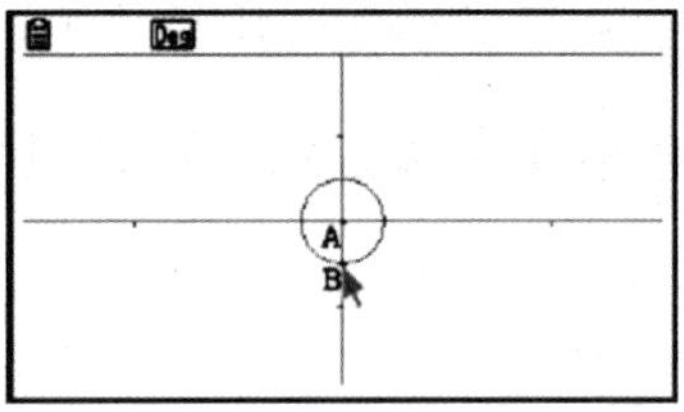

图 10

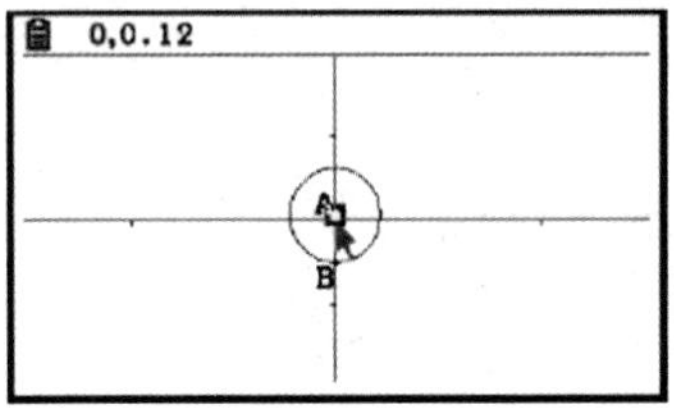

图 11

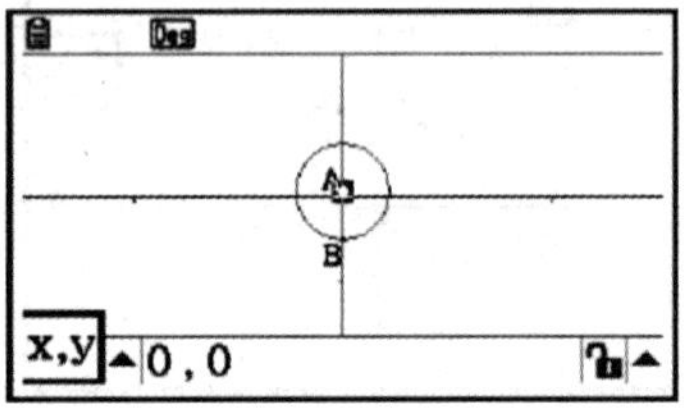

图 12

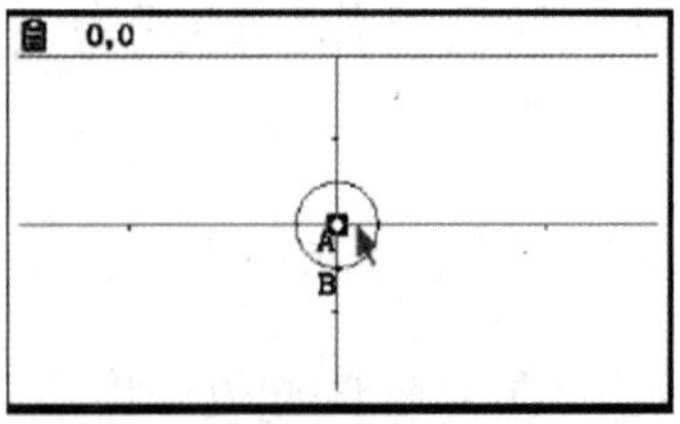

图 13

提示:如果有同学觉得此时得到的图象有点小,不方便后续操作,也可以按 + 、 - 键进行图象大小的调整。

活动 2：请同学们在单位圆中作出任意角 x。

教师引导：在直角坐标系中，我们将任意角 x 的顶点与单位圆的圆心重合，角 x 的始边与横轴的非负半轴重合，为了后续观察的方便，我们不妨让角 x 的终边也与横轴的非负半轴重合，作出任意角 x，并标出角 x 的终边与单位圆交点的坐标。

[图形计算器操作步骤 2]

(1)按 F3 键(绘图)，按数字键 4 (或者移动光标选择“射线”，然后按 EXE 键)，将光标移动到圆心(点 A)处，按 EXE 键，向右移动光标到另一点处，按 EXE 键完成画射线(如图 14 所示)；完成后，按 EXIT 键退出画射线操作，右上角的画射线图标消失(如图 15 所示)。

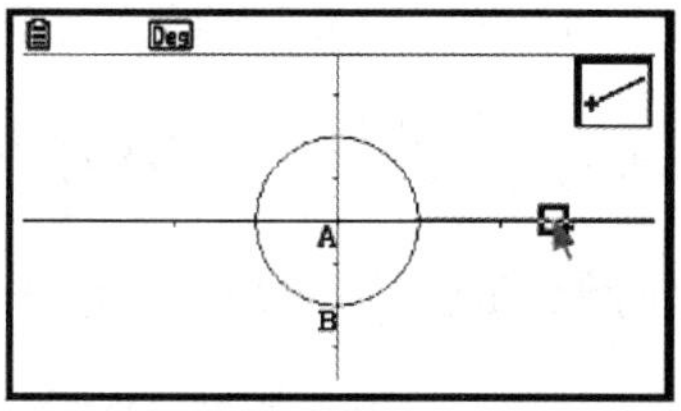

图 14

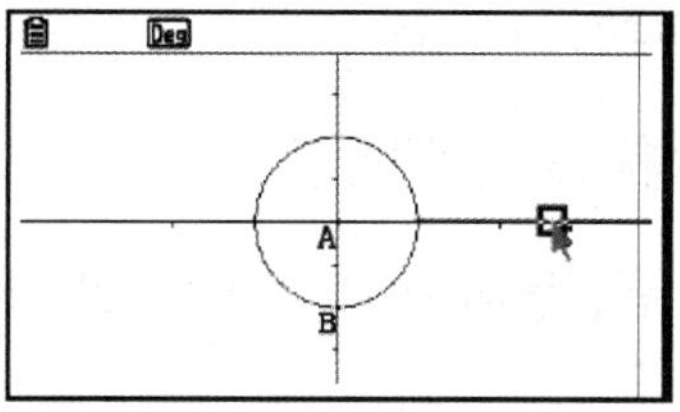

图 15

(2)向左移动光标(如图 16 所示)，按 EXE 键，选中射线(如图 17 所示)。

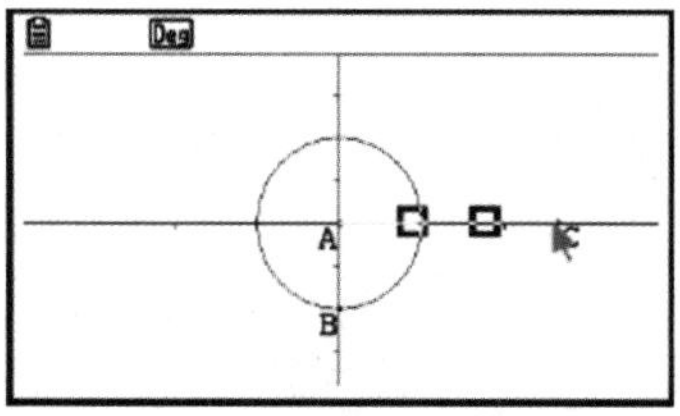

图 16

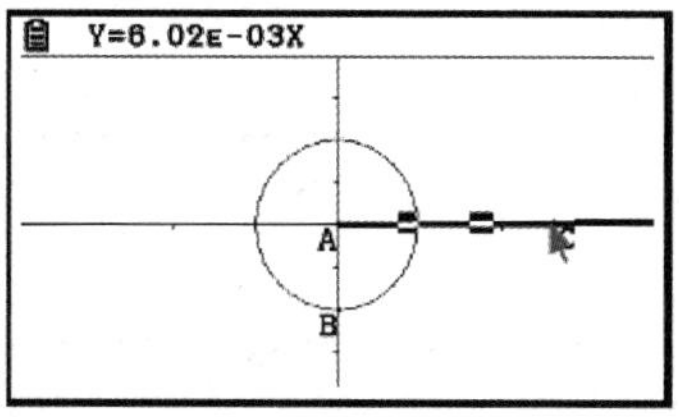

图 17

(3)移动光标到单位圆上(如图 18 所示)，按 EXE 键选中单位圆(如图 19 所示)，按 F4 键(创立)，按数字键 4 (或者移动光标选择“交点”，然后按 EXE 键)，得到交点 D(如图 20 所示)；按 EXE 键(如图 21 所示)，移动光标，选中射线，按 EXE 键(如图 22 所示)，退出创立模式。

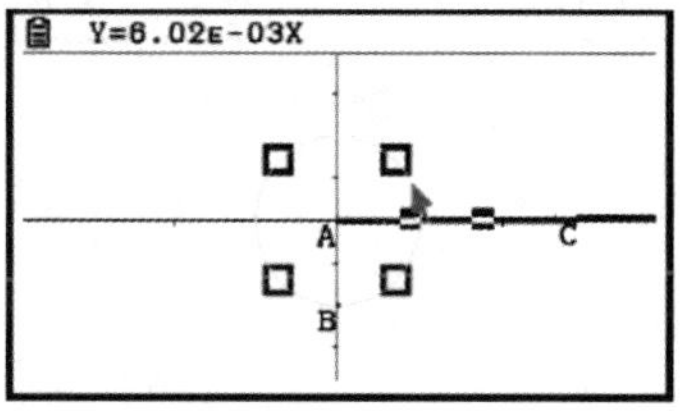

图 18

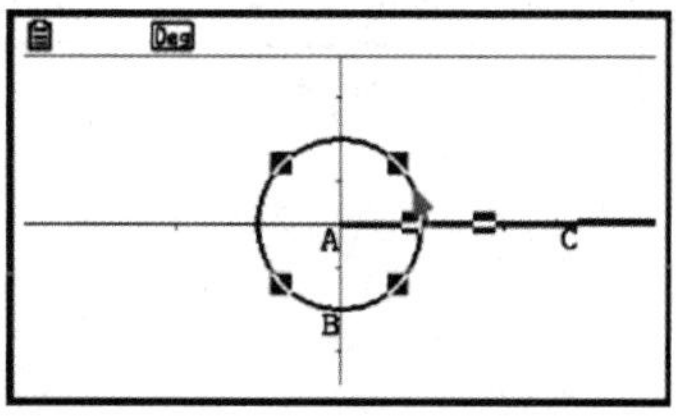

图 19

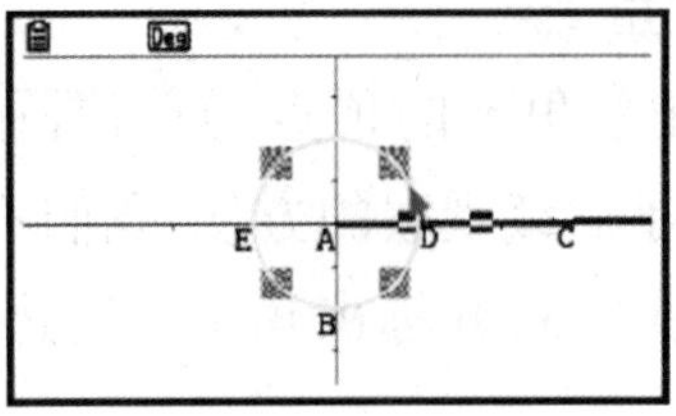

图 20

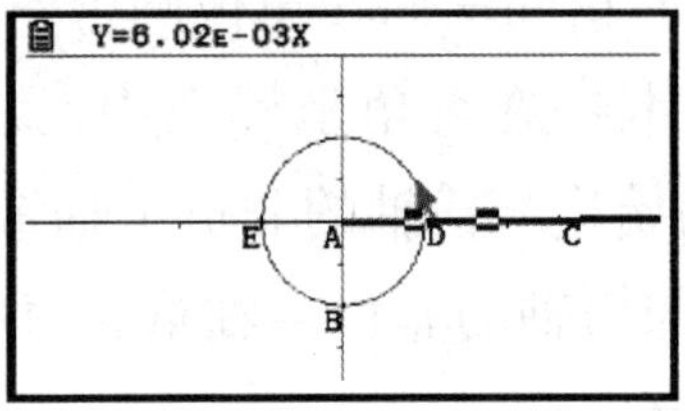

图 21

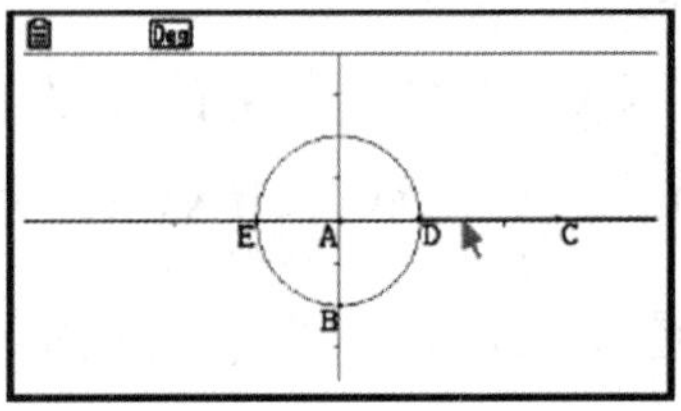

图 22

(4)移动光标,选中点 D(如图 23 所示),按 EXE 键,再按 VARS 键,得到图 24 所示状态,移动光标到▲处(如图 25 所示),按 EXE 键,选择“粘贴”,然后按 EXE 键,得到图 26 所示状态;按 VARS 键(如图 27 所示),按 EXE 键(如图 28 所示),按 ALPHA 键,再按 sin 键,将标签“Coord”更改为“D”(如图 29 所示);按 EXE 键,再按 EXIT 键,再按 EXIT 键,如图 30,得到对点 D 坐标的标注。

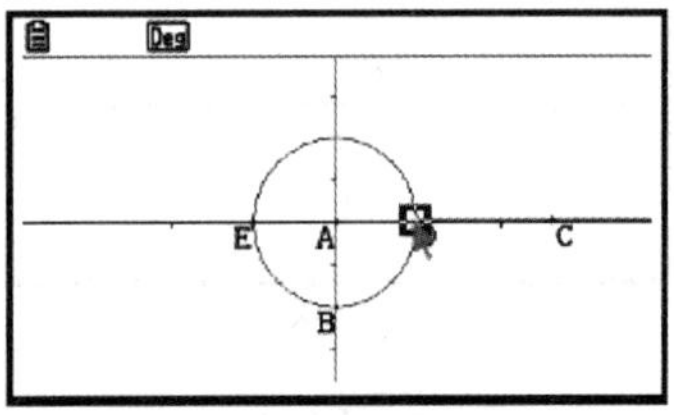

图 23

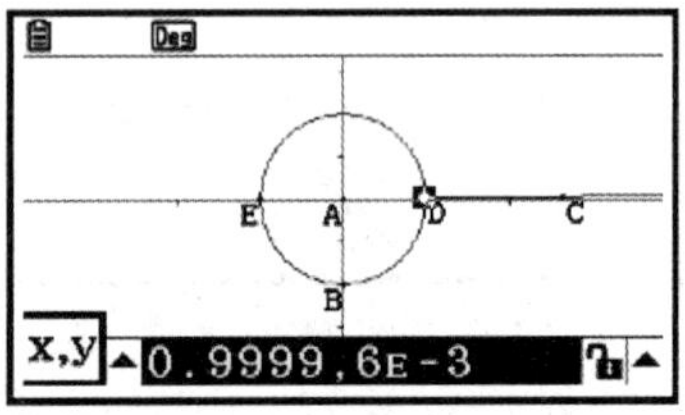

图 24

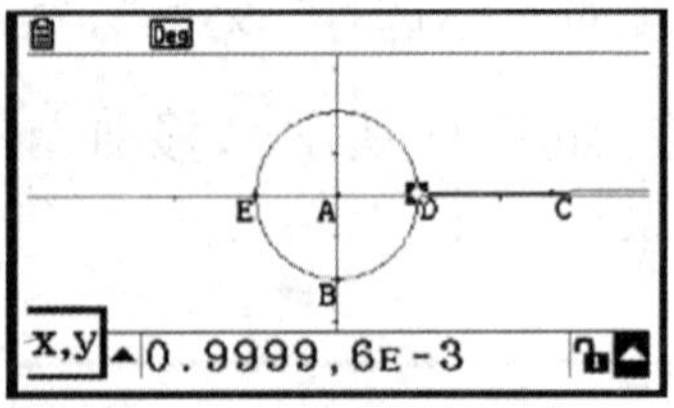

图 25

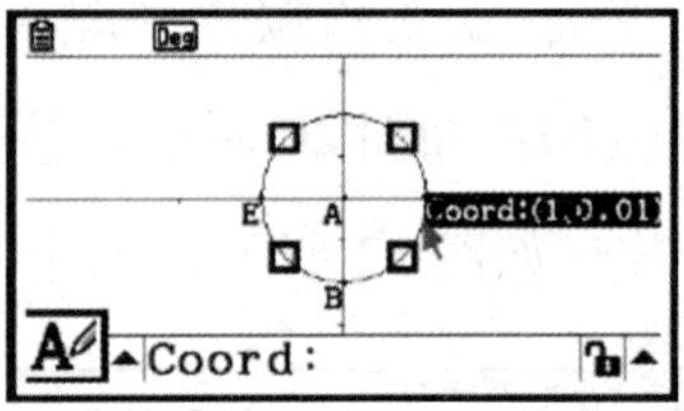

图 26

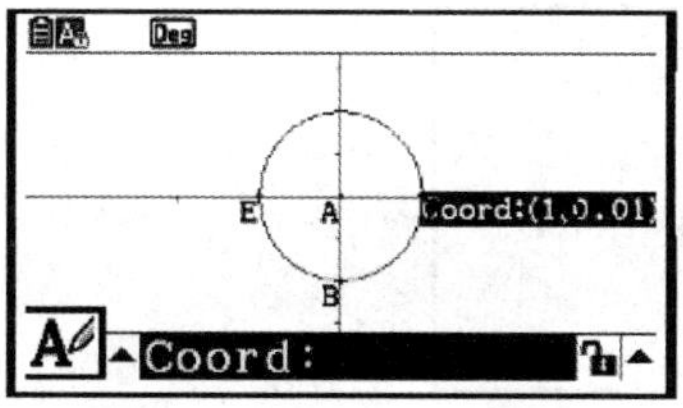

图 27

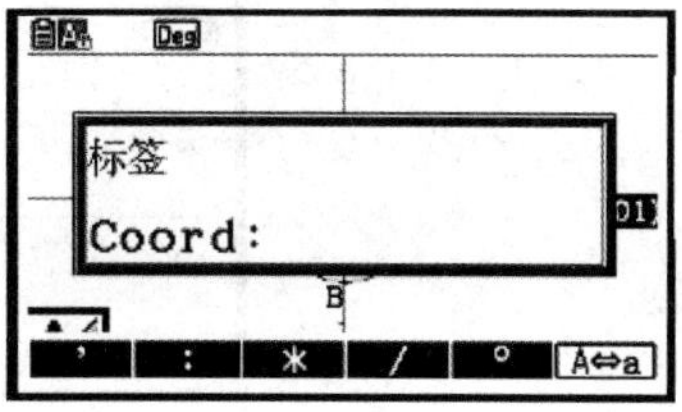

图 28

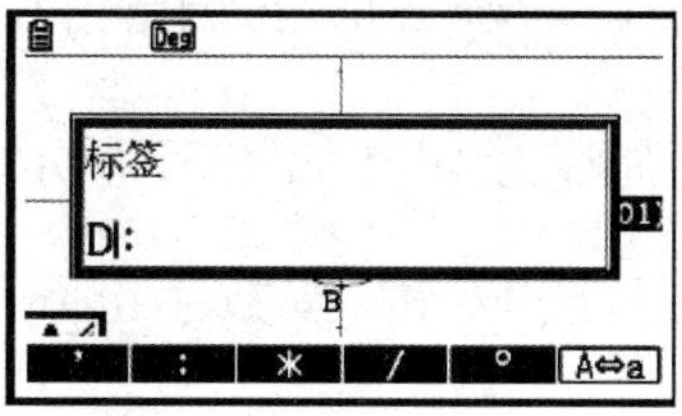

图 29

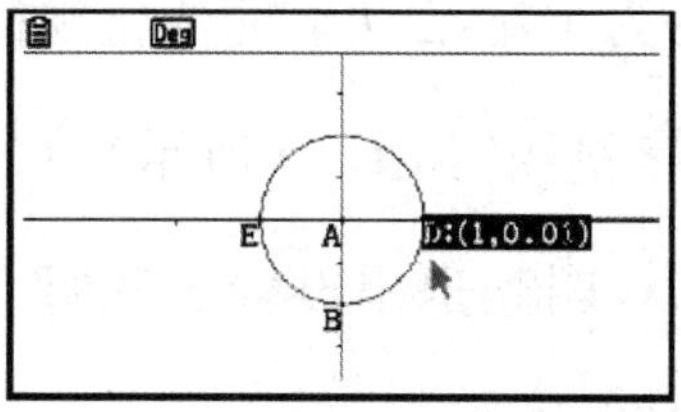

图 30

活动 3：让角 x 的终边绕原点从平面直角坐标系横坐标的非负半轴开始，按照逆时针方向旋转。

[图形计算器操作步骤 3]

(1)移动光标，选中点 D(如图 31 所示)，按 F6 键(动画)，按数字键 3 (或者移动光标选择“跟踪”，然后按 EXE 键)(如图 32 所示)。

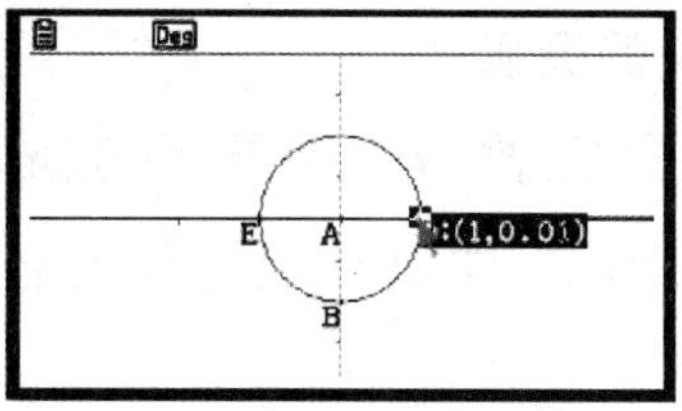

图 31

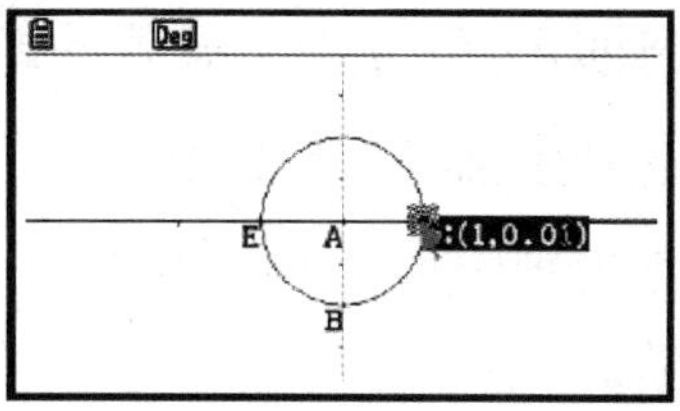

图 32

(2)移动光标到点 D 上，按 EXE 键选中点 D(如图 33 所示)，移动光标，到单位圆上，按 EXE 键，选中单位圆(如图 34 所示)，按 F6 键(动画)，按数字键 1 ，得到图 35 所示状态；按 F6 键(动画)，按数字键 6 ，完成动画制作。

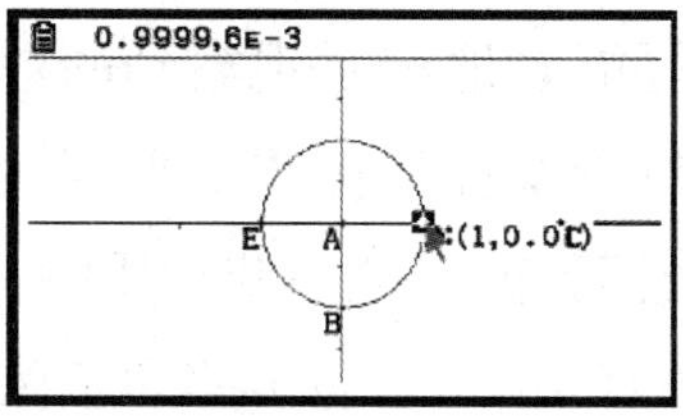

图 33

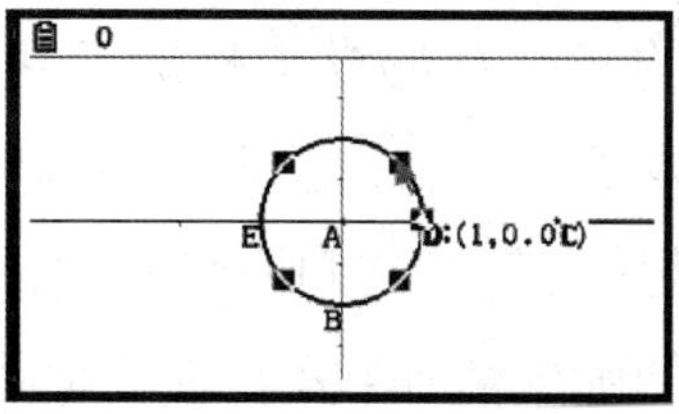

图 34

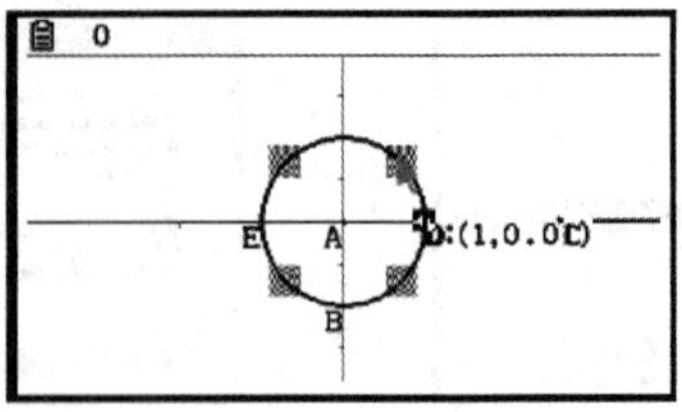

图 35

提示:为了对点 D 坐标变化规律观察得更细致一些,我们可以按 F6 键(动画),按数字键 4 (如图 36 所示),将步长值调整为 100(如图 37 所示),按 EXE 键,再按 EXIT 键,退出设置。此时,可以重新按 F6 键,按数字键 6 ,观察步长更改后的动画演示。

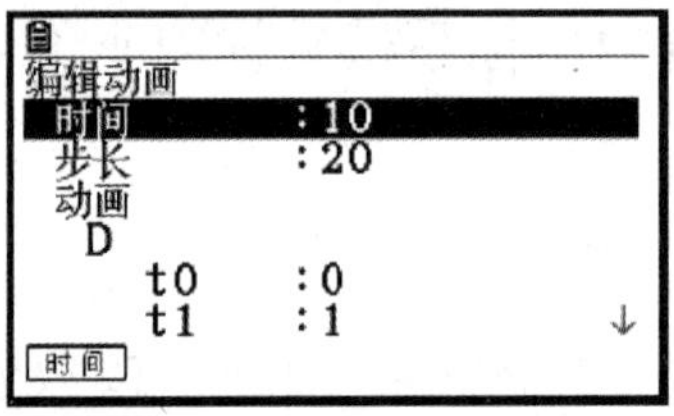

图 36

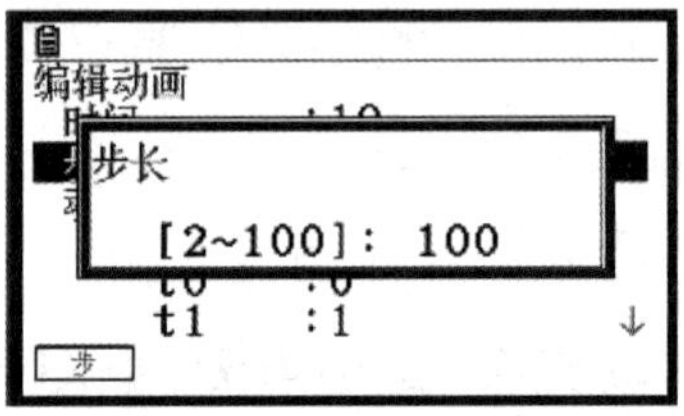

图 37

设计意图:教给学生利用图形计算器(技术支持)辅助学习,并借助图形计算器的动态演示,引导学生寻找问题 1 解决的突破口。

预设的师生活动:学生操作图形计算器,在教师的指导下,完成相应图形的绘制。对个别图形计算器操作有困难的同学,通过小组合作或教师单独指导予以帮助。

4. 问题解决

活动 4:请同学们仔细观察,当角 x 的终边按照逆时针方向旋转时,其与单位圆的交点 D 的纵坐标的变化有怎样的一些特征?通过直观感受,你能发现它所对应的正弦函数的性质吗?

活动 5:请同学们再次仔细观察,当角 x 的终边按照逆时针方向旋转时,其与单位圆的交点 D 的纵坐标的变化,并尽可能多地记录观察到的数据。通过对这些数据的分析,你能验证并解释刚才你所发现的正弦函数的性质吗?你还能从中提炼、归纳它们所反映出来的正弦函数的其他一些性质吗?

预设的师生活动:学生通过对动态图的直观感知,初步感知正弦函数的一些简单性质。观察、记录数据,通过对数据的分析,验证之前的发现,并进一步提炼、归纳正弦函数的性质。当同学们面对记录到的大量数据感到无从下手时，教师可根据教学实际情况，引导同学们回顾之前在研究正弦函数性质时，是从哪些角度来研究的。小组讨论交流并选派代表，在全班展示。教师对同学们的发现进行梳理、小结。

预设答案：函数 $y=\sin x$

<table>
<tr><th>直观感知到的现象</th><th colspan="2">所反映出的正弦函数的性质</th></tr>
<tr><td>角 x 可以取任意值</td><td>定义域</td><td>$\mathbf{R}$</td></tr>
<tr><td rowspan="4">当角 x 的终边绕原点从 x 轴的非负半轴开始，按照逆时针方向旋转时，点 P 的纵坐标按照 $0\to1\to0\to-1\to0\cdots$ 的规律连续地、周而复始地变化。</td><td>值域</td><td>$[-1,1]$</td></tr>
<tr><td>最值</td><td>最大值 1，最小值 -1</td></tr>
<tr><td>单调性</td><td>正弦函数的单调区间</td></tr>
<tr><td>周期性</td><td>正弦函数具有周期性</td></tr>
<tr><td>角 x 的终边旋转一周（自变量每增加 2π），正弦函数值重复出现。</td><td>周期性</td><td>2π</td></tr>
<tr><td>角 x、角 $-x$ 的终边与单位圆的交点 $P(\cos x,\sin x)$，$P'(\cos(-x),\sin(-x))$ 关于 x 轴对称。</td><td>奇偶性</td><td>奇函数</td></tr>
</table>

数据分析，验证先前的结论：

(1) 单调性

角 x	$2k\pi\to2k\pi+\frac{\pi}{2}$	$2k\pi+\frac{\pi}{2}\to2k\pi+\pi$	$2k\pi+\pi\to2k\pi+\frac{3\pi}{2}$	$2k\pi+\frac{3\pi}{2}\to2k\pi+2\pi$
点 P 纵坐标的变化	$0\to1$	$1\to0$	$0\to-1$	$-1\to0$
$\sin x$ **的单调性**	单调递增	单调递减	单调递减	单调递增

(2) 最大值、最小值

角 x	$\frac{\pi}{2}+2k\pi$	$-\frac{\pi}{2}+2k\pi$
点 P 的纵坐标	1	-1
$\sin x$	最大值	最小值

设计意图：利用图形计算器，根据正弦函数的定义及其几何意义，直观地来研究正弦函数的性质，突出了三角函数的“圆函数”的本质，也使三角函数反映的数形关系更清晰、更直接。

【**问题 2**】你能类比对正弦函数性质研究的方法与过程，自主探究余弦函数的性质吗？

预设的师生活动：学生自主完成。类比对正弦函数性质研究的方法与过程，再次对动态图进行仔细观察，此次观察过程中，应重点关注横坐标 x 的变化规律及其特征。观察、列表、记录数据、分析数据、展示、交流。教师巡视，对个别有困难的同学，单独予以指导帮助。

预设答案：函数 $y=\cos x$

<table>
<tr><th>直观感知到的现象</th><th colspan="2">所反映出的余弦函数的性质</th></tr>
<tr><td>角 x 可以取任意值</td><td>定义域</td><td>$\mathbf{R}$</td></tr>
<tr><td rowspan="4">当角 x 的终边绕原点从 x 轴的非负半轴开始，按照逆时针方向旋转时，点 P 的横坐标按照 $1\to0\to-1\to0\to1\cdots$ 的规律连续地、周而复始地变化。</td><td>值域</td><td>$[-1,1]$</td></tr>
<tr><td>最值</td><td>最大值 1，最小值 -1</td></tr>
<tr><td>单调性</td><td>余弦函数的单调区间</td></tr>
<tr><td>周期性</td><td>余弦函数具有周期性</td></tr>
<tr><td>角 x 的终边旋转一周（自变量每增加 2π），余弦函数值重复出现。</td><td>周期性</td><td>2π</td></tr>
<tr><td>角 x、角 $-x$ 的终边与单位圆的交点 $P(\cos x,\sin x)$，$P'(\cos(-x),\sin(-x))$ 关于 x 轴对称。</td><td>奇偶性</td><td>偶函数</td></tr>
</table>

数据分析，验证先前的结论：

（1）单调性

角 x	$2k\pi\to 2k\pi+\frac{\pi}{2}$	$2k\pi+\frac{\pi}{2}\to 2k\pi+\pi$	$2k\pi+\pi\to 2k\pi+\frac{3\pi}{2}$	$2k\pi+\frac{3\pi}{2}\to 2k\pi+2\pi$
点 P 横坐标的变化	$1\to0$	$0\to-1$	$-1\to0$	$0\to1$
$\cos x$ 的单调性	单调递减	单调递减	单调递增	单调递增

（2）最大值、最小值

角 x	$2k\pi$	$\pi+2k\pi$
点 P 的横坐标	1	-1
$\cos x$	最大值	最小值

5. 梳理小结

【问题 3】通过本次活动，你有哪些收获和感想？请试着与同学们分享一下。

设计意图：总结研究方法，梳理习得的知识，积累研究经验。

预设的师生活动：学生自主小结，展示交流。

方法：利用图形计算器，更直观地观察图象的变化，方便把正弦函数的几何特征转化为代数性质并由此再次体会三角函数作为“圆函数”的几何特征。

知识：（略）

经验：数形结合，几何直观。

教师点拨：三角函数与其他函数不同，它的定义是几何定义，所以我们可以借助它的几何意义来研究它的性质。教科书中用到的方法和研究其他函数的方法是一致的，通过本课时的学习，我们对三角函数的认识又多了一个路径。从不同的角度去认识同一个对象，相信同学们现在对正弦函数、余弦函数的性质已经有了一个更清晰的理解和更直观的认识。

6. 课后延伸

【问题 4】

（1）根据研究正弦函数、余弦函数的经验，你认为应如何研究正切函数的图象与性质？

（2）你能用不同的方法研究正切函数吗？

设计意图：作业采用了开放性的设计方式，既为了巩固本节课所学的研究问题的方法，也为了让同学们复习之前所学的根据函数图象研究函数性质的方法，同时也为有能力的同学探求新的研究方式，留下了思考空间。

预设的师生活动：学生独立或以小组形式，探究正切函数的图象与性质。对于学生在探究过程中遇到的困难，教师予以必要的帮助。

案例分析

数学探究是新课程高中数学的四大主线之一。教科书中除了设计专门的数学探究活动，还适时地设计了一些拓展栏目，比如本课例。

1. 灵活理解数学探究

数学微探究也是一种教与学的方法，它可以和讲授法有机地融合。比如“不等式的性质”，按照教科书中的设计，先梳理等式的性质及其研究视角——运算中的不变性，然后进行类比，对不等式的性质作出猜想、论证，并在论证了不等式的基本性质之后，再进行运算，推出常用性质。这就是一个微探究的过程，用时不足 1 课时。本案例是 1 课时的一个探究活动，可以成为一个小探究。后续两个案例则都是比较大的探究活动，完成它们课上需要 2 至 3 课时，课下则需要更多的投入。因此从题量上划分，数学探究可以划分为：微探究

（小于1课时），小探究（1课时），大探究（2课时及以上）。

2. 技术助力，可以让探究更精彩

在进行数学探究时，技术助力可以让探究进行地更深入、更丰富、更直观。在本案例中就充分应用了图形计算器。在后续两个案例中也会适时地用技术助力。有了技术助力，可以让探究对象动起来，学生可以从多个角度进行观察，直观感知猜想是什么，猜想是否正确，为论证引路。

说明：本教学案例已经发表于《中小学数学　高中版》2021年第1-2期。

执笔人：太原市第六十五中学校　蔚旺，董乔宝

太原市第五中学校　赵煜政

案例10　用向量法研究三角形的性质

——用向量发现三角形中的“美”项目学习

一、单元项目内容和内容解析

1. 项目内容

用向量法表示和证明平面几何中已学的三角形的性质，发现并证明三角形的其他性质，感受数学结论在结构上的“美”。

建议课上使用3课时时间。提前布置任务，学生课前阅读教科书，查阅文献，独立自主探究，教师在汇总学生问题后根据学生情况与学生共同确定项目研究课题。第一课时开题报告中，通过示范探究活动积累探究经验，同时提炼用向量法研究三角形性质的一般观念，确定研究对象、研究视角以及研究路径。第二课时中期汇报，分小组展示发现、提出问题的脉络，分享交流，开拓思路，完善论证过程，开展项目中期评价。第三课时全面展示项目产品完成研究报告，布置课后作业：“撰写论文”形成项目作品。

2. 项目内容解析

三角形是几何中最简单的封闭图形，但它是最重要的几何图形之一。三角形的性质非常丰富，是联系各种几何图形的纽带，也是学习几何知识、培养逻辑推理能力、发展理性思维的最佳载体之一。在平面几何中，学生已研究过三角形并掌握了一些基本性质，但他们所掌握的知识有限，对三角形认识不足。

本次探究活动在学习了平面向量、余弦定理、正弦定理之后，学生对利用平面向量解决几何问题具备了一定的方法和能力，但对向量法在研究几何问题中的优势并未全面系统地体验与掌握。

因此，以三角形为研究对象，用向量法对其性质进行再研究，尤其是将研究对象聚焦在对三角形的中线与重心、角平分线与内心、垂直平分线与外心、高与垂心等问题之上，既能使学生在已有认识的基础上，更系统地掌握三角形的性质，又能让学生充分体验向量工具的强大优势，形成主动借助向量工具解决问题的意识，加深理解向量法在研究几何问题中的作用，积累"研究一个几何对象"的活动经验，形成进一步了解研究一个几何图形的内容、路径、方法等。在对三角形性质的研究中，使学生对"数学探究活动"形成较为完善的体验，发展自主学习能力，提高发现和提出问题的能力，积累探究经验。

尝试从数学的角度刻画审美的共性，主要包括：简洁、对称、周期、和谐等。学生在感受美的同时便于记忆和掌握具有"美"感的结论。学会审美不仅可以陶冶情操，而且能够改善思维品质。

综上，本单元的教学重点是：聚焦用向量法对三角形的中线与重心、角平分线与内心、垂直平分线与外心、高与垂心等性质的探究，系统掌握三角形的性质，积累探究经验。

二、单元项目目标及目标解析

项目目标：

1. 经历用向量法研究三角形性质的过程，会用向量符号表达三角形的几何性质，掌握三角形的性质，理解向量法在研究几何问题中的作用。

2. 通过开展用向量法研究三角形性质的探究活动，了解探究，经历提出、发现、证明或反驳的过程，积累探究的经验。

3. 通过学生对"数学探究活动"完整的体验，提升数学抽象、逻辑推理、数学运算等核心素养，感受数学"美"。

项目目标解析：

1. 能用向量符号表达已知的三角形性质，通过自主实验、合作交流，找出三角形的一些性质，用向量方法合理表达；能借助向量运算对三角形性质进行论证，形成美观的数学结论；通过用选择不同的基底对性质进行论证，能举例说明向量法与平面几何综合法在论证和表达形式上的特点。

2. 能通过实验探究，尝试各种向量的运算，形成具有数学"美"的结论，并对运算结果进行几何解释，或对结果产生质疑，并且能够借助已有知识对问题进行论证或反驳；面临逐渐深入的探究，能够大胆合理猜想，主动驳斥论证，探讨解决方案，直至提出新的问题。

3. 体验向量法探索和证明几何图形作用，得到一些三角形的性质，整理成具有数学"美"的结论，并撰写和交流小论文（即项目产品），能在已有成果的基础上，通过类比、一般化等方法发现和提出有意义的数学问题；会有逻辑地表达和交流，提升数学抽象、逻辑推理、数学运算等素养。

三、项目问题诊断分析

本单元教学的难点之一是学生没有经历过完整的数学探究活动，学生在以前的学习中接触较多的是条件封闭、结论确定的数学习题，当面对综合性、开放性强的问题时往往无从下手。教师可通过引导学生回顾初中研究三角形的过程，从研究的思路、内容、方法等角度进行梳理，尝试用向量法表达和证明已有性质，总结用向量法处理几何问题的基本程序，并与平面几何中的推理论证过程进行比较，阐述各自特点，然后尝试用向量法发现或证明新的结论，积累探究经验。

本单元教学的难点之二是如何发现有价值的数学结论，用向量法解决问题的关键是运算，学生可以体验尝试各种向量运算，对所得结论进行化简，在运算的过程中提取"美"的向量表达式，形成用向量研究三角形性质的"一般观念"。同时鼓励学生通过类比或由特殊到一般，再由一般到特殊，不断获取丰富的探究成果。

四、项目支持条件分析

本单元在探索初始阶段，可以直接通过绘制图形，合理转化向量，探索和发现结论，随着探究的深入，可以借助 GeoGebra,《几何画板》等改变三角形形状、向量方向等，帮助学生直观验证结论的适用范围，或提出新的猜想。

五、教学方式设计

在教师的带领下，用项目学习的方式进行。

六、项目研究规划

学生以"让我发现数学'美'为驱动问题，让学生体验数学中的简洁、对称、和谐美，改善思维品质。以三角形为载体，向量法为方法逐步开展数学探究活动，研究三角形的性质。学生假定自己是一个从事数学研究的科研人员，从学术真实的数学情境入手，通过实验或借助信息技术提出发现数学猜想，分小组合作探究、论证反驳，形成具有一定推广价值的数学结论，最终形成项目产品——自己命名的“定理”，并对自己发现的数学“定理”尝试从数学的角度刻画审美的共性。根据每个阶段形成的阶段性项目产品，开展现场质性评价。最终在结题活动中展示项目产品，撰写论文，形成项目作品，教师分别作出项目产品评价。

七、项目实施过程设计

课　前

引导语（项目研究背景）：三角形是几何中最简单的封闭图形，也是最重要的几何图形之一。三角形的性质非常丰富，是联系各种几何图形的纽带，现在就让我们带上向量这一神奇的工具，开展我们奇妙的探究之旅吧！

任务1　阅读教科书中“用向量法研究三角形的性质”的内容，谈谈你对“数学探究”的认识和理解。

师生活动：学生自主完成阅读，交流对“数学探究”的认识和理解。教师给出评价。

预设的答案：数学探究活动是在一个大的问题框架下，发现和提出有意义的问题，猜想合理的数学结论，提出解决问题的思路和方案，是运用数学知识解决数学问题的一类综合实践活动。问题是开放的，成果是多样的。

设计意图：阐述课题研究的必要性，激发学生的研究兴趣，让学生初步了解数学探究活动。

任务2　请大家以学习小组为单位共同完成“项目专题作业”。

（1）回顾初中研究三角形的过程，从研究思路、内容、方法等角度进行梳理，并列出已经得到的结论。

（2）用向量方法对已证的结论进行证明，总结用向量方法处理几何问题的基本程序，并与平面几何中的推理论证过程进行比较，阐述各自特点。

（3）阅读教科书中“探究三角形重心的性质”的示范。谈谈示范中是如何发现和提出问题的，如何探索与论证的。仿照示例开展项目实施规划。

预设师生活动：学生分小组按照要求完成项目作业，教师批阅并评价。

预设的答案：

（1）学生需要从研究一个几何图形的基本“套路”出发，有结构、有系统地进行梳理，主要结果如下：

①研究思路

确定研究对象(给定义)—发现性质—证明性质—研究特例(判定、性质)。

②研究内容

三角形组成要素(边、角)、相关要素(外角、高、中线、角平分线)之间的位置或数量关系。

如:角与角的关系(内角和为180°);

边与角的关系(大边对大角、等角对等边);

边与边的关系(两边之和大于第三边);

中线与边的关系(中线过一边中点);

中线与中线的关系(三条中线交于一点);

……

③研究方法

通过对若干具体三角形的度量、观察、实验,从中发现共性,得出猜想,再通过逻辑推理证明得到有关性质。

研究三角形性质的过程大致分为:

“特殊要素一般化”,如:锐角三角形中三条垂线交于一点,那么一般三角形中此结论还成立吗?

“一般要素特殊化”,如:余弦定理中的已知角为直角,则余弦定理转化为勾股定理。

(2)对比向量法与平面几何综合法,实际上二者没有绝对的优劣,但向量是研究几何的工具,工具的使用本身就是一种进步。

(3)首先通过“重心”在物理与几何中的重要性,引发对其性质的研究的必要性。“三角形两条中线一定会交于一点,第三条中线是否过这个点呢?”虽然我们早对其有所共识,但从“严谨性”的角度看是需要证明的——发现、提出问题。

然后用向量法“三步曲”,得到“三角形的三条中线交于一点”的证明。——用向量法探索、论证。

最后通过对探究过程的反思,发现“三角形的重心是中线的三等分点”这一个新的结论——反思探究过程、类比发现新命题。

设计意图:学生提前形成自我认知,培养自主学习能力,为后期逐渐深入研究做准备。提升学生数学抽象、逻辑推理等核心素养。

第一课时 用向量发现三角形中的"美"项目启动

引导语(项目驱动任务):数学是唯美的

感觉到数学的美,感觉到数与形的协调,感觉到几何的优雅,这是所有真正的数学家都清楚的真实的美的感觉。

——庞加莱

让我们也做一次数学家,发现美、体验美、感受美!

数学美大致包含:简洁美、对称美、周期美、和谐美等。

项目驱动问题:以三角形为研究对象,用向量法对性质进行再研究,尤其是将研究对象聚焦在对三角形的中线与重心、角平分线与内心、垂直平分线与外心、高与垂心等问题之上你还能发现什么结论?你的结论符合数学的审美标准吗?证明你的发现,并像数学家那样给它"命名"吧!

项目实施要求与建议:

(1)小组集体讨论探究方案,确定研究思路。小组成员各自展开独立探究,并以专题作业的形式撰写研究报告。小组内进行交流讨论,完善研究成果,并形成一份小组研究报告或项目作品论文,在全班进行成果交流、评价。

(2)充分利用信息技术手段(如:GeoGebra 图形软件),可能会有更加丰富的成果。

(3)为你们收获的"定理"命名,注意留存过程性记录,重要活动与讨论都要有文字与图片记录!每组成员原则上不超过六人。

教师规范表示:在$\triangle ABC$中,D,E,F分别是BC,CA,AB的中点,G是重心。为了符号表示的一致性,我们习惯在$\triangle ABC$中,用G表示重心,I表示内心,O表示外心,H表示垂心。

设计意图:统一符号与图形,为学生开展自主探究、合作研究提供便捷。

环节1 自主探索,感受用向量法研究三角形性质的提出问题的视角,解决问题的办法。

自主探究任务:教科书在证明三角形三条中线交于一点的同时,"顺便"得到了重心的一个性质:重心到顶点的距离与重心到其对边中点的距离之比为2∶1。显然中线与重心的性质还没有被完全挖掘,请沿着这条线索继续探索属于我们自己的“定理”吧！

师生活动：以“中线与重心”为探究起点，教师用问题引导示范探究活动。

设计意图：以“三角形的中线与重心”为范例，引导学生逐步开展深入探究，逐渐积累探究经验。

追问1：面积也是三角形的一个重要性质，你还能“顺便”得到与面积有关的结论吗？

师生活动：教师提示各顶点表达的对称性，学生为结论命名。

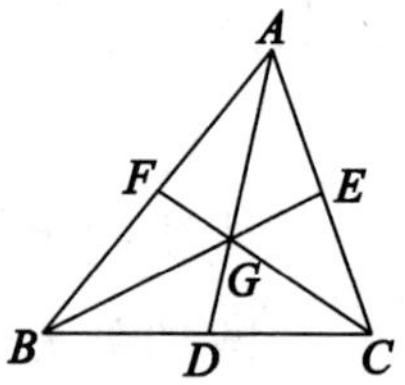

图1

预设的答案：如图1，每条中线等分三角形的面积，当三条中线交于一点后必有：

$$S_{\triangle AFG}=S_{\triangle BFG}=S_{\triangle BDG}=S_{\triangle CDG}=S_{\triangle CEG}=S_{\triangle AEG}=\frac{1}{6}S_{\triangle ABC},$$

$$S_{\triangle ABG}=S_{\triangle BCG}=S_{\triangle CAG}=\frac{1}{3}S_{\triangle ABC}。$$

（结论1：三角形重心与顶点的连线将三角形分为面积相等的三部分）。

设计意图：激发学生探究兴趣，培养学生认识数学“美”。获得结论为后续深入探究做准备。

追问2：在平面几何综合法证明三角形三条中线交于一点时，有一种方法就是“等面积法”，其过程也并不复杂，感兴趣的同学可以课后思考。但我们今天的重点是“用向量法研究三角形的性质”，你还能“顺便”得到哪些与向量有关的性质呢？注意你的结论要有依据。

预设的答案：

结论2：$\overrightarrow{AD}=\frac{1}{2}\overrightarrow{AB}+\frac{1}{2}\overrightarrow{AC}$（依据向量加法运算的定义）。

结论3：$\overrightarrow{GA}+\overrightarrow{GB}+\overrightarrow{GC}=\mathbf{0}$。

证明：$\because$ G 为重心，

$\therefore$ $\overrightarrow{AG}=2\overrightarrow{GD}$.

$\because$ D 为 BC 的中点，

$\therefore$ $\overrightarrow{GA}=-2\overrightarrow{GD}=-(\overrightarrow{GB}+\overrightarrow{GC})$，

$\therefore$ $\overrightarrow{GA}+\overrightarrow{GB}+\overrightarrow{GC}=\mathbf{0}$ 。

反过来也可以证明，满足结论3的点 G 是重心。

证明：设 BC 的中点为 D，则 $2\overrightarrow{GD}=\overrightarrow{GB}+\overrightarrow{GC}$。

$\because\quad \overrightarrow{GA}+\overrightarrow{GB}+\overrightarrow{GC}=\mathbf{0}$，

$\therefore\quad -\overrightarrow{GA}=\overrightarrow{GB}+\overrightarrow{GC}$，

$\therefore\quad -\overrightarrow{GA}=2\overrightarrow{GD}$。

这表明，点 G 在中线 AD 上。同理，可得点 G 在中线 BE，CF 上。

故 G 为 $\triangle ABC$ 的重心。

设计意图：激发学生探究兴趣，让学生认识到探究结论需要严格证明。

追问 3：发现我们自己的"定理"似乎并不是一件太难的事情。反思结论 3 的发现与论证似乎有点儿像我们平时的解题，如果把解题比作"配钥匙"，而数学探究活动就是要解密整个锁的构造原理，就像是在"造锁"，那么究竟是什么向量关系把三角形的性质都"锁"起来了呢？

预设的答案：三角形中最基本的向量关系：闭合回路 $\overrightarrow{AB}+\overrightarrow{BC}+\overrightarrow{CA}=\mathbf{0}$。

把中线向量回归到边所在的向量：$\overrightarrow{AD}=\frac{1}{2}\overrightarrow{AB}+\frac{1}{2}\overrightarrow{AC}$，$\overrightarrow{BE}=\frac{1}{2}\overrightarrow{BA}+\frac{1}{2}\overrightarrow{BC}$，$\overrightarrow{CF}=\frac{1}{2}\overrightarrow{CA}+\frac{1}{2}\overrightarrow{CB}$，

将三个式子叠加，发现结论 4：$\overrightarrow{AD}+\overrightarrow{BE}+\overrightarrow{CF}=\mathbf{0}$。

因为重心分中线 2∶1，所以

(1) 在结论 4 中等式两边同乘 $-\frac{2}{3}$，就可以得到之前的结论 3：$\overrightarrow{GA}+\overrightarrow{GB}+\overrightarrow{GC}=\mathbf{0}$；

(2) 在结论 4 中等式两边同乘 $\frac{1}{3}$，就可以得到 $\overrightarrow{GD}+\overrightarrow{GE}+\overrightarrow{GF}=\mathbf{0}$。

也就是结论 5：三角形与它的中位线三角形（其各边中点连线围成的三角形）共重心。

如图 2，如果把重心 G 换为任意一点 P，从结论 3：$\overrightarrow{GA}+\overrightarrow{GB}+\overrightarrow{GC}=\mathbf{0}$ 出发，

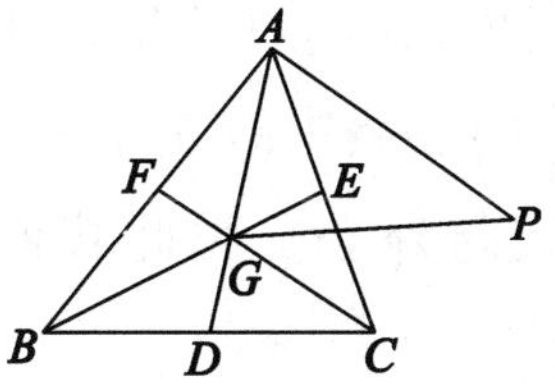

图 2

$\overrightarrow{GA}=\overrightarrow{PA}-\overrightarrow{PG},\overrightarrow{GB}=\overrightarrow{PB}-\overrightarrow{PG},\overrightarrow{GC}=\overrightarrow{PC}-\overrightarrow{PG}$,

三式叠加,得 $\mathbf{0}=\overrightarrow{PA}+\overrightarrow{PB}+\overrightarrow{PC}-3\overrightarrow{PG}$,

得结论 6:$\overrightarrow{PA}+\overrightarrow{PB}+\overrightarrow{PC}=3\overrightarrow{PG}$。

特别地,当点 P 与重心 G 重合时,$\overrightarrow{PG}=\mathbf{0}$,此时为 $\overrightarrow{GA}+\overrightarrow{GB}+\overrightarrow{GC}=\mathbf{0}$。

如果以点 P 为坐标原点 O,建立平面直角坐标系,此结论也可以看作重心的坐标表示 $G\left(\frac{x_A+x_B+x_C}{3},\frac{y_A+y_B+y_C}{3}\right)$。

设计意图:激发学生探究兴趣,为学生搭建探究支架,提升直观想象、逻辑推理、数学运算等核心素养。

环节 2　分组探索交流,确定研究内容、研究视角、研究路径,形成用向量法研究三角形性质的一般观念。

合作研究任务:梳理结论的发现过程,把发现问题的脉络绘制成思维导图,归纳研究内容、研究视角、研究方法、研究路径,提炼用向量法研究三角形性质的一般观念。

师生活动:学生展示发现问题的脉络,提炼用向量法研究三角形性质的一般观念。

预设的答案:

(1)三角形的丰富的性质蕴含在"边与角、顶点与边、特殊的点与边、点与线、线与线等"的关系中,于是我们把主要研究对象确定为上述几何量。而在向量视角下研究三角形的几何性质,尝试合理地选择基底,可以使运算更加简洁。

如:将三角形的"边与角"的性质结合"平面向量基本定理"向量表达,形成研究起点"三角形闭合回路 $\overrightarrow{AB}+\overrightarrow{BC}+\overrightarrow{CA}=\mathbf{0}$"。

(2)向量是实现数形结合研究几何问题的重要工具,三角形的许多性质都能转化成向量的运算加以论证。三角形的性质可以借助向量运算不断拓展吗?答案是肯定的,因此,我们将向量的"研究方法"确定为"向量的运算"。

(3)教科书论证了勾股定理,我们可以把三角形的形状一般化,探究出余弦定理;教科书论证了三角形的三条中线交于一点即重心,我们可以类比研究角平分线与内心,垂直平分线与外心。因此我们把主要"研究路径"确定为"类比、特殊— 一般—特殊"。

设计意图:初步了解数学探究活动的本质,掌握必要的研究方法,学会发现问题、理解问题、解决问题的一般探究思路。

追问 1:我们发现用向量研究平面几何的核心是运算,之前大家的探究都集中在线性运算,接下来是否可以尝试一下其他运算呢?

预设的答案:

(1)向量的数量积可以用于计算向量的模长,可以尝试计算中线的长:

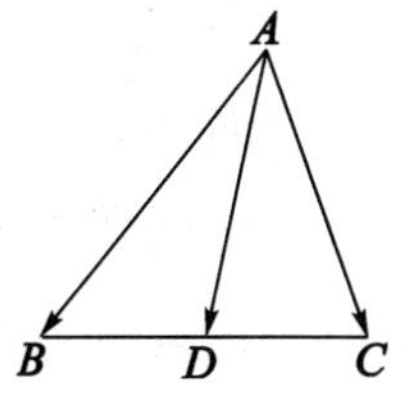

图 3

如图 3,D 为 BC 的中点,则

$$\overrightarrow{AD}=\frac{1}{2}(\overrightarrow{AB}+\overrightarrow{AC}),$$

$$\begin{aligned}\therefore\quad \overrightarrow{AD}^2&=\frac{1}{4}(\overrightarrow{AB}+\overrightarrow{AC})^2\\&=\frac{1}{4}(\overrightarrow{AB}^2+\overrightarrow{AC}^2+2\overrightarrow{AB}\cdot\overrightarrow{AC})\\&=\frac{1}{4}\left[\overrightarrow{AB}^2+\overrightarrow{AC}^2+\frac{(\overrightarrow{AB}+\overrightarrow{AC})^2-(\overrightarrow{AB}-\overrightarrow{AC})^2}{2}\right]\\&=\frac{1}{4}\left(\overrightarrow{AB}^2+\overrightarrow{AC}^2+\frac{4\overrightarrow{AD}^2-\overrightarrow{CB}^2}{2}\right),\end{aligned}$$

化简,得中线长公式

$\overrightarrow{AD}^2=\frac{1}{2}\overrightarrow{AB}^2+\frac{1}{2}\overrightarrow{AC}^2-\frac{1}{4}\overrightarrow{CB}^2$(结论 7)。

上述用消掉数量积的算法比较常见,如果放在平行四边形中不难得到"平行四边形对角线的平方和等于四边的平方和(结论 8)"。

(2)如果将中线长问题一般化,如点 D 仍在 BC 上,但其不一定是中点(如图 4),则设

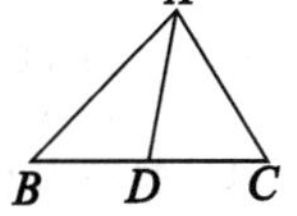

图 4

$\overrightarrow{CD}=\lambda\overrightarrow{CB}$,借助三角形闭合回路拆分向量,得 $\overrightarrow{AD}-\overrightarrow{AC}=\lambda(\overrightarrow{AB}-\overrightarrow{AC})$,

化简为 $\overrightarrow{AD}=\lambda\overrightarrow{AB}+(1-\lambda)\overrightarrow{AC}$(三点共线的充要条件,结论 9)。

平方后用余弦定理消掉数量积,得

结论 10:$\overrightarrow{AD}^2=\lambda\overrightarrow{AB}^2+(1-\lambda)\overrightarrow{AC}^2-\lambda(1-\lambda)\overrightarrow{BC}^2$。

特别地,当 $\lambda=\frac{1}{2}$时,为中线长公式。

设计意图:激发学生探究兴趣,逐渐形成开展数学探究活动的一般"套路":"特殊— 一般—特殊",提升数学抽象、逻辑推理、数学运算等核心素养。

追问 2:上述探究的"套路",你能从教科书中找到它的身影吗?谈谈你对用向量法研究几何问题的一般"套路"的理解。

预设的答案:

(1)教科书必修第二册 p32 例 9,定比分点公式的探究体现了由特殊到一般的研究路径。

(2)教科书必修第二册余弦定理与正弦定理的发现过程就是借助向量的数量积运算。

设计意图:对比教科书中的研究"套路",加深对"一般观念"的理解,积累探究经验。

教师讲解:数学探究活动是围绕某个具体的数学问题,开展自主探究、合作研究,并最终解决问题的过程。具体表现为:发现和提出有意义的数学问题,猜测合理的数学结论,提出解决问题的思路和方案,通过自主探索、合作研究,论证数学结论。数学探究活动是运用数学知识解决数学问题的一类综合实践活动,也是高中阶段数学课程的重要内容。

因此数学探究的基本程序及对应的行为是:

数学问题→	数学猜想→	解决思路和方案→	数学结论
↑	↑	↑	↑
发现提出 →	猜想 →	提出→	自主探究与合作研究

设计意图:了解数学探究活动的本质,积累探究经验。

项目专题作业:延续上述探究过程,还能提出哪些有价值的问题?以小组为单位完成中期报告。注意梳理问题发现的脉络,完善思维导图。

设计意图:让学生经历合作研究,形成合作意识。掌握不断探索发现的基本"套路",提升数学抽象、逻辑推理、数学运算等核心素养。

第二课时　用向量发现三角形中的“美”项目中期活动

【问题1】我们分小组开展了深入的项目学习，各组都收获了丰富的项目成果，这些成果来之不易。在感受收获的喜悦之余，我们不禁反思究竟影响探究成果呈现的最大“瓶颈”是什么？

师生活动：讨论、交流影响探究成果的困难。

设计意图：全面汇总前期研究成果，分组交流在探究过程中遇到的困难。了解数学探究活动的本质，积累探究经验。

【问题2】同学们一致认为，发现并提出一个有价值的问题远远要比论证一个已有的结论困难得多。因此我们把本次中期汇报的重点确定为展示并交流“发现、提出问题的脉络”。

师生活动：教师引导学生合理、系统地表述研究成果，重点展示问题发现、提出的过程，学生小组间相互评价，提出下一步研究的建议。

项目专题作业：开展小组之间的课下活动。

(1)对资料中的论证过程进行仔细阅读并纠错，对重大逻辑缺陷进行修订。

(2)对本组未能想到的问题开展探究，或将探究进一步延伸，同时完成结题报告。

第三课时　用向量发现三角形中的“美”项目作品展示活动

环节1　分组成果汇报

师生活动：小组项目负责人汇报成果，其他成员可以补充，其他小组成员做好记录，认真反思，取长补短。教师记录对该组的质疑，汇报后可以提问，指出各组优缺点。

环节2　项目总结

师生活动：学生谈谈对数学探究活动的体会，和在活动中的收获。师生共同评出优胜小组。教师做出结题评价。教师针对学生在活动中的表现，为各小组撰写结题词。

八、预设研究成果(预设项目产品)

探究方向1:选取恰当基底,尝试利用向量的数量积运算可以得出哪些结论?

发现、提出问题1:将 $\overrightarrow{AB}+\overrightarrow{BC}+\overrightarrow{CA}=\mathbf{0}$ 变形后为 $\overrightarrow{AB}+\overrightarrow{BC}=-\overrightarrow{CA}$,如果两边平方就可得余弦定理;如果两边同时与 $\overrightarrow{CA}$ 的垂直单位向量 $\boldsymbol{j}$ 做数量积运算就可得正弦定理。

如图5,G 为 $\triangle ABC$ 的中线 AD,BE,CF 的交点。仿照上述方法,将 $\overrightarrow{AB}+\overrightarrow{BC}=-\overrightarrow{CA},\overrightarrow{AD}+\overrightarrow{CF}=-\overrightarrow{BE}$ 的两边分别计算数量积,存在和谐优美的结论吗?

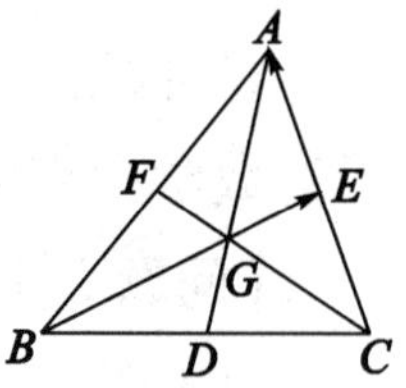

图5

论证问题1:$(\overrightarrow{AB}+\overrightarrow{BC})\cdot(\overrightarrow{AD}+\overrightarrow{CF})=\overrightarrow{CA}\cdot\overrightarrow{BE}$,

即 $\overrightarrow{AB}\cdot\overrightarrow{AD}+\overrightarrow{BC}\cdot\overrightarrow{CF}+\overrightarrow{AB}\cdot\overrightarrow{CF}+\overrightarrow{BC}\cdot\overrightarrow{AD}-\overrightarrow{CA}\cdot\overrightarrow{BE}=0$,

发现等号左边后三项都是边所在向量与其对应中线所在向量的数量积,该式的前两项比较“丑陋”。

$\overrightarrow{CA}\cdot\overrightarrow{BE}$ 之前是“-”号,尝试选取 $\overrightarrow{CA},\overrightarrow{BE}$ 为基底,试试再“美化”一下。

$\because\quad \overrightarrow{AB}=-\overrightarrow{BE}-\frac{1}{2}\overrightarrow{CA},\overrightarrow{AD}=-\frac{1}{2}\overrightarrow{BE}-\frac{3}{4}\overrightarrow{CA},\overrightarrow{BC}=\overrightarrow{BE}-\frac{1}{2}\overrightarrow{CA},\overrightarrow{CF}=-\frac{1}{2}\overrightarrow{BE}+\frac{3}{4}\overrightarrow{CA}$,

$\therefore\quad \overrightarrow{AB}\cdot\overrightarrow{AD}+\overrightarrow{BC}\cdot\overrightarrow{CF}$

$$=\left(\overrightarrow{BE}+\frac{1}{2}\overrightarrow{CA}\right)\cdot\left(\frac{1}{2}\overrightarrow{BE}+\frac{3}{4}\overrightarrow{CA}\right)+\left(\overrightarrow{BE}-\frac{1}{2}\overrightarrow{CA}\right)\cdot\left(-\frac{1}{2}\overrightarrow{BE}+\frac{3}{4}\overrightarrow{CA}\right)$$

$$=2\overrightarrow{CA}\cdot\overrightarrow{BE},$$

得结论11:$\overrightarrow{AB}\cdot\overrightarrow{CF}+\overrightarrow{BC}\cdot\overrightarrow{AD}+\overrightarrow{CA}\cdot\overrightarrow{BE}=0$。

同理,重心、顶点向量闭合关系:$\overrightarrow{GA}+\overrightarrow{GB}+\overrightarrow{GC}=\mathbf{0}$,

与 $\overrightarrow{AB}+\overrightarrow{BC}+\overrightarrow{CA}=\mathbf{0}$ 的两边分别计算数量积,得结论12:$\overrightarrow{AB}\cdot\overrightarrow{GC}+\overrightarrow{BC}\cdot\overrightarrow{GA}+\overrightarrow{CA}\cdot\overrightarrow{GB}=0$。

当然也可以把结论12看作是在结论11的等式两边同乘$-\frac{2}{3}$所得。

同理,中位线三角形内也有结论:$\overrightarrow{AB}\cdot\overrightarrow{GF}+\overrightarrow{BC}\cdot\overrightarrow{GD}+\overrightarrow{CA}\cdot\overrightarrow{GE}=0$。

发现、提出新问题:收获和谐优美的“重心”数量积结论,不难提出问题:“垂心、外心、内心是否存在类似和谐优美的数量积关系呢?”

预设结论：

H 是 $\triangle ABC$ 的垂心，$\overrightarrow{HA}\cdot\overrightarrow{HB}=\overrightarrow{HB}\cdot\overrightarrow{HC}=\overrightarrow{HC}\cdot\overrightarrow{HA}$，

$\overrightarrow{HA}^2+\overrightarrow{BC}^2=\overrightarrow{HB}^2+\overrightarrow{AC}^2=\overrightarrow{HC}^2+\overrightarrow{AB}^2$。

O 是 $\triangle ABC$ 的外心，$|\overrightarrow{OA}|=|\overrightarrow{OB}|=|\overrightarrow{OC}|$，

$(\overrightarrow{OA}+\overrightarrow{OB})\cdot\overrightarrow{BA}=(\overrightarrow{OB}+\overrightarrow{OC})\cdot\overrightarrow{CB}=(\overrightarrow{OC}+\overrightarrow{OA})\cdot\overrightarrow{AC}$。

I 是 $\triangle ABC$ 的内心，

$$\overrightarrow{AI}\cdot\left(\frac{\overrightarrow{AB}}{|\overrightarrow{AB}|}-\frac{\overrightarrow{AC}}{|\overrightarrow{AC}|}\right)=\overrightarrow{BI}\cdot\left(\frac{\overrightarrow{BA}}{|\overrightarrow{BA}|}-\frac{\overrightarrow{BC}}{|\overrightarrow{BC}|}\right)=\overrightarrow{CI}\cdot\left(\frac{\overrightarrow{CA}}{|\overrightarrow{CA}|}-\frac{\overrightarrow{CB}}{|\overrightarrow{CB}|}\right)=0。$$

探究方向2："类比"探索具有一致性的结论。

发现、提出问题2：用向量法证明三角形的三条中线交于一点，"顺便"发现了三角形的重心的一个性质"三角形的重心到顶点的距离与重心到其对边中点的距离之比为2∶1"。如果用向量法论证三角形的角平分线、垂直平分线、高线交于一点会有类似发现吗？

论证问题2：（略）

发现、提出新问题：没有发现有确定的比例，但在证明的过程中发现三角形的角平分线、垂直平分线、高线、中线以三角形的两边为基底这些线是否有美观和谐的表示形式？

预设结论：

中线所在直线上的点 P 满足：$\overrightarrow{OP}=\overrightarrow{OA}+\lambda(\overrightarrow{AB}+\overrightarrow{AC})$；

由正弦定理可得统一形式：$\overrightarrow{OP}=\overrightarrow{OA}+\lambda\left(\dfrac{\overrightarrow{AB}}{|\overrightarrow{AB}|\sin B}+\dfrac{\overrightarrow{AC}}{|\overrightarrow{AC}|\sin C}\right)$；

角平分线所在直线上的点 P 满足：$\overrightarrow{OP}=\overrightarrow{OA}+\lambda\left(\dfrac{\overrightarrow{AB}}{|\overrightarrow{AB}|}+\dfrac{\overrightarrow{AC}}{|\overrightarrow{AC}|}\right)$；

高线所在直线上的点 P 满足：$\overrightarrow{OP}=\overrightarrow{OA}+\lambda\left(\dfrac{\overrightarrow{AB}}{|\overrightarrow{AB}|\cos B}+\dfrac{\overrightarrow{AC}}{|\overrightarrow{AC}|\cos C}\right)$；

边垂直平分线所在直线上的点 P 满足：$\overrightarrow{OP}=\dfrac{\overrightarrow{OB}+\overrightarrow{OC}}{2}+\lambda\left(\dfrac{\overrightarrow{AB}}{|\overrightarrow{AB}|\cos B}+\dfrac{\overrightarrow{AC}}{|\overrightarrow{AC}|\cos C}\right)$。

再发现、提出新问题：$\overrightarrow{PA}+\overrightarrow{PB}+\overrightarrow{PC}=3\overrightarrow{PG}$，如果以点 P 为坐标原点 O，建立平面直角坐标系，此结论也可以看作重心的坐标表示 $G\left(\frac{x_A+x_B+x_C}{3},\frac{y_A+y_B+y_C}{3}\right)$。内心、外心、垂心有类似的坐标表示式吗？

预设结论：内心 $I\left(\frac{ax_A+bx_B+cx_C}{a+b+c},\frac{ay_A+by_B+cy_C}{a+b+c}\right)$。

探究方向 3："由特殊到一般再由一般到特殊"研究面积与点的关系。

发现、提出问题 3：三角形的重心与顶点的连线将三角形的面积三等分，即 $S_{\triangle ABG}=S_{\triangle BCG}=S_{\triangle CAG}=\frac{1}{3}S_{\triangle ABC}$。将重心一般化会有什么类似结论？我们用 GeoGebra 发现，在 $\triangle ABC$ 中，点 G 是重心，$\overrightarrow{GA}+\overrightarrow{GB}+\overrightarrow{GC}=\mathbf{0}$ 已经呈现，再把上式中 $\overrightarrow{GA},\overrightarrow{GB},\overrightarrow{GC}$ 分别作任意的伸缩 $\overrightarrow{GA}=x\overrightarrow{GA'},\overrightarrow{GB}=y\overrightarrow{GB'},\overrightarrow{GC}=z\overrightarrow{GC'}$，

也就是说 $\exists x,y,z\in\mathbf{R}^+$，$x\overrightarrow{GA'}+y\overrightarrow{GB'}+z\overrightarrow{GC'}=\mathbf{0}$，此时 G 是 $\triangle A'B'C'$ 内任意一点。

预设结论：

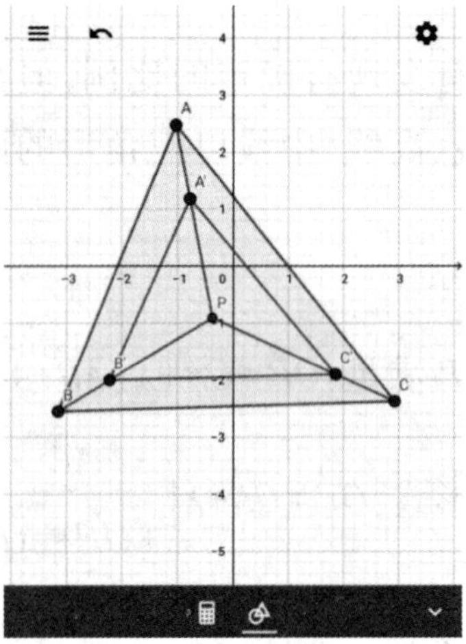

图 6

如图 6，$\triangle ABC$ 内任意一点 P 恰是 $\triangle A'B'C'$ 的重心，

则 $S_{\triangle A'PB'}=S_{\triangle B'PC'}=S_{\triangle C'PA'}=\frac{1}{3}S_{\triangle A'B'C'}$，

其中 $|\overrightarrow{PA}|=x|\overrightarrow{PA'}|,|\overrightarrow{PB}|=y|\overrightarrow{PB'}|,|\overrightarrow{PC}|=z|\overrightarrow{PC'}|$，

所以 $S_{\triangle APB}=xyS_{\triangle A'PB'}\Rightarrow S_{\triangle APB}\overrightarrow{PC}=xyS_{\triangle A'PB'}\cdot z\overrightarrow{PC'}$， ①

$S_{\triangle BPC}=yzS_{\triangle B'PC'}\Rightarrow S_{\triangle BPC}\overrightarrow{PA}=yzS_{\triangle B'PC'}\cdot x\overrightarrow{PA'}$， ②

$S_{\triangle APC}=xzS_{\triangle A'PC'}\Rightarrow S_{\triangle APC}\overrightarrow{PB}=xzS_{\triangle A'PC'}\cdot y\overrightarrow{PB'}$, ③

由①+②+③,可得 $S_{\triangle APB}\overrightarrow{PC}+S_{\triangle BPC}\overrightarrow{PA}+S_{\triangle CPA}\overrightarrow{PB}=\mathbf{0}$。

发现、提出新问题:继续一般化,若点 P 在△ABC 外,会有什么结论? 可用 GeoGebra 探索。

具体分为以下“四边形变换”与“三角形变换”两类(如图 7),只需在点 P(与图 7 中点 D 重合)与整个三角形处于一边异侧时,在对应向量前添加负号即可,其本质是向量的方向问题。面积也有方向吗?(证明略)。

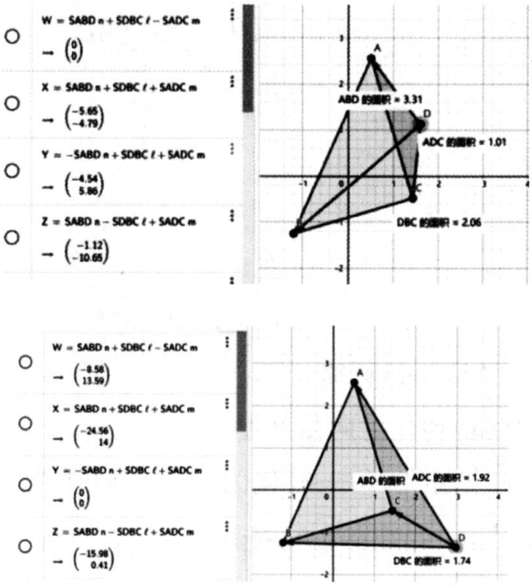

图 7

再发现、提出新问题:再由一般到特殊,可将点 P 位置特殊化,分别让点 P 与“四心”之一重合,能收获什么成果呢?

预设结论:在△ABC 中,G 是重心,I 是内心,O 是外心,H 是垂心,则

$\overrightarrow{GA}+\overrightarrow{GB}+\overrightarrow{GC}=\mathbf{0}$;

$a\overrightarrow{IA}+b\overrightarrow{IB}+c\overrightarrow{IC}=\mathbf{0}$;

$\sin 2A\cdot\overrightarrow{OA}+\sin 2B\cdot\overrightarrow{OB}+\sin 2C\cdot\overrightarrow{OC}=\mathbf{0}$(外心 O 在三角形内);

$\tan A\cdot\overrightarrow{HA}+\tan B\cdot\overrightarrow{HB}+\tan C\cdot\overrightarrow{HC}=\mathbf{0}$(垂心 H 在三角形内,且不能是直角三角形)。

其中外心 O、垂心 H 在三角形外部时可在对应向量前添加负号。

探究方向 4:借助 GeoGebra 设计数学实验,提出问题。

发现、提出问题 4：借助 GeoGebra 数学实验，找出一个三角形的重心、内心、外心、垂心，改变三角形的形状，你能发现它们之间可能存在的关系吗？给出猜想并论证。

如图 8，我们发现重心 G，外心 O，垂心 H，这三点始终是共线的。

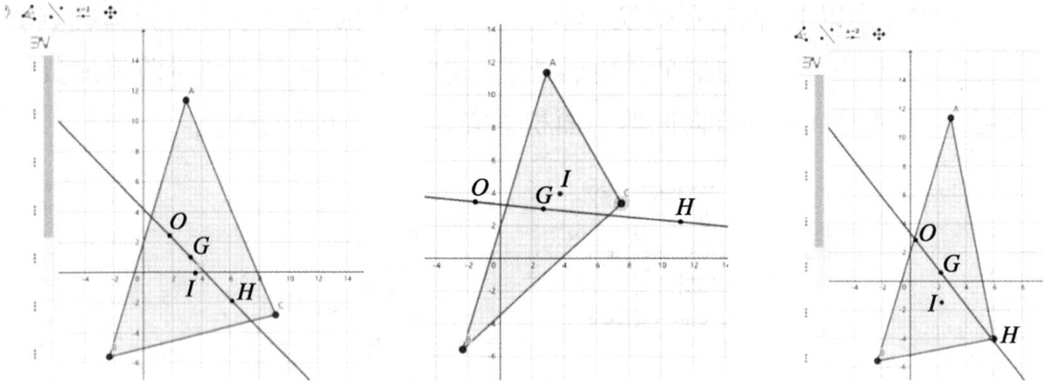

图 8

论证问题 4：

项目实施规划 1：（证明过程略）

第一步：把几何问题转化为向量问题。

先由特殊到一般：把重心 G 一般化为三角形内任意一点 P，猜想：$\exists x,y,z\in\mathbf{R}^{+}$，$x\overrightarrow{PA}+y\overrightarrow{PB}+z\overrightarrow{PC}=\mathbf{0}$，即研究有序实数组$(x,y,z)$在三角形中是否具有实际几何意义。

再由一般到特殊，可将点 P 位置特殊化，分别让点 P 与“四心”重合，

当 P，G 重合，G 是重心：$\overrightarrow{GA}+\overrightarrow{GB}+\overrightarrow{GC}=\mathbf{0}$；

当 P，O 重合，O 是外心：$x_1\overrightarrow{OA}+y_1\overrightarrow{OB}+z_1\overrightarrow{OC}=\mathbf{0}$；

当 P，H 重合，H 是垂心：$x_2\overrightarrow{HA}+y_2\overrightarrow{HB}+z_2\overrightarrow{HC}=\mathbf{0}$；

当 P，I 重合，I 是内心：$x_3\overrightarrow{IA}+y_3\overrightarrow{IB}+z_3\overrightarrow{IC}=\mathbf{0}$。

第二步：通过向量运算研究几何元素之间的关系。

以 P，O 重合，O 是外心为例，可选 $\overrightarrow{GA}$，$\overrightarrow{GB}$ 为基底，借助三角形闭合回路，可得 $x_1(\overrightarrow{GA}-\overrightarrow{GO})+y_1(\overrightarrow{GB}-\overrightarrow{GO})+z_1(\overrightarrow{GC}-\overrightarrow{GO})=\mathbf{0}$，

即 $\overrightarrow{GO}=\dfrac{x_1}{x_1+y_1+z_1}\overrightarrow{GA}+\dfrac{y_1}{x_1+y_1+z_1}\overrightarrow{GB}+\dfrac{z_1}{x_1+y_1+z_1}\overrightarrow{GC}$。

由重心向量闭合关系,得 $\overrightarrow{GC}=-\overrightarrow{GA}-\overrightarrow{GB}$,代入上式,可实现“向量基底化”。

同理,可对 $\overrightarrow{GH},\overrightarrow{GI}$ 实现“基底化”,确定 $\overrightarrow{GH}=\lambda\overrightarrow{GO},\overrightarrow{GI}=\mu\overrightarrow{GO}$ 中实数 λ,μ 是否存在。

第三步:把向量运算结果“翻译”成几何关系,最终论证“四心”共线或不共线。

项目实施规划 2:

如图 9,在 $\triangle ABC$ 中,G 是重心,O 是外心,H 是垂心。

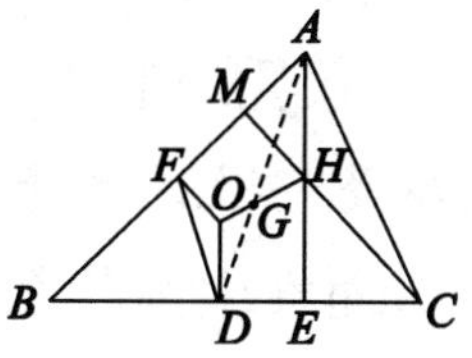

图 9

设 D,F 分别是 BC,AB 的中点,连接 OD,OF,则 $OD\perp BC$,且 $OF\perp AB$,连接 AH,CH 并延长,分别交 BC,AB 于点 E,M,则 $AE\perp BC$,且 $CM\perp AB$,所以 $AH/\!/OD,CH/\!/OF$,即 $\overrightarrow{AH}/\!/\overrightarrow{OD},\overrightarrow{CH}/\!/\overrightarrow{OF}$,

所以 $\overrightarrow{AH}=\lambda\overrightarrow{OD},\overrightarrow{CH}=\mu\overrightarrow{OF}$,即 $\overrightarrow{AC}+\overrightarrow{CH}=\lambda(\overrightarrow{OF}+\overrightarrow{FD})$。

因为 D,F 分别是 BC,AB 的中点,所以 $\overrightarrow{AC}=2\overrightarrow{FD}$。

所以 $(2-\lambda)\overrightarrow{FD}+(\mu-\lambda)\overrightarrow{OF}=\mathbf{0}$。

因为 $\overrightarrow{OF},\overrightarrow{FD}$ 不共线,所以由平面向量基本定理,得 $\begin{cases}2-\lambda=0,\\ \mu-\lambda=0。\end{cases}$

所以 $\lambda=\mu=2$,即 $\overrightarrow{AH}=2\overrightarrow{OD},\overrightarrow{CH}=2\overrightarrow{OF}$。因为 G 是重心,所以 $\overrightarrow{DG}=\frac{1}{2}\overrightarrow{GA}$,

所以 $\overrightarrow{OG}=\overrightarrow{OD}+\overrightarrow{DG}=\frac{1}{2}\overrightarrow{AH}+\frac{1}{2}\overrightarrow{GA}=\frac{1}{2}(\overrightarrow{GA}+\overrightarrow{AH})=\frac{1}{2}\overrightarrow{GH}$。

因为 $\overrightarrow{OG},\overrightarrow{GH}$ 有公共点 G,所以垂心、重心、外心三点共线。“顺便”得到:重心分垂心与外心所连线段所成比为 2∶1,且重心靠近外心。

发现、提出新问题:这条直线是欧拉于 1765 年在其著作《三角形的几何学》中首次提到的,被称为欧拉线。证法有多种,用向量法证明是否简洁,取决于基底的选择。这一发现是三角形中的点与线关系,是否还有一般化后的线与边的关系呢?

预设结论:选择恰当基底可发现塞瓦定理、梅涅劳斯定理等。

案例分析

1. 课下苦耕耘，课上展风采

“数学探究活动”是转变学生学习方式的一条途径。“数学探究活动”的“主阵地”是在课下，比如，本次课堂学生所展示的成果，都是学生通过多次课下活动完成的。课堂的交流与展示让学生思维进行碰撞是必要的，但必须是在学生经历了课前的思考，并形成一定的认知之后的。另外，算法的设计，结论的驳斥与论证，往往更需要学生置身于一个安静的环境，通过苦思冥想，不断试错，才能最终收获成果，显然，仅凭课堂的 45 分钟是无法完成的。

2. 兴趣开路，成就感引领，攀登“美”的高峰

男生为什么偏爱足球、篮球，而女生为什么偏爱舞蹈，原因之一可能就是性别差异导致了“成就感”差异。因此以项目学习的方式开展数学探究活动，更能让学生在做项目的过程中不断获得“成就感”，使其探究兴趣得到保持。

课程标准指出“尝试从数学的角度刻画审美的共性，主要包括：简洁、对称、周期、和谐等”。学生反复尝试向量运算，在众多的结论中确定何为终点。在探究的过程中，由于选择的方法不佳，他们陷入了繁杂计算的“泥坑”，但是他们没有放弃，几次反思之后，他们终于一跃而出，虽然道路泥泞，但是也有意外的收获；不同的小组，针对相同的问题，选择了相同的思路，但是却选择了不同的基底，于是解法难易度的差别很大，但是这两条路没有优劣之分。选择简洁的路，他们快速达成目标；选择复杂的路，他们一路又有额外的收获。他们一路前行一路探索，直到一个符合数学美的结论出现。一个“美”的结论，让人赏心悦目，更容易留下深刻印象。这一个个“美”的结论，就是攀登数学高峰的阶梯。在这个探究活动中，学生充分感受到了这一点。

执笔人：山西省实验中学　张永刚，赵婧一，常青

案例分析

数学探究活动如何实施，如上案例给出了一种办法。要做好数学探究活动，需要做好以下几点：

1. 理解课型定位，方能少走弯路

何为数学探究，怎样进行数学探究，在《课程标准（2011 年版）》中就已经明确，《课程标准（2017 年版）》中则将数学探究活动作为数学的主线之一，给

出课时要求,并在教科书中编写了相应的内容。

教科书中本部分内容的标题是:数学探究 用向量法研究三角形的性质

显然这是一节数学探究课。教科书中的内容是:先给出证明勾股定理的例子,由此说明向量法的优越性;然后给出研究任务;继而给出一个探究的示例,用向量法研究三角形的三条中线交于一点,说明可以选择不同的基底进行证明,并"顺便"得出了"三角形的重心是中线的三等分点";然后让你类比进行探究;最后给出了对探究活动的要求和研究报告的参考形式。

根据《课程标准(2017 年版)》,"数学探究活动是围绕某个具体的数学问题,开展自主探究、合作研究并最终解决问题的过程。具体表现为:发现和提出有意义的数学问题,猜测合理的数学结论,提出解决问题的思路和方案,通过自主探索、合作研究论证数学结论。数学探究活动是运用数学知识解决数学问题的一类综合实践活动,也是高中阶段数学课程的重要内容"。

只要认真阅读教科书,就会发现,数学探究的教学不应该是按照常规课堂教学的方式进行,不再是按照"情境+定理+例题+练习"的路子进行的。依据课程标准关于数学探究活动的定义,可以确定数学探究活动是始于某个数学问题,提出猜想,确定思路,自主探索,合作研究,论证反驳的过程。

由此可见,数学探究活动应该是始于数学问题,或者说数学情境,而不是现实情境,这是一线教学中容易出现的误区。

按照不同的教学设计开展教学,教学的效果差异是很大的。因此要理解真正的数学探究活动的研究对象:数学问题。

2. 领会研究视角,促进探究走向深远

研究视角,即依据数学知识内在规律确定的"研究思路""研究方法",明确针对哪些因素进行研究或者用什么方法研究。从标题可以看出,该探究活动的研究视角是"向量法"。为此要梳理向量法的核心是什么——平面向量基本定理,因此要注重基底的选择;向量有哪些运算——线性运算,数量积运算,以及它们的结合;运算对象是什么——三角形的元素,中线、高线等线段,以及在运算过程中生成的元素,还可以进一步因为运算需要引入的元素,等等。

从哪里着手开始研究呢?根据教科书中的示例,先从证明直线交于一点开始研究,沿着这条路,可以研究角平分线、高、垂线……根据研究获得的结论,进一步提出猜想,是否对于三角形内任意一点,都有类似的关系成立呢?这样不断地推进,于是有了下页这张万花筒似的研究发展变化图:

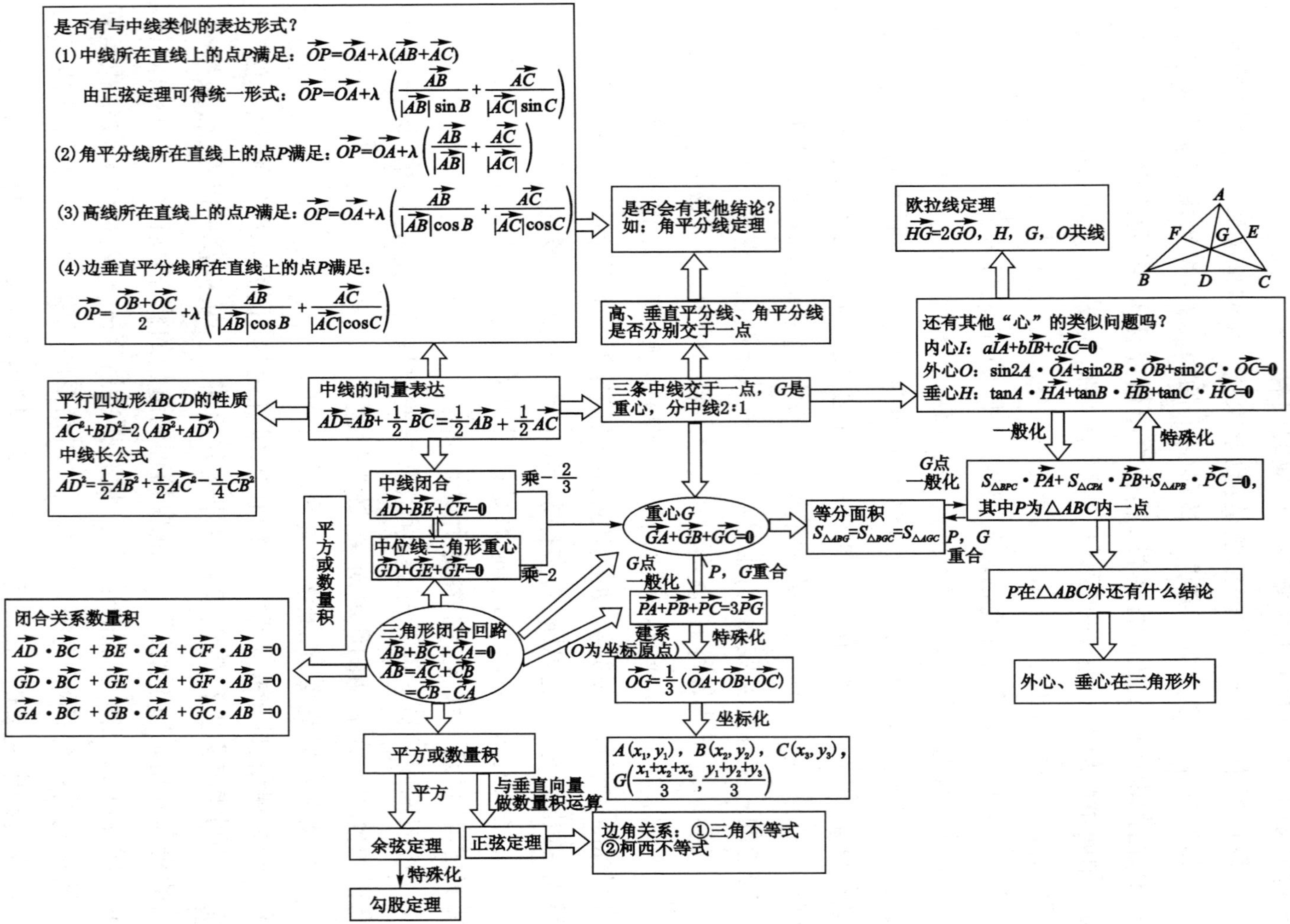
是否有与中线类似的表达形式？
(1) 中线所在直线上的点P满足：$\overrightarrow{OP}=\overrightarrow{OA}+\lambda(\overrightarrow{AB}+\overrightarrow{AC})$
由正弦定理可得统一形式：$\overrightarrow{OP}=\overrightarrow{OA}+\lambda\left(\frac{\overrightarrow{AB}}{|\overrightarrow{AB}|\sin B}+\frac{\overrightarrow{AC}}{|\overrightarrow{AC}|\sin C}\right)$
(2) 角平分线所在直线上的点P满足：$\overrightarrow{OP}=\overrightarrow{OA}+\lambda\left(\frac{\overrightarrow{AB}}{|\overrightarrow{AB}|}+\frac{\overrightarrow{AC}}{|\overrightarrow{AC}|}\right)$
(3) 高线所在直线上的点P满足：$\overrightarrow{OP}=\overrightarrow{OA}+\lambda\left(\frac{\overrightarrow{AB}}{|\overrightarrow{AB}|\cos B}+\frac{\overrightarrow{AC}}{|\overrightarrow{AC}|\cos C}\right)$
(4) 边垂直平分线所在直线上的点P满足：
$\overrightarrow{OP}=\frac{\overrightarrow{OB}+\overrightarrow{OC}}{2}+\lambda\left(\frac{\overrightarrow{AB}}{|\overrightarrow{AB}|\cos B}+\frac{\overrightarrow{AC}}{|\overrightarrow{AC}|\cos C}\right)$
是否会有其他结论？如：角平分线定理
欧拉线定理
$\overrightarrow{HG}=2\overrightarrow{GO}$，$H$，$G$，$O$共线
A
F
G
E
B
D
C
平行四边形$ABCD$的性质
$\overrightarrow{AC}^2+\overrightarrow{BD}^2=2(\overrightarrow{AB}^2+\overrightarrow{AD}^2)$
中线长公式
$\overrightarrow{AD}^2=\frac{1}{2}\overrightarrow{AB}^2+\frac{1}{2}\overrightarrow{AC}^2-\frac{1}{4}\overrightarrow{CB}^2$
中线的向量表达
$\overrightarrow{AD}=\overrightarrow{AB}+\frac{1}{2}\overrightarrow{BC}=\frac{1}{2}\overrightarrow{AB}+\frac{1}{2}\overrightarrow{AC}$
高、垂直平分线、角平分线是否分别交于一点
三条中线交于一点，G是重心，分中线2∶1
还有其他“心”的类似问题吗？
内心I：$a\overrightarrow{IA}+b\overrightarrow{IB}+c\overrightarrow{IC}=\mathbf{0}$
外心O：$\sin 2A\cdot\overrightarrow{OA}+\sin 2B\cdot\overrightarrow{OB}+\sin 2C\cdot\overrightarrow{OC}=\mathbf{0}$
垂心H：$\tan A\cdot\overrightarrow{HA}+\tan B\cdot\overrightarrow{HB}+\tan C\cdot\overrightarrow{HC}=\mathbf{0}$
一般化
特殊化
G点一般化
$S_{\triangle BPC}\cdot\overrightarrow{PA}+S_{\triangle CPA}\cdot\overrightarrow{PB}+S_{\triangle APB}\cdot\overrightarrow{PC}=\mathbf{0}$，其中$P$为$\triangle ABC$内一点
中线闭合
$\overrightarrow{AD}+\overrightarrow{BE}+\overrightarrow{CF}=\mathbf{0}$
乘$-\frac{2}{3}$
中位线三角形重心
$\overrightarrow{GD}+\overrightarrow{GE}+\overrightarrow{GF}=\mathbf{0}$
乘-2
重心G
$\overrightarrow{GA}+\overrightarrow{GB}+\overrightarrow{GC}=\mathbf{0}$
等分面积
$S_{\triangle ABG}=S_{\triangle BGC}=S_{\triangle AGC}$
P，G重合
P在$\triangle ABC$外还有什么结论
外心、垂心在三角形外
平方或数量积
闭合关系数量积
$\overrightarrow{AD}\cdot\overrightarrow{BC}+\overrightarrow{BE}\cdot\overrightarrow{CA}+\overrightarrow{CF}\cdot\overrightarrow{AB}=0$
$\overrightarrow{GD}\cdot\overrightarrow{BC}+\overrightarrow{GE}\cdot\overrightarrow{CA}+\overrightarrow{GF}\cdot\overrightarrow{AB}=0$
$\overrightarrow{GA}\cdot\overrightarrow{BC}+\overrightarrow{GB}\cdot\overrightarrow{CA}+\overrightarrow{GC}\cdot\overrightarrow{AB}=0$
三角形闭合回路
$\overrightarrow{AB}+\overrightarrow{BC}+\overrightarrow{CA}=\mathbf{0}$
$\overrightarrow{AB}=\overrightarrow{AC}+\overrightarrow{CB}=\overrightarrow{CB}-\overrightarrow{CA}$
G点一般化
P，G重合
$\overrightarrow{PA}+\overrightarrow{PB}+\overrightarrow{PC}=3\overrightarrow{PG}$
建系（O为坐标原点）
特殊化
$\overrightarrow{OG}=\frac{1}{3}(\overrightarrow{OA}+\overrightarrow{OB}+\overrightarrow{OC})$
坐标化
$A(x_1,y_1)$，$B(x_2,y_2)$，$C(x_3,y_3)$，$G\left(\frac{x_1+x_2+x_3}{3},\frac{y_1+y_2+y_3}{3}\right)$
平方或数量积
平方
与垂直向量做数量积运算
余弦定理
正弦定理
边角关系：①三角不等式 ②柯西不等式
特殊化
勾股定理

从上页图上可以看出,该探究活动是一个由点成线,彼此连接,继而成网的过程。

学生的初始探索,有从线性运算开始的,也有从数量积运算开始的,经过小组讨论,班内交流,互相借鉴,将两种运算联合起来进行。一开始学生提出问题是凭直觉,并没有理性地应用研究视角,随着不断地推进,才开始梳理成果,逐步走向理性,这时数学研究视角的指引作用就能发挥,这时候才能看到数学探究中理性思维的重要作用。

那么如何利用研究视角引导学生进行探究呢?朴素的做法就是让学生利用向量法,对三角形中的元素及相关元素进行计算。

3. 准确定位数学探究活动的教学目标,合理选择适合的探究深度

数学探究做到什么程度,是不是一定要把上页图中的结论都探究出来?《课程标准(2017 年版)》指出,目的是"引导学生完成探究、发现、证明新问题的过程,积累数学探究的经验"。

"在数学建模活动与数学探究活动的教学评价中,应引导每个学生都积极参加,可以是个体活动,也可以是小组活动。教学活动包括,对于给出的问题情境,经历发现数学关联、提出数学问题、构建数学模型、完善数学模型、得到数学结论、说明结论意义的全过程;也包括根据现实情境,反复修改模型或者结论,最终提交研究报告或者小论文。无论是研究报告还是小论文,都要阐明提出问题的依据、解决问题的思路、得到结论的意义,遵循学术规范,坚守诚信底线。可以召开小型报告会,除了教师和学生之外,还可以邀请家长、有关方面的专家,对研究报告或者小论文作出评价。可以把学生完成的研究报告或者小论文以及各方评价存入学生个人档案,为大学招生提供参考。"

可见对其评价并没有关于知识点的,重在探究经验。

因此组织数学探究以及数学建模活动,重要的是结合学生的实际,展开真正的探究活动。或许学生只类比中线的探究完成了一个对垂直平分线的探究,只要他真实地做了,就能感悟到数学探究的价值和乐趣。或许这就是一个新的起点,可以让他从此爱上数学,学好数学。

说明:本文中所述案例的视频可以在"研直播"上找到。标题是"普通高中新课程学科教学观摩研讨与培训交流活动·立足素养　深耕课堂"。时间是 2021 年 4 月 8 日—10 日。

执笔人:山西省教育科学研究院　薛红霞

太原市第五中学校　刘晓瑜

教学思考

“数学探究”课的课堂实施探索

——以“用向量法研究三角形的性质”为例

在《课程标准(2017年版)》中将“数学建模活动与数学探究活动”列为高中数学的四条主线之一,说明其重要性。但在日常教学中,老师们并没有十分重视这条主线,相反,却忽视了它的存在。据了解,有相当一部分老师将它看作是教科书中的阅读材料,教学时会跳过这些内容,不予理睬。那么,这条主线到底值不值得作为教学内容?如何在课堂上进行具体实施教学?山西省教育科学院在山西省实验中学精心组织了一次关于新课程新教材的教学观摩研讨活动。在活动中,由山东省实验中学与山西省实验中学的两位老师分别进行了“用向量法研究三角形的性质”数学探究课第一、二课时的教学,通过这次活动,给了我们肯定的答案,并且引发了我们对数学探究活动更多的思考。

一、“数学探究”解读

1. 在课程标准中的定位

在《课程标准(2017年版)》中,将“数学建模活动与数学探究活动”作为高中数学课程内容的其中一主线,也是高中阶段数学课程的重要内容;数学探究活动是运用数学知识解决数学问题的一类综合实践活动。

具体来说,数学探究活动是围绕某个具体的数学问题,开展自主探究、合作研究并最终解决问题的过程。

具体表现为:发现和提出有意义的数学问题,猜测合理的数学结论,提出解决问题的思路和方案,通过自主探索、合作研究论证数学结论。

2. 在教科书与教师教学用书中的教学要求

(1)活动内容——探究一个具体的,具有一定综合性、复杂性的数学问题。

(2)活动性质——运用数学知识发现、提出数学问题并解决问题。

(3)活动形式——以课题研究的形式开展,包括选题、开题、做题、结题四个环节。

(4)活动要求——以独立探究和小组合作相结合的方式开展探究活动。

(5)活动步骤——小组集体讨论探究方案,确定研究思路;小组成员各自开展独立探究,并以专题作业的形式撰写研究报告;小组内进行交流讨论,完善研究成果,并形成一份小组研究报告;全班进行成果交流、评价。

(6)教学过程——确定课题、撰写开题报告、解决数学问题、撰写研究报告、研究报告的交流与评价。

(7)课时安排——必修课程中3个课时;选择性必修课程中2个课时。在必修与选择性必修课程中,要求学生各完成其中的一个课题研究。

3. 人教A版教科书中对数学探究的安排

(1)用向量法研究三角形的性质(必修第二册);

(2)杨辉三角的性质与应用(选择性必修第三册)。

二、“数学探究”课堂实施探索

对于“数学探究”课的教学,大部分老师没有经验,因此,到底怎样在课堂上有效地实施教学,经过“用向量法研究三角形的性质”这个案例的实践,逐渐对“数学探究”课有了一定的认识。

1. 数学探究课要反映出数学探究的特点

数学探究活动重点是“探究”,因此,在整个活动中一定要围绕“探究”做文章,而且要做足文章。开始由老师带领同学一起体验“探究”的过程,比如,用向量法研究三角形的性质,在放手让学生探究之前,老师一定要做好铺垫工作,其实从用向量法推导正弦、余弦定理就已经开始了“探究”工作,甚至于“在平面几何中的向量方法”中也早已用向量法研究了三角形的中位线性质,再加上对勾股定理与重心的相关性质的研究,有了这些探究的过程,学生应该已经掌握了探究的方法。接下来,在教学中,应该把大量的时间和机会留给学生,充分展示学生自主探究的过程,对于一些有难度的问题可以由小组共同探究,甚至于老师也可以参与其中,适当地进行启发、引导。

2.“数学探究”课中师生的角色定位

通过对“数学探究”课的实践,我们发现,在探究活动中,教师的角色不能像平时在上概念课、定理课、习题课时的状态,是课堂的领导者、权威者,决定着课堂的发展趋势。数学探究课由于研究内容的综合性、复杂性,决定了研究方案、思路、方法的多样性,因此,需要学生展示的机会更多,教师应从领导者的角色转换为引导者的角色,或者是合作者、参与者,也可以是《普通高中教科书数学》(人教A版)的主编章建跃所说的“导演”角色。

将时间归还给学生,让学生真正成为学习的主体者。有人说,这样老师们是不是就轻松了，只负责点评学生的展示内容就可以。实际上，并非如此。相反，老师有更多的工作需要完成，首先，在学生探究之前，老师要深入研究探究内容，厘清知识间的逻辑关系，比如，对于“用向量法研究三角形的性质”探究课，老师自己先要清楚一系列的问题：什么是向量法？向量法的核心是什么？三角形的性质有哪些？如何分类？初中证过哪些性质？哪些性质用向量法容易证明？哪些性质更有研究的价值？等等。其次，还要清楚探究中哪些环节适合学生独立研究，哪些环节适合学生合作研究。此外，还要组织、引导学生进行选题、开题、做题、结题等环节，为活动的顺利完成保驾护航。

在活动中，教师要充分信任学生，敢于对学生放手，在课上、课下把时间真正还给学生，充分发挥学生的主体性，这样，学生的学习就会由原来被动接受知识的过程变为主动探究知识来龙去脉的过程。学生对知识的探究成为现实，就可以让学生在落实基础知识、基本技能、基本方法的基础上，还能获得丰富的活动经验，也使我们的教学由知识符号型教学转变为学生的探究活动式的深度教学。这正符合《国务院办公厅关于新时代推进普通高中育人方式改革的指导意见》对深化课堂教学改革所提意见：积极探索基于情境、问题导向的探究式课堂教学，提高课堂教学效率，培养学生学习能力。

3. 从单元角度设计研究方案，课上、课下联动展开教学

《课程标准（2017 年版）》中强调，由于数学学科核心素养的发展具有连续性和阶段性，因此，在数学探究活动中应整体设计、分步实施，应从单元角度进行设计研究方案。基于以上认识，下面简单介绍“用向量法研究三角形的性质”单元的教学设计方案。

这个内容教师教学用书中建议用 3 个课时完成教学任务，那么具体 3 个课时教学任务可以按照下面的步骤进行安排：

第一课时的主要任务：课上教师要介绍基本研究过程；然后通过示例让学生感受探究的具体过程，包括如何发现问题、提出问题、分析问题、解决问题的全过程；课下自己先独立思考，提出问题，接着小组交流，整理问题，填写开题报告。

第一课时课下任务：学生自主提出要研究的问题，针对问题提出猜想，并进行论证，学生尽可能多地提出问题，展开研究，并及时在组内进行交流。

第二课时的主要任务：课上先小组讨论，之后分别展示其探究的阶段性成果，包括提问题的思路、问题的分类、接下来打算用什么方法解决问题，其他小

组进行评价。

第二课时课下任务：根据问题进行论证，解决问题，并通过小组讨论得出结论。在此基础上可能还会提出更多值得研究的问题。

第三课时的主要任务：课上各组分别展示小组成果，其他小组成员或外请人员提问题并做出评价。

第三课时课下任务：完善各自的成果，完成结题报告。

事实上，在“用向量法研究三角形的性质”的数学探究活动中，学生课下所用的时间远远超过课上所用时间。而且三节课之间相隔时间较长，给学生留下了充足课下自主研究的时间。只有这样才能确保学生真正沉浸到探究中。

三、数学探究的价值思考

1. 数学探究与解题的关系

根据数学探究活动的内涵可知，数学探究其实就是解决某个具体数学问题的过程，正如罗增儒教授所著《数学解题学引论》（第4、5、6页）中指出：数学教学中的问题也叫做题，可以分为练习型和研究型，练习型的题具有教学性，它的结论为数学家或教师所已知，其之所以成为问题仅相对于教学或学生而言，包括一个待计算的答案、一个待证明的结论、一个待作出的图形、一个待判断的命题、一个待解决的实际问题等；研究型的题具有学术性，它的结论对于数学和数学家都是未知的，其中既有数学自身理论发展的认知题，又有应用数学理论解决实际问题的应用题。解题就是“解决问题”，大至一个数学课题得出肯定或否定的结论，因此，数学探究本身就是一种解题过程。另一方面，他指出：现代兴起的“问题解决”比传统意义上的“解题”有了很大的发展，传统意义上的“解题”注重结果、注重答案，而现代意义的“问题解决”则更注重解决问题的过程、策略以及思维的方法，“问题解决”是一个发现的过程、探索的过程、创新的过程，这不正是数学探究的过程吗？因此，数学探究与解题有着一种十分密切的关系。

2. 数学探究对高考有没有帮助

有的老师会想，平时我们的课时那么紧张，高考内容还讲不完，哪里有时间对数学探究进行教学，进行研究，它对高考有什么帮助？其实，如果我们认认真真按要求、引导学生真正体验数学探究的全过程，在探究过程中使学生积累一些活动经验，对培养学生自主探究的学习习惯是非常有帮助的。通过这些数学探究活动，还可以提高学生发现问题、提出问题、分析问题、解决问题的能力,这些能力不正是高考需要考查学生的能力吗?正如学生完成“正方体截面的探究”活动之后的感言:“秒杀高考题!”

3. 数学探究的育人价值

数学探究活动不但对高考有帮助,最主要的是,如果长期让学生进行一些数学探究活动,真正地提升学生的数学思维,潜移默化地发展学生的数学学科核心素养,使他们会用数学的眼光观察世界,会用数学的思维分析世界,会用数学的语言表达世界,实实在在地做到数学育人。

当然,通过这两次的数学探究活动的探索,我们发现,数学探究活动有着很大的育人价值,但同时也注意到老师们对数学探究的理解还存在着不少的问题,需要下大力气进行研究,就像章建跃博士所说,理解数学、理解学生、理解教学、理解技术的水平是教师专业水平和育人能力的集中体现,是提高数学教学质量和效益的决定性因素,也是有效地提升学生数学学科核心素养的必备条件(《高中数学教材编写研究》章建跃、李海东主编,人民教育出版社,2020. 12 第 17 页),因此,我们还需要加强研究、深入理解,争取早日引导学生进行有意义的数学探究活动。

执笔人:山西省太原市成成中学校　谢永清
山西省太原市第五中学校　王萍
山西大学附属中学校　宋文霞

五、“一般观念”指导下的数学文化课

案例 11　走进历史,理解“对数”

——“对数的起源与应用”的教学设计实践与反思

一、设计:优化史料,凸显目标

1. 选题原因

(1)高考评价体系的要求

在《中国高考评价体系》“一核”“四层”“四翼”中,数学学科的学科素养可凝练为“理性思考、数学应用、数学探索和数学文化”。数学应用要学生了解数学发展对国家经济社会发展、科学技术进步、生产生活实际的推动作用,并运

用知识、能力和素养去发现问题，解决问题。数学文化是要了解中外数学发展历史中的数学成就，感受数学对历史进程的推进，明确学习数学的重要意义，发展数学思维，涵养数学哲学思想，尤其是认识中国古代灿烂的数学成就，增强民族自豪感。

（2）新教科书

《普通高中教科书数学必修第一册》（人教 A 版）中安排了一节阅读与思考——《对数的发明》。对数的发展历程是数学发展史上一段令人惊奇的篇章，研究对数的发展历程不仅有利于学生更加彻底地认识对数及其运算，而且能体会数学家在数学运算上对美的追求。

（3）《课程标准》要求

《课程标准》在提及数学文化时，肯定了数学文化在数学教育中的重要作用，如促进数学理解，改变学生的数学观，培养处理现实问题的思维。同时，针对我国对数学史，数学和人文艺术所反映的人文价值的重视不够，要求加强国民对数学人文价值的认识。

本节"对数的起源与应用"就是在内容和形式上了解对数发展的历史演进过程，体会对数对大数乘除运算的简化，感受对数发展的历史脉络；借助对数发展过程中的研究结果，进行一些简单的运算，认识数学学科的发展对其他学科的影响，尤其对天文学的帮助，体会数学应用的广泛性。

2. 史料整理

（1）预设资料目标，体现对数优越性

为体现对数在大数乘除上的优越性，最好是呈现对数对天文学进程的推动作用。在搜集资料时，不仅要关注对数的发展时间线和关键节点，同时还要注意天文学在相同时间线的发展进程。所以，搜集资料是要从数学和天文学两个方向搜集。

（2）整合史料，追加对数练习

第一次整理资料时，首先将对数的时间线与天文学的时间线合并，发现开普勒在计算开普勒第二、第三定律时，与瑞典钟表匠比尔吉交往甚密，并用到了比尔吉的对数计算表，大大提高了发表开普勒定律的速度，可见对数计算对天文学的帮助。另外，统计了在对数提出之前，天文学提出重要天文结论之间的时间间隔。两相对比，可以更好地感受对数的魅力。

资料合并之后，为了体现对数的计算，在设计学案时，引入了一些与对数有关的高考真题,目的是体现高考的导向。但是,这些问题与对数的发展其实毫不相干,之后进行了修改。

(3)凸显目标,去繁就简

为了将对数的发展更好地呈现给学生,让学生更加深入地了解对数,体会对数对天文学的帮助,凸显数学文化在本节课的地位。首先,将材料分成三个部分,分别是:对数思想的萌芽、对数的完善和对数的影响。其次,将之前补充在最后的高考真题去除,并在对数发展的每个小节中设计了与阅读材料有关的问题,通过这些问题,让学生加深对本节阅读材料的认识。

3. 练习题目的选取与编制

为加深学生对阅读材料的认识,需要设计一些简单的练习。

在最初设计教学时,安排了一些高考真题,比如:

基本再生数 R_0 与世代间隔 T 是新冠肺炎的流行病学基本参数。基本再生数指一个感染者传染的平均人数,世代间隔指相邻两代间传染所需的平均时间。在新冠肺炎疫情初始阶段,可以用指数模型:$I(t)=e^{rt}$ 描述累计感染病例数 $I(t)$ 随时间 t(单位:天)的变化规律,指数增长率 r 与 R_0,T 近似满足 $R_0=1+rT$。有学者基于已有数据估计出 $R_0=3.28$,$T=6$。据此,在新冠肺炎疫情初始阶段,累计感染病例数增加 1 倍需要的时间约为($\ln 2\approx 0.69$)　　(　　)

A. 1.2 天　　B. 1.8 天　　C. 2.5 天　　D. 3.5 天

虽然这种题具有一定的代表性,也确实使用到了对数计算,但是与本节课的阅读材料完全割裂开来,这种题目完全只是为服务考试而出的。

本节课是要学生阅读数学发展史,那么相应的练习也就要服务于数学史的落实。因此,根据阅读材料内容的不同,设计了三个层次的练习:

练习一,针对对数思想的萌芽,设计了简单的数的乘除,目的是理解阅读材料中数的乘除与加减法之间的对应。

练习二,针对对数的完善,设计了使用对数表计算大数的乘除,目的是体会对数发展过程中数学家对简化计算的不断追求,感受数学美。

练习三,针对对数对天文学的巨大推动作用,设计了利用对数计算解决天文问题的情境题。

阅读材料的练习不仅要紧扣阅读材料的内容,更要对学生理解阅读材料有所助益。练习的目的不能仅仅服务于考试,更多的是要服务于数学史思想的落实。

二、实践：角色矫正，真实穿越

1. 核心问题一

思考阿基米德和史蒂非在计算大数的乘除法时，所用到的表格是如何建立和使用的。同学们自主阅读材料，并解决该问题。

教学设计如下：

对数思想的萌芽

对数的基本思想可以追溯到古希腊时代。早在公元前500年，阿基米德就研究过几个10的连乘积与10的个数之间的关系，用现在的表达形式来说，就是研究了这样两个数列：

1	10	100	1 000	10 000	100 000	…
0	1	2	3	4	5	…

他发现了它们之间有某种对应关系。利用这种对应可以用第二个数列的加减关系来代替第一个数列的乘除关系。阿基米德虽然发现了这一规律，但他却没有把这项工作继续下去，失去了对数“破土而出”的机会。

2 000年后，一位德国数学家对对数的产生作出了实质性贡献，他就是史蒂非。1514年，史蒂非重新研究了阿基米德的发现，他写出两个数列：

0	1	2	3	4	5	6	7	8	9	10	11	…
1	2	4	8	16	32	64	128	256	512	1 024	2 048	…

他发现，上一排数之间的加、减运算结果与下一排数之间的乘、除运算结果有一种对应关系，例如，上一排中的两个数2，5之和为7，下一排对应的两个数4，32之积128正好就是2的7次方。实际上，用现在的话说，下一排数以2为底的对数就是上一排数，并且史蒂非还知道，上一排数的乘法、除法运算，可以转化为下一排数的加法、减法运算。

就在史蒂非悉心研究这一发现的时候，他遇到了困难。由于当时指数概念尚未完善，分数指数还没有认识，面对像17×63，$1\ 025\div33$等情况就感到束手无策了。在这种情况下，史蒂非无法继续深入研究下去，只好停止了这一工作。但他的发现为对数的产生奠定了基础。

【练习一】

(1)计算 16×64 的值;

(2)计算 2 048÷64 的值;

(3)请用对数或指数的知识去解释以上计算过程。

2. 课堂实践

学生很快完成了前两个,他们认为很简单。有学生用的是小学学习的列竖式,也就是我们平常计算乘法的一般方法;有学生用的是初中学习的同底数幂的乘法,即 $16\times64=2^4\times2^6=2^{10}=1\ 024$;还有学生用的是材料中计算乘法的方法,通过查表可得,表格第二行中 16 与 64 分别对应第一行中的 4 和 6,然后求和得 10,再去找第一行中 10 对应的第二行的数 1 024 即可。

结束之后,学生用指数或对数的知识解释了学生的第三种方法:由 $4=\log_2 16$,$6=\log_2 64$,可得 $4+6=\log_2 16+\log_2 64=\log_2(16\times64)$,即 $16\times64=2^{10}=1\ 024$。

学生在课堂上逐步将自己现代所学的计算方法搁置,使用当时的计算体系。在这样的计算过程中,学生去掉了现代的角色,经历了当时数学家的计算思路。

3. 核心问题二

布里格斯对对数的完善主要针对对数的什么部分?为什么要对对数进行这样的完善?学生阅读材料二,解决该问题。

教学设计如下:

对数的完善

纳皮尔的对数著作引起了广泛的注意,伦敦的一位数学家布里格斯于 1616 年专程到爱丁堡看望纳皮尔,建议把对数作一些改进,使 1 的对数为 0,10 的对数为 1,等等,这样计算起来更简便,也将更为有用。次年纳皮尔去世,布里格斯独立完成了这一改进,就产生了使用至今的常用对数。1617 年,布里格斯发表了第一张常用对数表。1620 年,哥莱斯哈姆学院教授甘特试作了对数尺。

在计算机出现以前,对数是十分重要的简便计算技术,曾得到广泛的应用。对数计算尺几乎成了工程技术人员、科研工作者离不了的计算工具。直到 20 世纪发明了计算机后,对数的作用才为之所替代。但是,经过几代数学家的耕耘,对数的意义不再仅仅是一种计算技术,而且找到了它与许多数学领域之间千丝万缕的联系,对数作为数学的一个基础内容,表现出极其广泛的应用。

【练习二】

(1)查阅常用对数表,计算 lg 1. 21,lg 121,121×1 760,176÷121;

(2)查阅常用对数表,计算 565^2,$234^{\frac{1}{2}}$,$123^3\times456^4$,$\frac{123^3}{456^2}$。

4. 课堂实践

在下表中,学生很快找到了 1. 21 的常用对数值,但是在求 121 的常用对数时,在表格中无法找到,这时有学生提出可根据 1. 21 的常用对数与 100 的常用对数,求出 121 的常用对数值为 2. 082 8。

N	0. 00	0. 01	0. 02	0. 03	0. 04	0. 05	0. 06	0. 07	0. 08	0. 09
1. 2	0. 079 2	0. 082 8	0. 086 4	0. 089 9	0. 093 4	0. 096 9	0. 100 4	0. 103 8	0. 107 2	0. 110 6
2. 1	0. 322 2	0. 324 3	0. 326 3	0. 328 4	0. 330 4	0. 332 4	0. 334 5	0. 336 5	0. 338 5	0. 340 4
4. 5	0. 653 2	0. 654 2	0. 655 1	0. 656 1	0. 657 1	0. 658 0	0. 659 0	0. 659 9	0. 660 9	0. 661 8

在计算 121×1 760 时,同理可找到 1 760 的常用对数值 3. 245 5。由 2. 082 8+3. 245 5 = 5. 328 3,在对数表中查找 0. 328 3 对应的数,给这个数乘 10^5 即可求得 121×1 760 的值。

但是在对数表中,查找 0. 328 3 时,只能找到与它接近的 0. 328 4。这时,由教师提出在没有计算器的年代进行计算时,计算能够达到一定的精度,就足够了。况且在这么短的时间内能够完成这样的计算,可以节省科学家很多的时间。所以在使用对数表时,可以进行这样的替换。如果想进行更精确的计算,那么就要使用精确度更高的对数表。

有学生提出把估算的结果与实际结果进行对比,观察误差的大小。对比可得,121×1 760≈213 000,而 121×1 760 = 212 960,两个结果很接近。所以在一定精度范围内,可以使用常用对数表来计算乘除。

在计算 $123^3\times456^4$ 时,先查找 123^3 对应的数,同样可以先用 $\lg 123^3=3\times\lg 123=3\times(\lg 1.23+2)=6.2697$,同理可得 456^4 对应的数为 10. 636,由 6. 269 7+10. 636 = 16. 905 7,在对数表中查找 0. 905 7 对应的数 8. 05,乘 10^{16} 得 8.05×10^{16}。

对于已经拥有先进计算设备的学生来说,了解之前的数学家是如何在没有计算器和电脑的情况下进行复杂运算是一件很必要的事,其中不仅能感受到数学家个人对数学发展的推动作用，同时还能感受数学家们孜孜不倦的钻研精神。数学史的阅读，就是让学生要“识其人，感其事，同其心”，这样具有代入感的数学阅读能够让学生更加生动地认清数学，理解数学，甚至爱上数学。

5. 课后作业

(1)阅读完成材料三，并参照实际数据进行对比，体会对数在天文计算上的简化作用。

(2)阅读教科书 p157 的《文献阅读与数学写作》，查阅与对数有关的文献，自己选题，写一篇数学小论文。

对数的影响

对数的发展绝非一人之功。首先要提到的是 16 世纪瑞士钟表匠比尔吉，当他结识了天文学家开普勒，看到开普勒每天与天文数字打交道，数字之大、计算量之繁重，真的难以想象，于是便产生了简化计算的想法。

从 1603 年到 1611 年，比尔吉用了八年的时间，一个数一个数地算，造出了一个对数表，这个对数表帮了开普勒的大忙。开普勒认识到了对数表的实用价值，劝比尔吉赶快把对数表出版，比尔吉认为这个对数表还过于粗糙，一直没下决心出版。

正在比尔吉犹豫不定的时候，苏格兰纳皮尔 1614 年 6 月在爱丁堡出版了《奇妙的对数定律说明书》，这个对数表的出版震动了整个数学界。

【练习三】

(1)地球绕太阳旋转的轨道是一个近似的圆，设太阳位于轨道圆的圆心，日地距离约为 15 000 万千米，地球绕太阳公转一天经过的路程约为 257 万千米，则太阳与地球的连线一天内扫过的面积约为多少平方千米?

(2)开普勒第三定律(Kepler's third law of planetary motion)又称周期定律，是指绕以太阳为焦点的椭圆轨道运行的所有行星，其各自椭圆轨道半长轴 a 的立方与周期 T 的平方之比是一个常量 k $\left(即\frac{a^3}{T^2}=k\right)$。现假设地球绕太阳公转与火星绕太阳公转的轨道都是近似的圆，且两者绕太阳的轨道半长轴可近似地看作圆形轨道的半径，地球绕太阳公转的半径约为 14 960 万千米，火星绕地球公转的半径约为 22 794 万千米，请大家估算火星绕太阳公转一周的时间约为多少天?

为了更好地发挥数学学科育人功能，突出学科内容的本质，体现数学思想方法，培养数学能力，发展学生的核心素养。在对数整章中，教科书比较注重数学知识的背景与应用。同时，在教科书的“文献阅读与数学写作”中，也引导学生去搜集整理对数概念的形成与发展资料，体会对数对数学和社会的推动作用。

三、反思：面向未来，大胆改革

1. 面向学生的反思

（1）什么是数学文化？

数学文化迄今为止尚未有统一的定义，但有不少学者都给出了自己的见解。“数学文化”一词是由美国数学家怀尔德在《作为文化体系的数学》一书中提出的。顾沛认为，“数学文化”一词的内涵，简单来说，是指数学的思想、精神、方法、观点，以及它们的形成和方法；广泛来说，除上述内涵外，还包含数学家、数学史、数学美、数学教育、数学发展中的人文成分、数学与社会的联系、数学与各种文化的关系，等等。方延明指出，数学文化是一种外延广泛的学科，涉及文学、史学、哲学、经济、语言、高科技等多种学科。

（2）什么是数学阅读？

真正的数学阅读不是单纯的读数学故事，数学阅读是数学、科学、人文艺术等的整合阅读，基于核心素养的数学阅读关注的是学生运用数学知识、技能、思想方法和活动经验对阅读材料进行数学化的这个过程。在这个过程中，学生要理解其中所蕴含的数学知识、方法、思想和精神，并应用到数学或实际情境中。本节课数学阅读能力体现在：①通过对数思想的萌芽，读懂什么叫对数；②在对数完善过程中，我们通过对数简化计算；③在对数的影响中，我们去解决真实的天文问题。

（3）为什么要进行数学文化教育和数学阅读？

试验版课程标准在内容标准部分，将数学探究、数学建模与数学文化作为独立的部分呈现，阐述了各自的内涵、教育价值，并提出了要求，但是并未独立设置内容和课时，因此在实施过程中往往流于表面，达不到要求。

刘洁民提到数学文化在数学教育中起到了促进数学理解，改变学生的数学观，培养处理现实问题的思维等。由此可见，数学文化教育是亟待解决的一个问题。

数学阅读是高中阶段进行数学文化教育的一个重要抓手。在本节课中，可以发现部分学生在解决问题时,不能较好地利用材料中涉及的数学思想方法解决问题,用到的方法仍然是学生自己计算体系中的旧方法。这就是学生阅读能力弱的一个表现。此外,在过去的教学中,教师习惯于教学生怎样解题,而忽视了怎样读题,学生的数学阅读能力完全取决于自身的阅读理解能力。在新的高考评价体系中,高考的考查要求分别提到了基础性、综合性、应用性和创新性。基于此,未来的高考势必会引入更多学科综合、学科前沿的应用性问题,因此,对学生的数学阅读能力提出了更高的要求。同时,在进行数学阅读的过程中,学生对对数的理解会更加深入,对数学的发展与现实世界的发展的同步性会有更多的思考和认识。

(4)如何渗透数学阅读的习惯?

数学阅读与一般的文学阅读是不同的,数学阅读要求从大量的数学材料中甄别出关键的数学信息,结合自身的数学知识、技能、思想方法和活动经验,找到问题与史料之间的联系性,然后用数学去解决问题。为了更好地培养学生数学阅读的习惯,教师需要选取一些具有特色的数学材料,定期地进行数学阅读练习,或者引导学生自己阅读课内或课外的数学材料,整理之后,在班级内作简单的展示、汇报和交流。

2. 面向教师的反思

(1)查阅资料的能力

在目前强大的搜索引擎帮助下,教师查阅相关资料的难度不高。但很多时候,由于对所查询的目标资料不够明确,导致花费时间较多,资料杂乱。因此在查询时,第一要确定资料目标和资料类型;第二根据不同的资料类型,选择合适的搜索网站或者软件进行查阅。

(2)资料整理和整合的能力

在第一手资料的基础上,要根据自己的教学目标和学生的能力,整理出一条主线,然后围绕主线进行相应的完善。对于一些视频资料要进行合理地剪辑,保留最需要的部分。

(3)对数学文化的课型的一点认识

数学文化课是为学生创设一个穿越的情境,让学生经历过去的历史,体会数学在历史中所扮演的角色。在这个情境中,教师可以根据历史的发展提出一些可能在历史中出现的问题,或者亟待解决的问题。在课堂上,学生体验历史情境,并解决问题。数学文化对学生在知识上的理解有很好的促进作用,培养处理现实问题的思维，甚至改变学生的数学观。

案例分析

《课程标准》指出要在四大主线中渗透数学文化，教科书多处设置了相关的素材供学生阅读，以及“文献阅读与数学写作”促进学生展开研究。但在实际教学中这些都是被忽略的。上述案例的设计几易其稿，终于从做题中跳出来，真正尝试了一次数学文化的教学。

1. 一般观念指引准确把握课型定位

关于数学文化的课，研究内容是什么？研究视角是什么？研究程序是怎样的？必须思考清楚这三个问题。

这三个问题的答案在如上“面向学生的反思”中均已回答。不再赘述。

2. 跳出应试去应试

高考考解题，于是教学的重点就是解题，却不顾及解题需要哪些储备。从课堂上学生的反应就可以看出来，对于【练习一】，学生不关注题意，直接用小学或者初中的知识去求解，目标直击答案，却不管题目出现的背景和要求。

对于数学文化的考查也是这些年的热点，因此在设计的初稿中也选择了近年的经典高考试题。但显然与所学习的史料没有实质性的关联。

如上种种情况都反映出现在教学中存在的问题。

经过反复地修改，终于跳出了应试的圈圈，沉下心来，单纯地去做数学文化的研究，并设计了与史料学习深度融合的题目，即如上的3个练习。

这样不同常规套路的题目的出现，非常有助于判断学生的阅读习惯，让学生切实感受到他在这方面存在的问题。如果能长期这样训练，首先可以提升学生的阅读伊始的关注点，继而提升其获取信息的能力。这样的能力正是高考需要的。

执笔人：太原师范学院附属中学　赵浩浩
山西省教育科学研究院　薛红霞
太原师范学院附属中学　薛翠萍

六、“一般观念”指导下的单元——课时教学设计

案例 12 任意角和弧度制

一、内容和内容解析

1. 内容

本单元内容包括第五章章头图与章引言，5. 1 中的任意角的概念，象限角的概念，终边相同的角的概念，引入弧度制的必要性，弧度的概念，弧度与角度的换算。

本单元安排 2 课时。第 1 课时：章头图、章引言及 5. 1. 1 中的任意角；第 2 课时：5. 1. 2 中的弧度制。

2. 内容解析

章引言简单介绍了本章将要学习的主要内容是三角函数，列举的大量现实生活中周期变化现象说明了三角函数是刻画周期现象的一种函数模型，既然研究的是函数，就可以类比前面所学过的函数，得到基本的研究路径和方法，使学生对即将要学习的内容有一个初步的整体认识。另外，大量的周期变化现象，还可以引导学生从“刻画周期现象的数学模型”的角度来认识三角函数，使学生从学习之初就建立起从数学模型的角度看三角函数的意识，不断地提升学生的数学建模核心素养。

任意角和弧度制的引入，建立了角的集合与实数集的一一对应关系，为学习任意角的三角函数奠定了基础，是刻画圆周运动的预备知识。

角虽是一个几何图形，但它具有可量化的部分，因此必然存在着度量与运算的问题。

对于角的概念推广，因为学生过去接触的角都在 0°～360°范围之内，但在现实生活中有大量的关于角的例子都超出了这个范围，要想描述清楚这些角，就要从动态的角度重新定义角的概念。实际上，我们很容易认识到一般的角是“转”出来的，要准确刻画一个角，必须知道两个方面：一是旋转方向；二是旋转量。旋转量的大小可以在角度制的基础上进行推广，而旋转方向需要利用已有的“通过符号代表方向”的经验加以解决。用符号表示方向，在数学中是

常用的、重要的。

动态地定义了角的概念以后，很自然地就会知道，两个角相等必须需要旋转方向与旋转量均相同了。这就是定义一个对象，必须明确对象的集合中怎样的两个元素是“相同的”，这也是后续研究的基础。

角的范围扩展到任意角后，角的运算的意义也随之得到扩展。就像将数轴上左右运动与实数的代数和统一起来一样，我们把角的终边的顺时针、逆时针旋转与角的加法联系起来，可以定义角的加法、相反角、减法，并将加减运算统一。需要注意的是，将角 α 的终边绕原点旋转任意角 β，无论顺时针转还是逆时针转，终边所对应的结果都是 $\alpha+\beta$，其原因是 β 带有符号，符号就表示了角的旋转方向。

引入象限角概念，将角放在一个统一的标准下进行讨论，从而使角的表示统一化、标准化、简单化，更重要的是使任意角成为刻画周而复始现象的数学工具。

终边相同的角可以看成是具有特殊关系的象限角，这些角有“始边、终边都相同”的共同特征。这一定性特征如何量化？一般而言，具有相同特征的事物一定有内在联系，数学要研究这种联系在数、形上如何表达，特别是要追求精确的量化表示。从定性到定量是研究数学问题的基本策略。在研究终边相同角的概念时用到数形结合、从特殊到一般、从具体到抽象、通过运算发现规律等，这是数学地探索事物性质的普遍方法。通过这样的探索，可以提升学生的数学抽象、直观想象等核心素养。另外，有了终边相同的角的表示，就可以非常方便地得出三角函数的诱导公式一。

为什么要引入弧度制？主要原因是：满足函数定义的要求，简化运算的需要，等等。

事物数量的度量是一个基本问题，度量可以使用不同的进位制。例如，物体的质量可以公制、市制、金衡制、常衡制，等等。角度制是六十进制，引入弧度制的理由之一是：函数的定义要求定义域、值域都是实数集，所以必须建立起一个度量角的十进制，才能满足要求；之二是：引入弧度制后，三角函数与其他函数就可以进行运算，可以极大地拓展三角函数的应用范围。实际上，引入弧度制的必要性要在后续的数学分析中才能完全体现出来。

把握任何度量制，对度量单位的理解是根本。弧度制是用圆的弧长来度量角的大小。如图 1,$\overset{\frown}{PP_1}$ 和 $\overset{\frown}{QQ_1}$ 所对圆心角都是 α,但它们的弧长显然不等,是与半径相关的。结合弧长公式 $l=\frac{n\pi r}{180}$(其中 n 是圆心角 α 的度数),可以发现$\frac{l}{r}$随 α 的确定而唯一确定。于是利用圆的弧长与半径的关系度量圆心角,把长度等于半径的圆弧所对的圆心角的大小定义为 1 弧度。

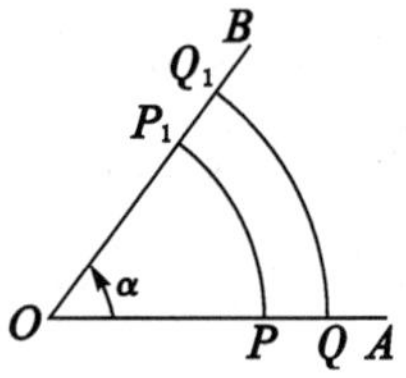

图 1

定义弧度制之后,对于角的度量就有了两种办法,两种度量的结果是可以相互转化的,转化的基本依据就是:$360°=2\pi$ rad,即 $180°=\pi$ rad。

类比、联系、推广、化归等是数学研究中的常用方法,本单元努力引导学生学习这些方法。例如,通过类比实数的加减法运算定义角的加减法运算;通过类比长度、质量的不同度量单位引入弧度制。这些方法都使得学生不断地学会用数学的方式进行研究,在一定程度上可以帮助学生提升逻辑推理核心素养。

3. 教学重点

将 0°~360°范围的角扩充到任意角;终边相同的角的集合;弧度制;弧度与角度的换算。

二、目标和目标解析

1. 单元目标

(1)了解任意角的概念和弧度制;

(2)能进行弧度与角度的互化;

(3)体会引入弧度制的必要性。

2. 目标解析

(1)对于给定的一个任意角,学生能说出旋转方向及旋转量,并能在直角坐标系中作出该角;对于两个角,会判断它们是否相等或是否为相反角,如果相加、减后,从数量上,知道结果是正角、负角或零角,从图形上,还能解释是通过怎样的旋转得到的;能够像熟悉的质量、长度等有不同单位制一样,知道弧度制是角的另外一种度量制,能准确描述 1 弧度角的概念。

（2）能说出两种度量制之间的换算关系是 $180^\circ=\pi\ \text{rad}$，并能准确进行角的两种度量之间的转化。

（3）能说出引入弧度制的初步原因：其一是三角函数作为函数，必须满足“实数集到实数集的对应”这个条件；其二是可以简化运算，比如，弧长公式和扇形的面积公式在弧度制下变得比较简单。

三、教学问题诊断分析

1. 问题诊断

（1）就像数的扩充与推广一样，从自然数到整数，整数到有理数，有理数到实数，实数到复数，等等，每一次扩充与推广都与学生以前的认知产生矛盾，原本对前面知识的认识与接受可能就经历了不平凡的过程，这就使得打破学生认知的定势难上加难。通过初中的学习，学生对角的认知基础是：由一个顶点出发的两条射线所构成的图形，是静态的，而且范围在 $0^\circ\sim360^\circ$ 之间的角。现在的角是通过旋转形成的图形，是动态的，但旋转后又是静态的，想知道它表示的角是正角还是负角，就必须知道它的旋转方向。另外，当角的始边与终边确定，旋转方向也确定，这样的角还会有无穷多个，也就是说，要想确定这个角的大小，还得知道它的旋转量。这些都造成了学生的认知困难。

（2）在对终边相同角的认识上，因为学生对于动态的任意角的概念还不熟悉，而终边相同的角有一个共同的特点就是这些角的始边和终边都相同，从图形上看没有任何区别，造成学生在认知上的困难。在教学中，可以标出旋转量和旋转方向加以区别，让学生直观感受其中的不同。

（3）在对弧度制概念的理解时，生硬地记忆弧度制的概念及形式化地运用公式进行计算是容易的，但真正理解为什么引入弧度制，如何定义 1 弧度是有一定难度的。比如很多学生习惯用 $57^\circ18'$ 来代替 1 弧度角的定义。也就是说，很多学生在学习了弧度制这部分内容后，留下最深刻的印象是弧度制与角度制的转化，而忽略了 1 弧度角定义的核心和依据，这应该是与学生接触的练习题的类型有关系。不论是练习册中的习题，还是各类测试、考试，学生都只是不断地对角度与弧度的转换进行着一遍又一遍的运算，这种单一形式的练习，导致一些学生认为数学就是运算过程，而轻视了定义及对定义的学习过程。一些学生由于“习惯”了角度制，觉得角度制可以用量角器度量，很直观，而拒绝用弧度制，还有部分学生在后续学习中经常把角度制与弧度制混用，以及一些学生认为 π 就是弧度制中角的单位，还有少数学生混淆了弧长与弧度的概念,等等,这些都是学生理解弧度制的背景和形成弧度制的概念不够深刻的原因导致的。

2. 教学难点

角的概念的推广;终边相同角的认识;弧度制概念的理解。

四、教学支持条件分析

为了加强学生对任意角的旋转量与旋转方向,以及终边相同角之间联系与区别的直观感受,体会扇形的圆心角不会因为其所在圆的半径的改变而改变,在教学中可以利用信息技术工具(如 GeoGebra)动态地进行展示;为了避开繁杂的计算,将精力集中在核心知识上,还可以使用计算器进行弧度制与角度制的互化。

第一课时　任意角

(一)课时教学内容

章头图与章引言,任意角的概念,象限角的概念,终边相同的角的概念。

(二)课时教学目标

了解任意角的概念。

(三)课时教学重点与难点

1. 课时教学重点:将 0°~360°范围的角扩充到任意角,终边相同的角的集合。

2. 课时教学难点:角的概念的推广;终边相同角的认识。

(四)教学过程设计

环节一　创设情境,提出问题

引导语:在第三、第四章我们学习了几个新的基本初等函数,这些函数可以刻画现实生活中的一部分规律,但还有一些非常典型的现象利用它们并不能解决,哪些现象呢?

【问题 1】请同学们先观察章头图并阅读第五章章引言,再回答如下问题:

(1)本章将要学习的函数是什么?

(2)这种函数主要可以解决实际生活中的哪类问题?你能举出具体例子吗?

(3)你能简单说说以前研究函数的过程与方法吗?

师生活动:学生独立阅读教科书,再回答上述问题。教师在学生回答的基础上揭示本单元的研究内容:为了研究可以刻画周期现象的变化规律,我们需要做两项铺垫工作。先看第一个研究任务。

设计意图:明确本章研究内容、目的、简单的过程和方法,为本章的研究指明方向。

【问题 2】我们知道,现实世界中存在着各种各样的“周而复始”的变化现象,圆周运动是这类现象的代表。如图 2,$\odot O$ 上的点 P 以 A 为起点做逆时针方向的旋转,如何刻画点 P 的位置变化呢?

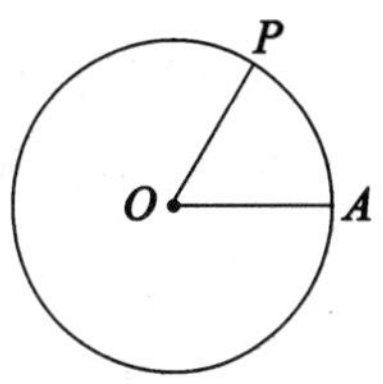

图 2

师生活动:学生独立思考,并回答问题:

通过角的变化进行刻画。

说明:“刻画”这个词用在问题 2 中虽然比较准确,但学生可能不能理解它的含义,因此,我们可以用信息技术工具将这种旋转的过程体现出来,尤其是将线段 OP 用鲜艳的颜色突显出来,学生自然就会想到点 P 的运动可以看成是由线段的运动带动点的运动(其实就是射线的运动带动了点的运动),由此让学生可以理解,这种“刻画”就是“描述”“反映”等意思,另外,主要可以让学生发现圆周上点的运动与角的关系。

设计意图:通过具体问题引出本节课的研究主题——角。

追问 1:我们以前所学的角都在 $0°\sim360°$ 的范围内,生活中有超出 $0°\sim360°$ 角的例子吗? 请你举例说明。

师生活动:学生独立思考,并举手回答问题。例如,体操中“前空翻转体 540 度”“后空翻转体 720 度”。

设计意图:一方面加强数学与现实生活的联系,说明学习数学是有用的;另一方面,学生在用语言描述这些超出 $0°\sim360°$ 角的时候,会发现用静态角的定义不再适合,让他们体会到:要想说清楚这些角,有必要将角进行重新定义,而且需要从动态的角度进行刻画,也就是通过“旋转”形成角。

追问 2:假如你的手表快了 1.25 小时,你应当如何将它校准? 当时间校准以后,分针转了多少度? 要想说清楚这个旋转,你必须讲清哪几点?

师生活动:学生独立思考,并举手回答问题,教师可以提前准备一个钟表,课上用于展示。

逆时针旋转;分针会旋转 450°。假如校准前如图 3,则校准后应该为图 4。

图 3

图 4

设计意图:通过这个具体的例子让学生理解:要想说清楚一个角,包括两个方面,一是旋转方向;二是旋转量。

环节二　抽象概念,内涵辨析

【问题 3】根据上面的实例,由旋转方向的不同,我们可以将角分为哪几类?分别是什么?这种分类类比了什么?

师生活动:学生独立思考,再回答上述问题。可以得到:

一条射线绕其端点按逆时针方向旋转形成的角叫做正角,按顺时针方向旋转形成的角叫做负角。如果一条射线没有做任何旋转,就称它形成了一个零角。因此,角可以分为正角、负角、零角。这种分类类比了实数。

设计意图:明确了推广后角的定义,知道了角是“转”出来的,关键是对旋转方向的量化可以通过类比实数,用符号表示方向。

追问 1:你能分别作出 $210°$,$-150°$,$750°$,$-660°$角吗?

师生活动:学生作图,教师用信息技术工具展示动画作图过程。

设计意图:熟悉正角、负角的定义,理解“符号”与“方向”之间的关系,从数到形的认识。

追问 2:你能用作图的方式反映出 $30°$与$-30°$;$30°+120°$与 $150°$;$30°-120°$与$-90°$的关系吗?对于一般的 $\alpha-\beta$ 呢,你能类比实数给出相应说明吗?

师生活动:学生分别作图并说明。

设计意图:通过具体例子加强学生对相等角,相反角,角的加法、减法的理解,并能推广到一般情形。这里体现了具体与抽象、特殊与一般的数学思想方法。

【问题 4】为了方便,我们可以在直角坐标系中研究角,那么,角的顶点和始边的位置放在什么位置比较合适呢?根据其终边位置的不同,又可以把角分为哪几类?在直角坐标系内讨论角具体有什么好处呢?

师生活动:学生互相交流后,再回答。可以得到:为了方便,使角的顶点与原点重合,角的始边与 x 轴的非负半轴重合;根据角终边所在象限,将角又可以分为第一、第二、第三、第四象限角以及轴线角；在直角坐标系中讨论角可以很好地表现角的“周而复始”的变化规律。

设计意图：让学生明确在直角坐标系中讨论角需要有一个统一的标准。在这个统一前提下，才能对象限角进行定义。另外，终边落在坐标轴上是一种“边界”状态，因此规定它不属于任何一个象限更方便。这样讨论角的好处就是：在同一“参照系”下，可以使角的讨论得到简化，由此还能使角的终边位置“周而复始”现象得到有效表示。

课堂练习教科书第171页第1,2,3题。

师生活动：由学生逐题给出答案。

设计意图：检验学生对象限角的理解情况。

【问题5】在直角坐标系中，将角的顶点与原点重合，角的始边与 x 轴的非负半轴重合后，我们发现：有些角的终边是相同的，那么，它们之间一定有内在的联系，有怎样的联系呢？

师生活动：由学生独立思考，观察学生是否能想到结论，如果想不到，进一步可以利用下面的“追问”具体分析。

设计意图：引导学生学会发现和提出问题，提高“四能”。

追问：(1)在直角坐标系中，与 $-32°$ 角终边重合的角还有哪些？有多少个？

(2)它们与 $-32°$ 角有什么关系？能不能用集合的形式将它们表示出来？

(3)将 $-32°$ 角推广到一般角 α，结论应该是什么？

师生活动：教师利用信息技术工具进行动画演示，学生观察并思考后，再举手回答。

设计意图：通过动画演示与回答问题，使学生明确：(1)终边相同的角不一定相等；(2)终边相同的角有无数个，这些角有“始边、终边都相同”的共同特征；(3)这无数多个终边相同的角在数量上都是相差 $360°$ 的整数倍。

环节三　初步应用，巩固理解

例1　在 $0°\sim360°$ 范围内，找出与 $-950°12'$ 角终边相同的角，并判定它是第几象限角。

师生活动：先由学生独立计算，再回答。

追问：与 $-950°12'$ 角终边相同的角都有什么共同点？

设计意图：熟悉终边相同的角的表示，并会在 $0°\sim360°$ 范围内找出与已知角终边相同的角，判定其为第几象限角，为以后证明恒等式、化简及利用诱导公式求三角函数的值等奠定基础。

练习教科书第171页第4题。

师生活动:可以分小组回答。

设计意图:巩固象限角、终边相同角的概念。

例2 写出终边在y轴上的角的集合。

师生活动:学生先独立完成,再相互交流。

追问:这些角的终边在几条射线上?终边落在每条射线上的角如何表示?这两条射线上的角都相差多少度?能不能用一个集合表示这所有的角?

设计意图:此题是终边在坐标轴上的角的表示。应引导学生体会用集合表示终边相同的角时,表示方式不唯一,要注意采用简约的形式。另外,分析终边与y轴的非负半轴、非正半轴分别重合的两个角的集合的联系,可以简化集合的表示,实质是"终边组成一条直线"的代数解释:"两个集合中的元素相差180°的整数倍。"以此让学生熟悉简化角的集合的表示方法。

例3 写出终边在直线$y=x$上的角的集合S。S中适合不等式$-360°\leqslant\beta<720°$的元素β有哪些?

师生活动:由学生独立完成后,让学生代表进行展示。

追问:在求出角之前,你能判断满足条件的角的个数吗?判断的根据是什么?

设计意图:此题主要是巩固终边相同的角的表示。为了使学生顺利完成相应的集合运算,可以先让学生用日常语言描述一下集合的特征。

环节四 小结提升,形成结构

【问题6】通过本节课的学习,你能说出本章将要学习什么内容?其作用是什么?其基本的研究方法是什么?本节课关于角的概念出现了几个定义?分别是怎样规定的?你能从数与形两个角度进行描述吗?

师生活动:学生自主总结,展示交流。

设计意图:帮助学生梳理基本知识,提升数学抽象素养。

环节五 目标检测,检验效果

1. 分别写出终边在x轴、坐标轴上的角的集合。

设计意图:检验学生对终边分别为两条或四条射线时,是否会用集合进行表达。

2. 写出与下列各角终边相同的角的集合,并找出集合中适合不等式

$-720°\leqslant\beta<360°$的元素β:

(1)1 303°18′;(2)−225°。

设计意图:检验学生对任意角、终边相同角和象限角的理解情况。

环节六　布置作业,应用迁移

1. 分别写出终边在第一、第二、第三、第四象限的角的集合;

2. 预习 5. 1. 2 弧度制的内容;

3. 教科书第 175 页习题 5. 1 复习巩固第 1,2 题。

师生活动:学生课后完成。对于第 1 题,教师可以根据自己学生的基础,考虑是否需要提示。

设计意图:巩固对任意角、终边相同角和象限角概念的理解。

第二课时　弧度制

略

案例分析

本单元内容包括章引言以及学习三角函数需要的预备知识。其中章引言起到向导作用,介绍了本章将要学习的主要知识、研究方法及其解决的问题,但章引言的内容比较少,因此,在教学设计中将章引言与任意角安排为第一课时,而弧度制是任意角的度量,按照知识的发生、发展过程,有了定义,接下来应该先研究度量,再是运算、性质、应用。弧度制对于研究任意角的三角函数有着非常重要的作用,另外,弧度制需要学生对角的度量,从熟悉的六十进制转化为陌生的十进制,在认识上有着很大的困难,因此,将弧度制单独作为第二课时进行研究。

本教学设计根据本单元的内容特点,重点关注了以下几个方面:

1. 重视知识的发生、发展过程

根据《课程标准》的要求与教科书的设计理念,我们不但要重视概念、公式、定理等,还要加强对知识的发生、发展过程的关注,比如,初中已经有了角的定义,为什么我们还要重新定义角,怎么定义,定义之后带来了什么变化,我们又是怎样解决的;关于角的度量,既然已有了角度制,为什么还要寻找其他的度量方法,怎样寻找,新的度量方法是否合理,与另一种度量制之间有什么关系,新的度量方法是否解决了我们的需要,等等。这些都反映了我们认识一个数学对象的逻辑过程。

2. 注重数学逻辑方法的运用

比如,通过类比实数的加减法运算来定义角的加减法运算;通过类比长度、质量有多种度量,提出角的度量问题,等等。

3. 依据概念课的心理学路径设计,发展学生的数学核心素养

比如,在建构终边相同角的概念时,通过借助图象,观察几个与$-32°$角终边相同的角之间的数量关系,在"旋转整数周"的帮助下,通过运算发现共同特征:"终边相同的角相差360°的整数倍",并得出表达式,再将$-32°$角推广到一般角α。这里用到数形结合、从特殊到一般等数学思想方法;在弧度制定义的建构过程中,先从周角中找到表示周角的常量2π,再推广到一般的角中弧长与半径的比值,这一思维经历了从特殊到一般的过程;另外,在角度制与弧度制的互化中,体会事物之间的联系性,两种度量制都是度量角的大小的,因此它们之间一定可以换算,通过周角在两种角度制中的量数相同,再次经历从特殊到一般的思维过程。这些过程通过落实数学思想方法,从而提升了学生的逻辑推理、直观想象等核心素养。

4. 注重信息技术的利用

比如,任意角的概念强调旋转方向和旋转量,使用信息技术可以动态表现角的终边旋转的过程,有利于学生观察角的大小变化与终边位置的关系;再如,在角的两种度量制之间换算时,可以使用计算器快速、准确地计算,使得学生可以把更多的精力集中于理解引入弧度制的必要性、定义弧度的合理性等核心知识上。

5. 如何确定单元,怎样体现单元特点

对于数学而言,单元内容是相对容易确定的,按照其结构和联系性确定即可。

如上案例如果没有单元统整的理念,常常上成两节各自独立的内容,甚至在单元设计的理念下,也容易做出课时设计的拼盘。为此要将其背后的线索显性化,让学生看得到,用得上。这个线索的活动源自章引言,这就是先行组织者的作用。

根据章引言我们知道,本章要建立刻画函数周期变化的规律的函数。最典型的周期变化现象就是圆上点的运动,那么点在运动中,与圆心连线转过的角有多大?于是引出扩充角的范围的必要性。角的范围推广了,但是函数的

定义域和值域都是数集，那么能用实数表示角吗？于是引出第二课时的研究任务。

所以这两节的内容看似独立，就用线索联系起来了，而且与后续的学习内容也联系起来了。

选择这个案例也是希望能给大家以启示，怎样挖掘隐性线索，做好单元设计。

执笔人：山西省太原市成成中学　谢永清

山西省大同市第一中学校　董凯

案例13　基本立体图形

一、单元教学内容及内容解析

1. 内容

(1)多面体、旋转体的概念。

(2)棱柱、棱锥、棱台的结构特征。

(3)圆柱、圆锥、圆台、球的结构特征和简单组合体。

2. 内容解析

内容的本质：

本节是立体几何的起始课，旨在让学生从整体观察入手，直观感知几何体的构成元素以及元素之间的关系。

空间几何体是从物体的形状和大小抽象出来的空间图形，从几何体的面的形状是平面图形（平面多边形）和曲面，可以将几何体分为多面体和旋转体。

棱柱、棱锥和棱台是基本的多面体，是依据围成它们的表面的平面多边形的形状和位置关系来定义的。棱柱是有两个面互相平行，其余各面都是四边形，并且相邻两个四边形的公共边都互相平行的多面体；棱锥有一个面是多边形，其余各面都是有一个公共顶点的三角形的多面体；棱台是由棱锥定义的，它是用一个平行于棱锥底面的平面截棱锥得到的底面和截面之间的部分形成的多面体。从整体和联系的观点出发，分析棱柱、棱锥、棱台的结构特征的联系和区别，可以发现，只要将其中一种几何体的上底面（或顶点）作适当变化，就可以变成另外两种几何体。

圆柱、圆锥、圆台和球都是旋转体,都可以由某一平面图形绕其一边所在直线旋转而成。由圆柱、圆锥、圆台的生成过程可以得到它们的几何结构特征,也可以得出轴、底面、侧面、母线等概念:轴——平面图形的旋转轴;底面——由平面图形的垂直于轴的边旋转而成的面;侧面——由平面图形与轴不垂直的边旋转而成的曲面。对于母线,一般来讲,旋转面是由一条平面曲线旋转形成的,这条平面曲线就叫做这个旋转面的母线。对于圆柱、圆锥和圆台,我们一般只说"侧面的母线",它是指平面图形与轴不垂直的边,无论旋转到什么位置。圆台与棱台类似,圆台可以由圆锥截得——用一个平行于圆锥底面的平面去截圆锥,底面和截面之间的部分就是圆台。从整体和联系的观点看,分析圆柱、圆锥、圆台的结构特征的联系和区别,可以发现,只要将其中一种几何体的上底面(或顶点)作适当变化,就可以变为另外两种几何体。

球是半圆以它的直径所在直线为旋转轴,旋转一周形成的曲面(球面)围成的旋转体。也可类比圆,从"空间中到定点的距离等于定长的点的集合"的角度认识球面,并类比给出球心、半径、直径等相关概念。

我们将棱柱、棱锥、棱台、圆柱、圆锥、圆台和球称为基本几何体。与基本几何体相对的是组合体,教科书主要介绍了"拼接"和"截挖"两种得到简单组合体的方式。

蕴含的思想和方法:

空间几何体由空间物体抽象而来,从物体到几何体的抽象过程,需要解决看什么、怎么看、怎么表示等问题。在几何体中,面、棱和顶点是基本元素,这些基本元素的形状、位置关系就反映了几何体的结构特征。认识这些结构特征,需要从实物和模型出发,运用直观感知、操作确认、思辨论证、度量计算等方法,这也是学习立体几何的基本方法。我们在认识几何体的过程中有效地利用了从整体到局部,由局部再到整体的途径。学生将通过学习建立空间观念,提升直观想象、逻辑推理素养。

知识的上下位关系:

本节通过对空间几何体的整体观察入手,直观认识空间图形的结构特征,是后续对空间图形的平面表示(直观图)以及表面积和体积的计算的基础。在此基础上,我们可以以几何体为载体抽象出组成几何体的基本元素——点、直线、平面,并直观认识这些组成元素的位置关系,然后进一步研究直线、平面的平行和垂直关系。所以本节是后续研究的基础,通过学习,能够提升学生直观想象和数学抽象素养。

育人价值：

几何体是研究构成空间图形基本元素——点、线、面位置关系的载体，是建立空间观念的基础，通过本节的学习将逐步了解几何研究的方法：从整体到局部，从一般到特殊，直观感知、操作确认、推理论证、度量计算的方法。是学生提高直观想象、数学抽象、数学运算素养的有效载体。

教学重点：

（1）归纳多面体、旋转体的概念。

（2）归纳棱柱、棱锥、棱台的组成元素的形状、位置关系，并抽象概括出它们的结构特征。

（3）直观感知圆柱、圆锥、圆台以及球的生成过程，认识它们的结构特征以及相关概念。

二、单元教学目标及目标解析

1. 目标

（1）了解多面体和旋转体的结构特征，理解棱柱、棱锥和棱台的结构特征。

（2）了解旋转体的概念，掌握圆柱、圆锥、圆台、球的生成过程及其结构特征。

（3）了解简单组合体的概念及其构成的基本形式。

（4）经历从物体到几何体的抽象过程，体验研究几何的方法，提升直观想象和数学抽象素养。

2. 目标解析

达成目标（1）的标志是：借助于实物模型或信息技术，能抽象出多面体和旋转体的组成要素及其位置关系，会利用其组成元素（面、顶点、旋转面、轴等）及其位置关系描述多面体和旋转体。利用实物模型或信息技术，通过观察、分析、比较、归纳，抽象棱柱、棱锥、棱台的组成要素及其位置关系；会对它们进行分类和表示；能判断一个物体所表示的几何体是否为棱柱、棱锥、棱台；能从联系的角度认识棱柱、棱锥、棱台的联系与区别。

达成目标（2）的标志是：借助于实物模型或信息技术，在圆柱、圆锥、圆台、球的生成过程中，抽象出它们的组成要素及其位置关系，并利用其组成元素（面、顶点、旋转面、轴等）描述旋转体的结构特征。能从联系的角度认识圆柱、圆锥、圆台的联系与区别。

达成目标(3)的标志是:对现实世界中的大多数物体,能说出其是由哪些基本几何体以怎样的方式组合而成的。

达成目标(4)的标志是:结合章引言与本节课的学习,能说出立体几何的主要内容,感受直观感知、操作确认、思辨论证的立体几何学习方法。在多面体、旋转体、棱柱、棱锥、棱台、圆柱、圆锥、圆台的结构特征的抽象过程中,反复经历"实物→立体图形"的过程,提升数学抽象和直观想象素养。

三、单元教学问题诊断分析

本节课所学习的各种几何体,学生大多在以前已经有所认识,但以往的认识往往停留在直观感知水平,只知道某种几何体是"这样的一个",而不清楚是"怎样的一个"。本节要从结构特征的角度对它们进行描述,这就需要从几何体的形成方式及面、棱、顶点、母线等要素及其位置关系等角度去把握几何体的结构特征,从而能说清楚各种几何体概念。这是一个"确定研究对象"的过程,也是我们学习立体几何的出发点。

在本节课的学习过程中,学生往往能借助初中所学知识,通过观察实物抽象出空间几何体,但要上升到用数学语言去描述它们则比较困难。教学时可以先让学生观察立体几何教学模型,结合教科书、教师、信息技术展示的图片,再讨论得出。另外面对众多的几何体,找到合理的标准将其进行分类,是学生学习时可能遇到的另一个学习障碍。这需要教师逐步引导,明确分类是要考虑物体的内部结构和外部特征,从而确定分类标准。与多面体的概念相比,旋转体要难以理解一些。因为多面体的概念可以从相关物体中直接观察、抽象概括得到,尽管围成旋转体的曲面可以直观感受,但是曲面是否是旋转而成则难以直观观察。因此,教学中,可以利用信息技术模拟圆柱、圆锥、圆台和球的形成过程,并让学生结合具体实物模型进行认识,增强学生的直观感受,激发学习兴趣,提高学习效率。

基于上述分析,本节课的教学难点是:多面体、旋转体、棱柱、棱锥、棱台、圆柱、圆锥、圆台、球的结构特征的抽象。

四、教学支持条件

多媒体技术、实物模型的辅助教学是本节课的必需。

五、教学过程设计

第一课时

（一）课时教学内容

1. 多面体、旋转体的概念。

2. 棱柱、棱锥、棱台的结构特征。

（二）课时教学目标

1. 了解空间几何体、多面体、旋转体的结构特征和构成基本元素的概念。

2. 理解棱柱、棱锥、棱台的结构特征、表示和分类。

3. 经历从物体到几何体的抽象过程，体验研究几何的方法，提升直观想象和数学抽象素养。

（三）教学重点与难点

重点：

归纳多面体、旋转体、棱柱、棱锥、棱台组成元素的形状、位置关系，抽象概括出它们的结构特征。

难点：

多面体、旋转体、棱柱、棱锥、棱台的结构特征的抽象。

（四）教学过程设计

1. 阅读章、节引言，构建先行组织者

【问题1】本节课我们开始学习新一章的内容，请同学们自行阅读章引言，观察章前图，本章将要研究什么？

师生活动：学生阅读章引言。

本章学习立体几何初步。立体几何是研究立体图形的数学分支，立体图形是现实世界中的物体从形状、大小和位置关系抽象出来的。

本章从对空间几何体的整体观察入手，研究它们的结构特征，学习它们的表示方法，了解它们的表面积和体积的计算方法；借助长方体，从构成立体图形的基本元素——点、直线、平面入手，研究它们的性质以及相互之间的位置关系，特别是对直线、平面的平行与垂直关系展开研究，从而进一步认识空间几何体的性质。

立体图形是由现实物体抽象而成的，直观感受、操作确认、推理论证、度量计算，是认识立体图形的基本方法。由整体到局部，由局部再到整体，是认识立体图形的有效途径。学习本章内容要注意观察,并善于想象。

设计意图:通过这个问题让学生了解立体几何研究什么,知道本章的主要内容有哪些,以及本章学习时应注意些什么,学习中的主要思想方法是什么。

2. 认识多面体和旋转体

引入:环顾四周,我们生活的空间是三维空间,触摸到的物体几乎都和几何体相关,在小学、初中我们都接触过一些特殊的几何体,如:正方体、长方体、圆柱体、球等几何体,在生活中我们也常见到一些建筑物,它们实际上是由几种空间几何体组合在一起而形成的。今天我们一起来研究其中一些基本的空间几何体。

【问题 2】观察图 1 中的图片,这些图片中的物体具有怎样的形状?如何描述它们的形状?在日常生活中我们把这些物体的形状叫做什么?

图 1

师生活动:引导学生观察物体的形状、大小,不考虑其他因素,抽象出空间几何体的概念。

设计意图:让学生通过直观感知,整体观察形状、大小、位置,进而抽象出空间几何体的概念。

【问题 3】按照围成几何体的面的特点,图 1 中的图片反映的几何体可以分为哪几类？各类几何体具有什么样的结构特征？

师生活动：和学生们一起观察，让学生试着分类。根据分类的情况合理引导学生观察围成几何体的面的特征，如图2。

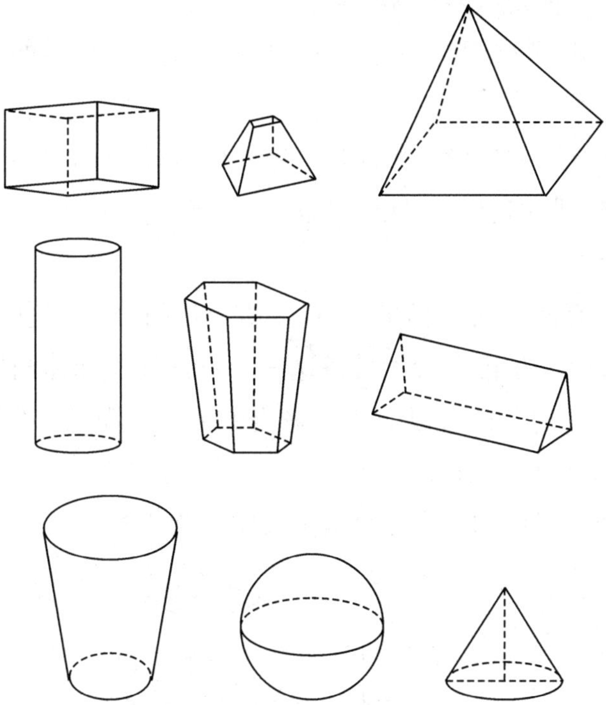

图2

从围成几何体的面的角度，可以将上述几何体分为两类：一类是围成它们的每个面都是平面图形，并且都是平面多边形；一类是围成它们的面不全是平面图形，有些是曲面。

多面体：由若干个平面多边形围成的几何体叫做多面体。围成多面体的各个多边形叫做多面体的面；两个面的公共边叫做多面体的棱；棱与棱的公共点叫做多面体的顶点。

旋转体：一条平面曲线（包括直线）绕它所在平面内的一条定直线旋转所形成的曲面叫做旋转面，封闭的旋转面围成的几何体叫做旋转体。这条定直线叫做旋转体的轴。

设计意图：引导学生从构成几何体的面对几何体分类，进而认识多面体和旋转体的组成元素及其结构特征。

追问：还有别的分类方法吗？

（考虑到有些同学可能会依据形状分，事实上也是可以的。也就是我们接

着要研究的柱、锥、台、球）

3. 认识棱柱

引导语：下面我们将从多面体和旋转体组成元素的形状、位置关系入手，进一步认识它们。首先从多面体开始。

【问题 4】观察实物模型，注意它们的每个面是什么样的多边形？不同的面之间有什么位置关系？

师生活动：通过实物观察和学生一起分析棱柱的几何结构特征。通过直观感受，局部分析，归纳总结棱柱的概念。

棱柱的概念：

一般地，(1)有两个面互相平行；(2)其余各面都是四边形；(3)每相邻两个四边形的公共边都互相平行。具备这三个特征的多面体叫做棱柱。

追问 1：定义中的条件可以减少或者合并吗？比如：能不能把后两个条件合为“其余各面都是平行四边形”？

师生活动：观察图 3 中的图片，试试看结果怎么样？

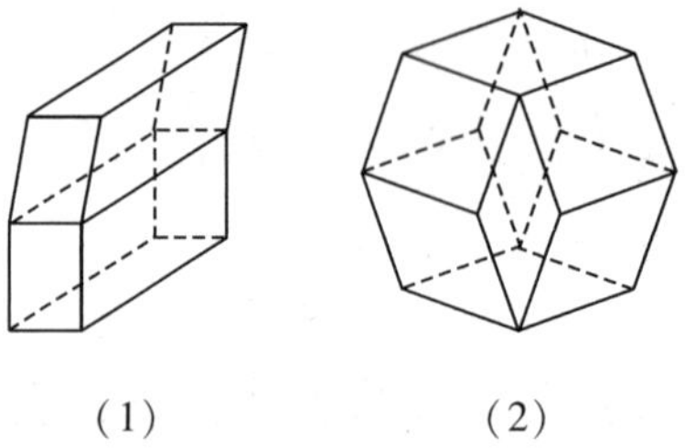

图 3

设计意图：要对概念作出批判性的思考。

追问 2：类比一般多面体的面、棱、顶点，棱柱的面、棱、顶点有什么特点？它们之间有什么关系？

共同定义棱柱中相关元素的名称和特征。

图 4 中的棱柱记作棱柱：$ABCDEF\text{-}A'B'C'D'E'F'$。

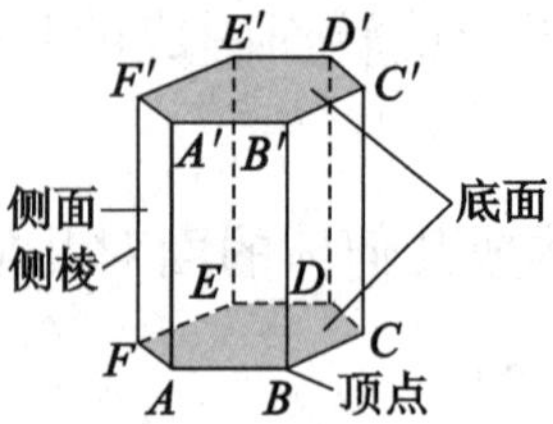

图 4

在棱柱中，两个互相平行的面叫做棱柱的底面，它们是全等的多边形；其余各面叫做棱柱的侧面，它们都是平行四边形；相邻侧面的公共边叫做棱柱的侧棱，它们平行且相等；侧面与底面的公共顶点叫做棱柱的顶点。

设计意图：认识棱柱的组成元素及其名称和特征。

追问3：棱柱该如何表示呢？

棱柱用表示底面各顶点的字母来表示，如：棱柱 $ABC\text{-}A'B'C'$。

设计意图：让学生学会像初中表示平面图形一样用顶点字母结合图形来表示棱柱。

追问4：棱柱该如何分类呢？标准是什么？结论是什么？

师生活动：(1)用几何画板演示，观察实物模型，分析棱柱的分类：

根据底面多边形的边数，可以将棱柱分为：三棱柱、四棱柱、五棱柱……

(2)动态实物模型观察棱柱直和斜，直观感受线面垂直。

根据棱柱的侧棱与底面垂直与否，可以将棱柱分为直棱柱、斜棱柱。侧棱垂直于底面的棱柱叫做直棱柱，侧棱不垂直于底面的棱柱叫做斜棱柱。

特别地，底面是正多边形的直棱柱叫做正棱柱。底面是平行四边形的四棱柱叫平行六面体(六个面都是平行四边形)。

设计意图：通过直观感知棱柱的形状、大小，局部观察组成棱柱的元素即各个平面多边形的位置关系，操作确认棱柱的结构特征，并逐步抽象出棱柱的概念、表示及分类。这个过程要充分调动学生的积极性，在实物模型中观察抽象。在抽象过程中要和学生一起探究定义中的3个条件是否可以修改或减少。分类要让学生通过直观去总结、发现。

追问5：大家可以回顾一下我们研究棱柱的过程吗？

师生总结：我们先从观察棱柱的整体开始，它是一个多面体，然后研究组成它的元素(面和棱)的特征和元素(面和棱)之间的位置关系，进而总结得出棱柱的概念和结构特征，然后通过对棱柱的组成元素的分析得出棱柱的分类。

4. 认识棱锥和棱台

【问题5】我们能类比棱柱的概念的生成过程，大家可以通过观察分析，阅读教科书给出棱锥和棱台的概念吗？

师生活动和答案，略。

设计意图：通过棱柱的学习，掌握研究问题的方法，通过类比和探究，让学生通过自主合作探究，得出棱锥和棱台的概念并展示。

追问1:在棱锥的概念中,如果把“其余各面都是有一个公共顶点的三角形”这个条件中“有一个公共顶点”去掉可以吗?(观察图5)

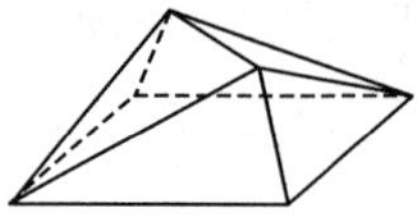

图5

追问2:如果用不平行于底面的平面切棱锥会怎样?

多媒体演示斜切和平切,深化概念理解。

5. 建立联系

【**问题6**】棱柱、棱锥和棱台都是多面体,它们在结构上有哪些相同点和不同点?三者的关系如何?当底面发生变化时,它们能否相互转化?

师生互动:多媒体演示动态变化。

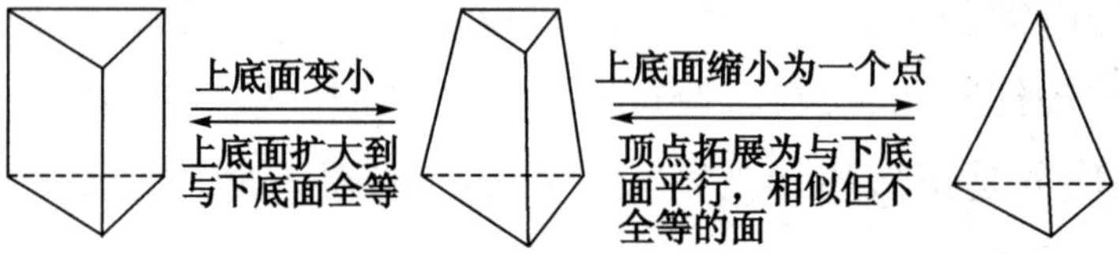

设计意图:从联系的观点去发现棱柱、棱锥和棱台的关系,内化并深入理解棱柱、棱锥和棱台。

6. 学以致用

略

六、目标检测设计

略

案例分析

《课程标准》在“实施建议”中指出,教师要以数学学科核心素养为导向,抓住四条主线,明晰数学学科核心素养在内容体系形成中表现出的连续性和阶段性,引导学生从整体上把握课程,实现学生数学学科核心素养形成和发展的目标。

加强对数学整体性的认识,强调以具有整体性的知识单元为载体、从知识的联系性出发进行教学设计并展开课堂教学,最好的实施办法就是单元教学,而单元教学要以“一般观念”为统领,教师要在“一般观念”的指引下引导学生进行研究,逐步形成“研究对象在变,思想方法不变,研究套路不变”的体验,在掌握基础知识、基本技能的过程中，领悟基本思想、积累基本活动经验，进而发展学生数学学科核心素养。

1. 明确“研究套路”，确定“研究内容”

立体几何研究立体图形，立体图形又是从现实世界中物体的形状、大小、位置关系抽象出来的。我们要研究这些立体图形就要经历“实物—几何体（立体图形）—定义—分类—表示—应用”的过程，这就是我们的“研究内容”。本单元涉及的几何体类型多，但是每一种类型的研究内容都是一致的，因此在研究第一类几何体——棱柱时，注重渗透“研究套路”，之后提炼明确，这样学生就可以按照相同的“研究套路”自主地展开研究。

定义是明确研究对象的内涵，分类则是认识研究对象的外延。分类的标准不同得到的结果也不同。所以对于棱柱可以按照底边的边数分类，也可以按照侧棱是否垂直于底面分类。还可以将两者结合起来，于是得到特殊的棱柱——正棱柱。同时这也拓展了研究内容，也体现了几何研究的常规套路：一般到特殊。对每个对象的一般性特征、规律研究之后，都要思考有没有特殊情况，从而将研究引向深入。

2. 明确“认知心理”，确定“研究路径”

空间几何体是从现实生活中的物体抽象而来，故而研究空间几何体一定是反复经历“实物—立体图形”的过程，然后发现它们的共同本质，归类整理，再抽象此类对象的共同特征形成概念，最后应用这些概念辨析空间几何体。因此本单元认识空间几何体时的“研究路径”是“典型丰富例证—观察比较分析—形成概念定义—辨析理解认知”。所以在教学设计和教学过程的实施中，利用大量的实物模型和多媒体展示让学生充分观察，经历从实物到立体图形的抽象过程，引导学生发现共同特征，通过比较分析，总结共同特征，形成几何体的结构特征的定义，并能利用定义对几何体进行辨析。尤其是对于定义的辨析理解，通过举反例的方式，让学生看到必须满足定义条件的才是棱柱或棱锥，进而对定义有了更深刻的认识。

同样，在学习棱柱时要让学生掌握这类数学对象的“研究路径”，这样在接下来的研究中就可以类比着展开研究，在下一节旋转体的学习过程中就会自然地应用这种“研究路径”进行学习，提高分析和解决问题能力的同时，发展直观想象、数学抽象等素养。

3. 明确“内在规律”,确定“研究视角”

立体几何的“研究视角”比较明显,是研究其组成元素及其相关元素。

观察一个物体,将它抽象成空间几何体,并描述它的结构特征,我们都应该从它的组成元素的特征入手,想象围成物体的每个面的形状,面和面之间的关系,也就是要通过构成这些几何体的基本元素之间的关系来认识这些几何体。所以我们在教学设计和教学实施过程中不断引导学生“整体观察—局部确认”,从对实物的抽象开始就注意观察形成几何体的各个面的特征,进而把几何体分类为:多面体和旋转体;对多面体的分类又继续去分析围成多面体的面的特征,进而把多面体分为:棱柱、棱锥、棱台。这就是我们研究几何体的“研究思路”。学生可以在下一节的学习中沿用这种“研究视角”得到旋转体的分类和定义。

初次接触时渗透,第二次接触时明确,第三次自觉应用。这就是单元教学的连贯性,也是“一般观念”对学生学习能力提升的体现。

执笔人:盂县第一中学校　李刚,李汇
山西省教育科学研究院　常磊

教学思考

“一般观念”下的单元——课时教学
——直线与平面垂直实践反思

在“一般观念”的引领下,《立体几何》整个章节按照这一指导实施,其中在“空间直线、平面平行”这一单元,我们就按照这一思路指导实践,类比“空间直线、平面平行”的研究,依据学习对象,我们研究了它的定义→判定→性质→应用,对于“直线与平面垂直”,从宏观上讲它的“研究套路”也是定义→判定→性质→应用。这是一个比较宏观的套路。对于每一个研究对象又可以将这个套路具体化,对于“直线与平面垂直”,其具体的“套路”是:实例→直线与平面垂直的定义、表示→性质(垂直于平面的直线与平面内的任意一条直线都垂直;过一点垂直于已知平面的直线有且只有一条)→应用(点到平面的距离)→判定定理→应用(直线与平面相交的一般化问题:直线与平面所成的角)→性质定理→应用(直线到平面的距离,两个平行平面间的距离)。按照这样的“套路”,该单元的内容逻辑连贯,知识点之间联系紧密,环环相扣,问题提出自然衔接,研究的进程延续发展。

在“直线与平面垂直”这一单元中,除了类比空间直线、平面的平行外,在定义的环节中,它的教育心理学路径为:丰富典型例证—观察比较分析—抽象本质特征—习得定义—辨析理解概念。判定定理获得的心理学路径与定义形成的路径基本一致:丰富典型例证—观察比较分析—抽象本质特征—获得猜想—论证反驳—获得定理—辨析理解定理—应用掌握定理。获得性质定理的路径稍有差异:提出问题—获得猜想—论证反驳—获得定理—辨析理解定理—应用掌握定理。

这里不论是研究空间直线、平面平行,还是空间直线、平面垂直,它的研究思路都是研究空间中直线与平面内的元素的位置关系。对于直线与平面垂直,它的具体研究思路转化为研究空间直线与平面内的直线的位置关系。

以上三个内容是融为一体,不可分割的。在“一般观念”的指导下,对于“直线与平面垂直”这一单元进行两课时的实践操作,教学设计大致思路见本书下编第一篇中的“一、寻找‘一般观念’,设计并实施教学”。

1. 本单元的内容是新的,但研究过程、思想方法与之前是一致的

第一课时:类比规划,(部分)问题解决,方法提炼。

第二课时:内容延续,方法沿用,完成任务。

本教学设计注重引导学生梳理直线、平面平行关系的研究架构,形成本单元的先行组织者,使学生能按照逻辑自然的过程循序渐进地展开学习。

对于第一课时,学生首先回忆问题1,对本单元整体规划,接下来将在这个规划之下分步实施,学生更多地感受了研究问题的整体性。在课后作业中,又通过设计问题,依据单元开始做出的整体规划,布置让学生自主探究,为第二课时做了铺垫。

2. “一般观念”下,单元教学使教师站位更高,对老师的要求更高

在具体实施中,单元教学选择比知识点更上位的“核心知识”,挖掘知识点背后的“一般观念”进行设计,站位更高,让老师从单元教学整体来考虑教学内容,制订整体目标,梳理“一般观念”,根据自身特点,设计出适合教师、学生的个案来。因此,以单元整体教学设计为入口,为教师提供整体的教学方向,让教师突破学科教学实际中缺乏整体性的困境,更好地落实学科理念和核心素养,并促

进教师整体把握单元课程的能力和团队协作能力以满足学生未来发展需求。

3. 单元教学有利于培养学生学习和活动的兴趣，更有利于学生自我提出问题，培养学生的创造力

在第二课时中，学生在前期方法的指导下，自主完成，经过小组讨论形成的研究成果很有条理性，第一组学生引进的是直线，另一组学生引进的是平面，学生的思维不再受限制，不再是被动地解决老师提出的问题，而是在数学的系统中自由思考，提出自己的创见，从解决问题走向问题解决，发展高阶思维。从而发展了学生的素养，能力得到提升，培养了学生自主探索的习惯和创新的精神，促进全面发展。

兴趣是最好的老师，在整个过程中，学生自主地提出问题这是更重要，也是更难的一个环节，学生在课下以小组为单位，展开了激烈的讨论和证明，积极性得到很大的提升。同时在这种理念的指导下，而且在面面垂直的教学中，学生自然地会沿用"一般观念"指导下对面面垂直展开研究。

教师立足个性化学习的主人——学生，通过"一般观念"下的单元—课时教学设计，为学生设置合理的学习环境，创造出丰富多元的探究机会，让每一位学生像茁壮的树苗一样健康成长。教学应是师生交往，积极互动，共同发展的生命过程。教学应关注人的全面发展。老师智慧地运用现代教学观，寻找知识更上位的"核心内容"，让学生可以自主地去提出问题、分析问题、解决问题，实现课堂教学的效益最大化。

执笔人：太原市育英中学　韩灵，佟佳，韩丽英

七、"一般观念"指导下的项目学习

案例 14　数学建模　茶水的口感何时最佳

——项目学习，数学建模的教学实施路径之一

引子：数学建模与项目学习

数学建模是高中数学课程四条主线之一，又是数学六大核心素养之一。《课程标准》中指出"数学建模是对现实问题进行数学抽象，用数学语言表达

问题、用数学方法构建模型解决问题的素养”。

美国巴克教育研究所定义项目学习是“一套系统的教学方法，它是对复杂、真实问题的探究过程，也是精心设计项目作品、规划和实施项目任务的过程，在这个过程中，学生能够掌握所学的知识和技能”。

可见，数学建模与项目学习都要求始于真实，并要解决问题，它们有着内在的一致性，但又有差异，即数学建模从数学的角度强调需要做什么，而项目学习从方法的角度强调怎样做，对实施过程及最后成果的要求更加具体、明确。经过实践证明，采用项目学习的方式开展数学建模教学活动，可以加强数学建模活动的程序性，增强学生活动的目标性，帮助学生有效实施数学建模活动，提升数学建模核心素养及综合素养。

在《普通高中教科书数学必修第一册》(人教 A 版)中，编写了专门的“数学建模　建立函数模型解决实际问题”。下面以此为例解读如何利用项目学习的方式开展数学建模的教学。

一、实例呈现，感受何为数学建模

《课程标准》中关于数学建模核心素养的主要表现描述是：“发现和提出问题，建立和求解模型，检验和完善模型，分析和解决问题。”这就是数学建模的基本流程。结合教科书中提供的实例，现在我们一起还原情境，走进数学建模。

1. 用数学的眼光看世界，发现并提出问题

中国茶文化博大精深，很多人都有饮茶的习惯。其中有一个人酷爱喝某种绿茶，但是他发现茶水的口感时而很好，时而不尽如人意。留意观察，发现是因为沏好茶水之后放置的时间长短不等，导致茶水口感有了差异。

经过测量，他发现自己喜欢的茶水口感是 60 ℃时的茶水。于是他提出一个问题。

实际问题：经验表明，该种绿茶用 85 ℃的水泡制，再等到茶水温度降至 60 ℃时饮用，可以产生最佳口感。那么在 25 ℃的室温下，刚泡好的茶水大约需要放置多长时间才能达到最佳饮用口感呢?

2. 用数学的思维分析世界，建模并解模

(1)确定研究方案

提出问题之后就要设法解决问题。根据经验，茶水的温度随着时间变化而变化，因此应该存在一个函数能拟合二者的关系。将时间看作自变量，水温

看作函数值。于是实际问题就可以转化为一个数学问题。

数学问题:假设水温 y(单位:℃)关于茶水放置时间 x(单位:min)的函数关系为 $y=f(x)$,求当 $y=60$ 时对应的 x 的值。

分析该问题可知,关键是找到函数 $y=f(x)$。为此,需要收集放置时长与水温的数据,即满足该函数关系的实数对 (x,y)。做好这项基础工作,接下来就是求解纯粹的数学问题了。

(2)实施研究方案

①收集数据

可以利用秒表、温度计等工具收集数对。如果有条件也可以用温度传感器直接获取数据,效果更佳。这位饮茶爱好者收集到如下的一组数据:

表 1

时间 x(min)	0	1	2	3	4	5
水温 y(℃)	85.00	79.19	74.75	71.19	68.19	65.10

②分析数据

水温关于时间的函数表达式是怎样的,从数据中看不出来,只能借助于函数图象直观地判断其变化规律,再通过与我们熟悉的函数图象进行比对,从而选择与之接近的函数类型。为此,可以先画出散点图,如图 1。

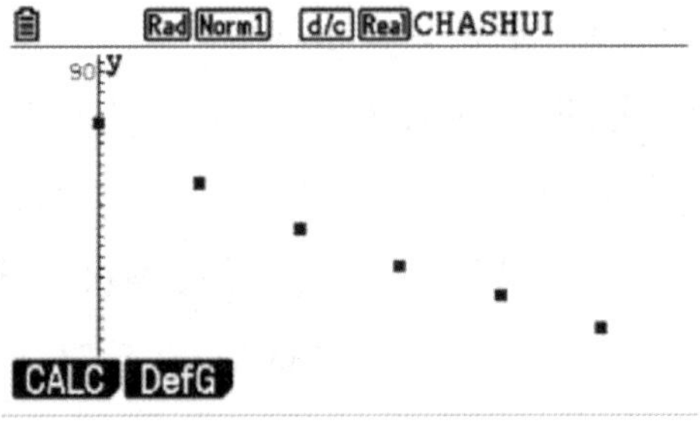

图 1

观察图 1,并不容易确定具体的函数类型,因此只能采取试验的办法。

③建立模型,检验模型,选择模型

利用技术手段,选取不同类型的函数进行拟合,通过观察选择拟合效果最佳的函数。

利用图形计算器,依次选择一次函数、二次函数、三次函数、对数函数、指数函数进行拟合,通过观察发现三次函数拟合的效果最佳,教科书中给出的指数型函数次之。教科书中之所以选择指数型函数,应该是考虑到学生的知识基础。

如果不借助于技术手段,上述工作依然可以进行,只是徒手计算量大,耗费时间长一些。

综上,选择如下两个函数进行下一步的工作:

三次函数:$y=-0.0765x^3+0.9193x^2-6.6638x+85.0037(x\geqslant0)$(Ⅰ)

指数型函数:$y=60\times0.9227^x+25(x\geqslant0)$(Ⅱ)

④求解数学问题

将 $y=60$,分别代入两个函数中,求出 x 即可。

代入(Ⅰ)式求得 $x\approx6.4153$。代入(Ⅱ)式求得 $x\approx6.6997$。

3. 用数学的语言表达世界,解决问题

根据上面的分析过程,现在这位饮茶爱好者兼数学爱好者,可以圆满地解决问题了:室温 25 ℃,用 85 ℃的水泡上茶,达到最佳口感的时间大约是 6.5 min。

此处要注意数学问题的解与实际问题的解的差异。数学问题的解是精确的,但是对于实际问题的解是一个估计值。因此此处可以回答"大约是 6.5 min",也可以回答"大约是 7 min",或者其他。至于哪个是最佳答案,其实还要回到实际中进行检验。

茶水的口感问题解决了,新的问题又来了。季节轮换,冬天到了,室温一般为 20 ℃,用 85 ℃的水泡上茶,达到口感最佳的时间大约又是多少呢?相信你已经能解决这个问题了。当然生活中除了喝茶,还可以吃爆米花,一袋爆米花在微波炉里烤几分钟口感最佳呢?吃多了人会长胖,那么人的身高和体重之间又有怎样的关系呢?……我们身边有这么多可以用数学建模的方法来研究的问题,是不是突然发现数学很有趣味!

通过这个例子的解读,相信大家对数学建模的理解更加具体、生动了。那么教师带领学生如何开展数学建模教学活动呢?

二、项目学习,让数学建模教学活动有轨可循

一个数学建模活动是如何从无到有,并开花结果的呢?可以用做项目的方式开展数学建模教学活动。项目学习有相对稳定的程序,这样就使得数学建模的教学活动有轨迹可以依循,可操作性提升;项目学习对终极产品的要求比较严格,这样就使得教学活动的目标更加明确。

经过多年的实践探索,我们具体化了做项目的流程:选定项目主题→确定驱动任务及项目成果→设计项目活动或分解项目任务→制订项目评价方案→实施项目学习→完成项目反思。前 4 个环节是教师备课工作,最后一个环节是教师进行反思。“实施项目学习”环节,是教师在前期的设计基础之上,指导学生做项目,该环节需要通过如下几个步骤完成:启动项目→规划项目→实施规划→过程管理及调整→成果分享与完善。下面依此为基础,适当整合,阐释用项目学习的方式开展数学建模教学活动。

1. 留心观察,确定研究对象,制订项目产品

学习了函数,理解了函数的本质特征,那么对生活中、科技中的许多现象,都可以思考:其中的两个变量之间有关系吗? 由此聚焦出一个研究对象,可以说留心生活,处处有数学。比如,上述问题就是在喝茶过程中提出来的,该项目的名称可以定为:茶水的口感何时最佳。

对于这个问题,学生以怎样的身份展开研究呢? 可以假设自己是茶叶厂的技术人员,如今要对茶叶的泡制和饮用做一个精准的、个性化的说明书,其中一项内容就是用 85 ℃的水泡制茶叶,不同室温下,经过不同时间达到的温度值。有了这个数据,饮茶者就可以确切地知道自己喜爱的茶水口感是泡制好几分钟后达到。以此打造大数据时代独特的茶文化。

因此该项目的终极产品是说明书中的一项内容,如表 2 所示。

表 2:不同室温下茶水的放置时间与对应的温度值

室温(℃) / 茶水温度(℃) / 放置时间(分钟)	27	25	23	…
1				
2				
…				

2. 设计驱动问题,分解任务实施项目,并用评价引导

对于该项目,教师可以将驱动问题设计为:不同饮茶爱好者对茶水的口感有不同要求,而茶水的温度直接影响茶水的口感。作为一名技术人员,你能为饮茶爱好者提供一个泡制好的茶水放置时长与水温的关系表,供饮茶爱好者进行选择吗?

如果是学生自主发现的,可以由学生自己来设计。

对于这个问题,项目组一起研究制订实施方案,拆分成若干任务分别解决。比如,第一小组负责解决室温 27 ℃时的情况,第二小组负责解决室温 25 ℃时的情况,……各小组内,每个环节由一个同学主要负责,其他同学参与,轮流担当。比如,第一环节,收集数据,同学 A 负责,其他同学协助;第二环节,探索拟合函数,同学 B 负责,其他同学参与;第三环节,根据拟合函数求解并用实际情况验证,同学 C 负责,其他同学协助;第四环节,撰写项目成果及实施报告,同学 D 负责,其他同学完善。

可以看出前述的数学建模是此处的第一至第三环节。

做项目的过程是学生独立完整做事的过程,如何指导学生?可以设计评价,用评价引领学生做好每一个环节。比如为了引导学生深度参与,而不是旁观,可以设计评价:①在你负责的环节,能有完整的思路,按照这个思路可以实施操作,基本能确保这一环节的顺利进行。②在你参与的环节,能提出切实有用的建议,或者能顺利完成交给你的任务。每一项的满分都是 5 分。由小组成员根据实际情况评议之后给出。

又比如,为了引导学生进行深度探索,挑战自我,超越自我,享受学数学的成就感,对第三环节可以设计评价:用一种函数进行拟合,并求得函数,得 1 分。给出第二种拟合函数,得 2 分。给出第 n 种拟合函数,得 n 分。若对不同拟合函数的拟合效果进行了比较分析,得 5 分。这是评价,更是激励。

对于这个项目,也可以采用另一种合作方式。项目组每个成员独立完成如上任务,然后互相交流,修正完善,或者重新再做。

3. 展示交流,智慧分享,完善产品,发展自我

做项目,最重要的一环是展示。将项目成果转化为演示文稿,项目组成员分工合作,进行展示。展示过程中其他项目组进行质疑,展开辩论,教师予以点拨指导。展示交流之后,再进一步完善各小组的产品和项目报告。

通过展示,让学生进一步沉淀自己的收获,梳理自己的思维;通过展示,让学生互相交流借鉴,智慧共享;通过展示,让学生进一步发展自我。

可以看出,依托项目学习,使得数学建模活动的教学自然向两端延伸,它从哪里来,最后有什么用,使得做事更具完整性,更有助于实现数学核心素养的“三会”。也可以看出,做项目更具综合性,从提出问题,到设计方案、实施方案、合作探究、展示交流,再到推广产品、反思改进,学生收获的不仅仅是知识,

而是综合素养的提升。

三、技术支持,让项目学习更有数学的深度

《课程标准》的“基本理念”第3条中指出“注重信息技术与数学课程的深度融合,提高教学的实效性”。的确,使用信息技术能放飞我们的想象力。

在上述项目学习的第一至第三环节,即收集数据、分析数据、解决问题环节,没有信息技术的支持,即使求解一个函数,也是比较费时的,更莫说建立多个模型进行比较。但是有了信息技术的支持,这些画图、计算工作都是瞬间完成,解放了人的双手,放飞了人的思想。此时,只要掌握技术的操作方法,对于拟合函数的探索就不局限于学生已学知识的范围,技术提升了数学探索过程中思维的魅力。

1. 利用技术可以让探索方向变得自由而广阔

对于学生个体进行探索,利用技术更加便捷。本文中的案例研究时使用的就是CASIO图形计算器。

如图2,绘制出散点图之后,可以从最下面一行提供的函数类型中自由选择任意一类函数进行研究。

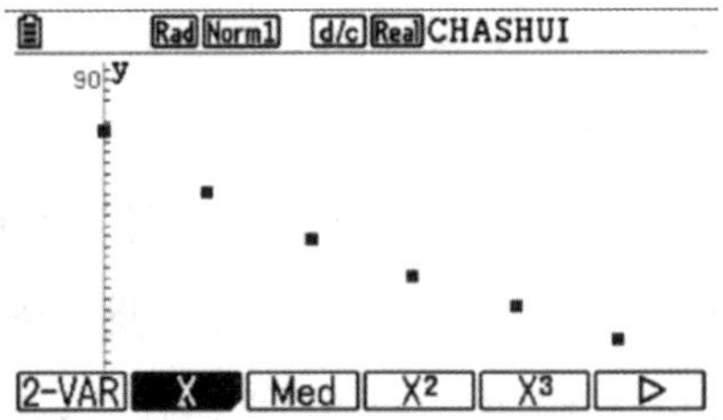

图2

如图3(1)至(4),分别表示选用的是一次函数、二次函数、三次函数、指数函数。甚至可以选用三角函数等进行拟合,在技术支持下,摆脱了学生已有知识基础的限制,使探索范围变得更加广阔。

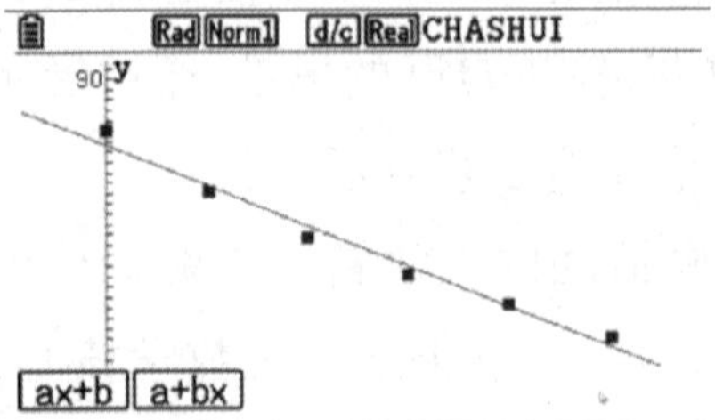

(1)

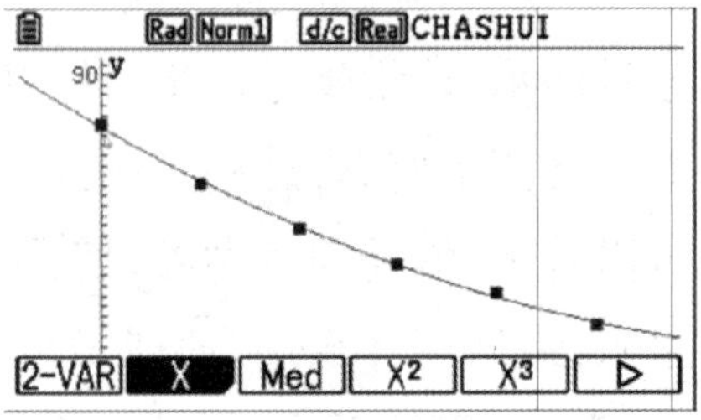

(2)

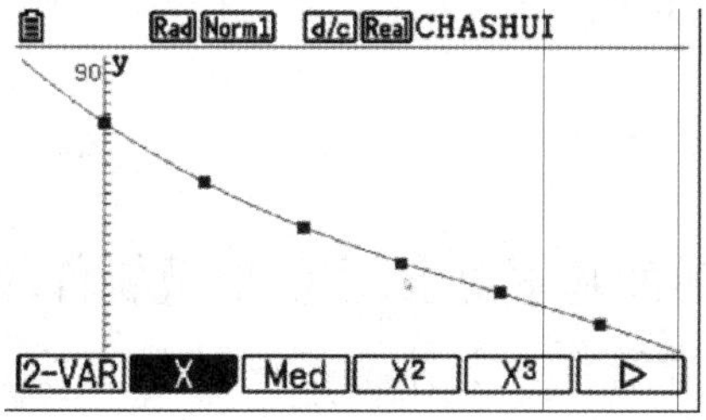

（3）

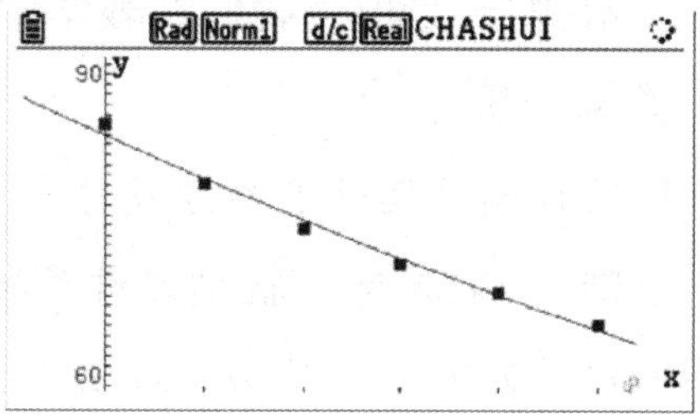

（4）

图 3

2. 技术助力摆脱繁杂运算，掌握拟合效果

在第二环节，利用图形计算器求拟合函数，计算过程非常快捷，这样就摆脱了繁杂计算的束缚。如图 4 是计算机求出的三次函数中四个参数的值，其他函数中参数的值不再赘述。从图 4 中可以看出，图形计算器不仅给出了参数值，同时给出了相关系数等数据。由图 3 可以直观地看出不同类型函数的拟合效果，而相关系数更微观地刻画了函数的拟合效果。比较不同拟合函数对应的相关系数可以看出，三次函数对应的相关系数最大，说明它的拟合效果最好。

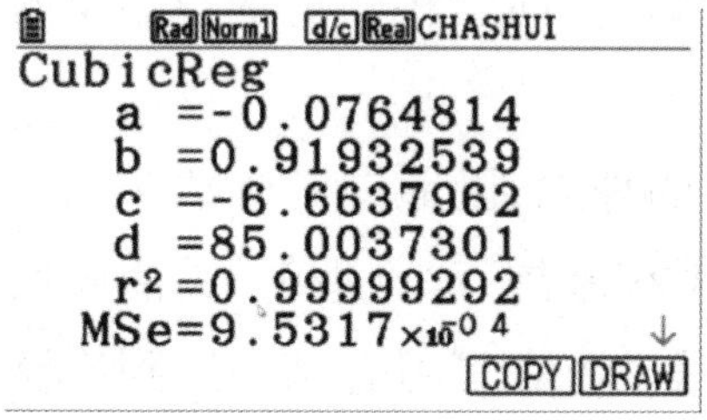

图 4

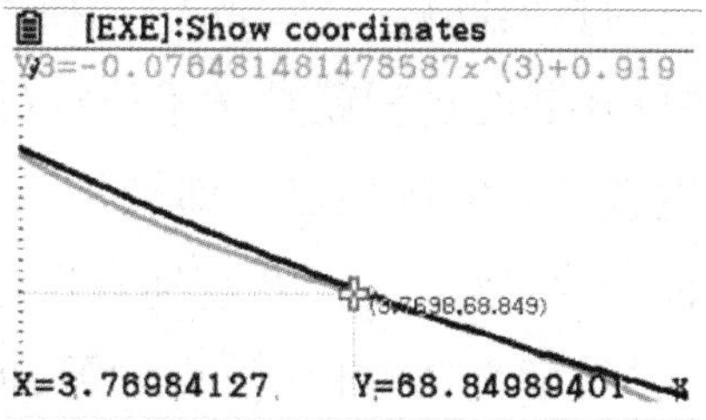

图 5

3. 利用技术可以快捷地确定所求的解

如图 5，在同一坐标系中画出（Ⅰ）（Ⅱ）两个函数的图象。欲求当 $y=60$ 时 x 的值，只要移动图 5 中的十字标，底部的数据 x，y 就会显示该点对应的坐标，于是很快捷、直观地就能找到满足条件的点。

当然，也可以用图形计算器中的计算工具求解。

技术帮我们做了繁杂重复的工作，让我们有更多的时间思考调整、优化方案，也让我们更有机会品味项目学习过程中的无限乐趣。

用做项目的方式开展数学建模活动，是一个发展学生综合能力的过程；用技术支持项目学习的实施，将会解放人的双手和大脑，让大脑去思考，让双手去创造。数学建模教学意义深远，用项目学习的方式实施数学建模教学，并与信息技术融合，是值得我们在教学中实践探索的。

案例分析

1. 项目学习促进思维方式转变

依据“一般观念”，就是要理解项目学习的基本要求，真实地做项目，做真实的项目。如何理解真实？这是项目的关键所在。上述案例中就是真实地研究茶水的口感何时最佳。后续是虚拟的真实，“假设你是茶叶厂的技术人员”，赋予学生一个虚拟身份，可以促进学生转化思维：碎片化知识学习者转化为做完整的事情。于是学习的起点不再是记忆碎片化的知识，而是规划如何做事。在整体规划之下有序推进，学生的学习就从被动变成主动；从解题变成解决问题。有效地提升“四能”。

2. 拓展真实，方能让项目学习常态化应用于教学中

经过多年的实践，我们将项目学习本土化，创新发展其内涵。提出如下四个方面的做学术真实的项目。所谓“学术真实”，可以理解为尊重学科内在发展规律的需求，像学科专家一样对学科内部发展变化进行探索发现、总结概括、形成成果的研究过程。基于“学术真实”的项目学习，起始点是学科内部需要研究的真实问题，驱动问题和研究成果都是指向学科知识本身的学术性成果，项目开展的过程就是学术研究的过程。

做教学真实的项目。即利用项目学习的理念，以形成对所学知识的梳理总结报告为最终产品，以达到对所学知识系统掌握、深刻理解、灵活应用为目标。以“教学真实”开展项目学习，使得项目学习在复习总结中得到广泛的应用。在小学阶段，学生常常以小报的形式呈现成果，通过图文并茂的形式展示自己对某一个单元内容的总结。在初中或者高中，因为学习内容较多，所以学生通常以知识结构图加逐条列举的形式来呈现。用项目学习开展复习教学，使得学生在复习阶段任务明确、成果意识加强、展示交流更具完整性，达到融会贯通，显著提升复习的有效性。

做虚拟项目。这是符合教学论原理的，也是实践证明行之有效的项目学习的方法。所谓“虚拟项目”就是为促进学生做项目，创设一个仿真情境，这个情境绝不仅仅是一个导入，而是贯串整个项目始终，并且能不断地促进学生提出问题、深入研究下去，能从中挖掘出多方面的问题，具有非常强的设计感。

实现学习方式的“项目化”。我们也可以将“项目化”理解为逐步走向项目学习的演进过程。这样的理解可以降低项目学习的门槛，创造宽松的环境，

让更多的教师敢于越过门槛开始尝试。教师可以开展形式多样的“项目”学习。按照时间长短及容量大小,项目可以划分为以下类别:微项目(约在1学时之内完成)、小项目(约在10学时之内完成)、中项目(约在20学时之内完成)、大项目(需20学时以上时间)。需要注意的是,这里的“学时”包括了课上课下的学习时间。所以对于数学等科目而言,10学时的项目一般在一周之内,按照《课程标准》规定的课时数,并运用课下作业时间完成。

前述案例《正方体截面的探究》就是一个学术项目。后续案例《孟德尔遗传规律》是一个真实做事的项目;《正余弦定理的应用》是一课时的一个习题课的教学项目。

说明:本文已经发表在《中小学教材教学》2020年第9期。

执笔人:山西省教育科学研究院　薛红霞

案例15　孟德尔遗传规律(展示交流环节)

一、内容与内容解析

“孟德尔遗传规律”是《普通高中教科书数学必修第二册》(人教A版)中的内容,主要体现了用概率理论解释遗传机理中的统计规律。

孟德尔揭示出遗传学的两个基本定律——分离定律和自由组合定律,它们统称为孟德尔遗传规律。

孟德尔的整个研究过程,实质上就是利用了频率的稳定性,根据统计结果得到频率,进一步估计概率,从而建立数学模型,揭示背后的遗传规律。

因此,本节课的教学重点是:概率的正确理解及其在遗传学中的应用。

二、目标与目标解析

本节课的教学目标是:

1. 进一步理解频率与概率的关系,初步体会统计规律在遗传学中的应用,深化对古典概型的基本特征、相互独立事件等概率知识的理解。

2. 提升学生的数学建模、数据分析、逻辑推理和数学运算核心素养。

解析如下:

1. 学生能根据已经学过的频率与概率的关系,说清楚孟德尔构造遗传机理概率模型的理论依据。并解释清楚，为什么孟德尔会猜测遗传因子在体细胞内是成对存在的？在提出一个理论概率模型后，应该如何对模型的正确性进行验证？分离定律的本质和古典概型的特点有怎样的联系？自由组合定律的本质和事件的相互独立性有怎样的联系？学生能够根据概率模型，推出子三代豌豆的性状比例。

2. 孟德尔提出遗传规律的理论依据，实际上是概率统计中的大数定律，即频率稳定在概率附近。通过对大量数据的统计分析，经过逻辑推理，提出了遗传机理在数学上的概率模型，然后根据概率模型，通过数学运算，预测出子一代乃至子 n 代的豌豆性状比例，最后通过试验对预测进行检验。整个过程，实际上就是试验到理论的提升，然后理论再回归试验的探究过程。学生在深入分析孟德尔的探究过程后，激发出探究精神，能够查阅资料，了解人类比较常见的显性和隐性性状（比如 V 形发际和平发际），并且通过统计人群中该性状的数量，进一步处理分析数据，学生的数据分析核心素养自然地得到提升。进而建立合适的数学模型来解释统计结果，达到提升数学建模核心素养的目的。如果统计数据和理论模型偏差较大，就需要学生分析可能的原因，可以有效地提高学生逻辑推理的核心素养。最后，学生可以根据孟德尔遗传规律，推算出子三代豌豆的性状比例，有效地提升数学运算核心素养。可以看出，对孟德尔遗传规律的研究，可以很好地提升学生多方面的核心素养，并且把概率统计的相关知识融会贯通，达到学以致用，很好地将数学与生物学结合起来，是很好的项目化学习的课题。

三、问题诊断分析

统计概率是应用性非常强的内容，如何将数学知识应用到其他学科，乃至生产生活中，是非常重要的。其中的关键是能将实际问题转化为统计概率问题，而这恰好是学生的弱势所在。

因此本节课的教学难点是：如何将实际问题转化为统计概率问题。

四、教学支持条件分析

本课时需要做盲抓袋中小球的游戏，模拟子二代豌豆的试验。还需要利用卡西欧 fx-CG50 图形计算器，模拟计算子三代豌豆性状的概率。另外，还需现场统计班里 V 形发际和平发际学生的数量。

五、项目实施过程设计

1. 文献研究

本阶段针对孟德尔试验进行研究，学生阅读教科书中的相关内容，并自行检索网上相关文献，主要是百度文库和知网的文章。带着问题进行资料查阅，问题包括但不限于：

（1）孟德尔是依据什么将豌豆试验的统计数据和概率结合起来的？孟德尔为什么要统计几千个豌豆的情况，而不是几百个，几十个？

（2）孟德尔为什么要对豌豆的多个性状进行试验，而不是一个性状？

（3）孟德尔遗传规律和古典概型、事件的相互独立性有什么关系？

（4）如果对某个随机现象，我们先提出一个理论概率模型，如何对模型的正确性进行验证呢？

（5）从数学的角度去看生物学教科书中有关数学的内容，是否有不当之处？从生物学的角度去看数学教科书中有关生物学的内容，是否有不当之处？

（6）当从所有子二代豌豆中随机选择豌豆进行交配时，按照孟德尔遗传规律，子三代豌豆的子叶是绿色的概率是多大？（注：这里的问法和教学过程设计中问题 4 的问法略有区别，也是为了对应上面的第 4 个问题，希望学生能够自行发现数学教科书中有关生物学概念的不当之处。）

（7）如果要重复孟德尔的试验，在前期准备时，怎样才能选取到遗传因子为 DD 的黄色子叶豌豆呢？

相关教科书和文献阅读结束后，需要以书面的形式给出报告，报告的内容包括但不限于以下几个方面：

（1）对教科书和相关文献的阅读报告，包括孟德尔遗传规律的完整内容，孟德尔的研究方法和规律的发现过程，统计概率在孟德尔遗传规律的应用中所起到的作用。

（2）针对上面的几个问题，做出回答。

2. 试验研究

本阶段针对人的某些显性和隐性基因，应用相关理论，进行调查统计。这些基因的性状应当是易于观察（不需要询问便能直接看出来的）或是易于调查（通过询问可以马上得知）的，例如 V 形发际对平发际，双眼皮对单眼皮，有酒窝对无酒窝，卷舌对平舌等，都是显性对隐性。这里不建议教师直接告诉学生这些显性隐性性状，而是学生通过查阅资料等方式了解到。

在学生进行调查统计时，要按照统计概率的相关要求，进行样本选取、方案设计、进行统计，然后提交相应的设计方案、过程性材料，以及统计报告和分析结果。

教师可以提醒学生，在样本的选取上要具有代表性，但不必刻意强调必须扩大样本的范围。要允许学生犯错，例如样本范围不够大，只限定在了一个班内。在进行了一段时间后，教师可进行一次中期检查，如果有些小组的调查范围已经足够大，则不必过多干预，等最后总结报告时，可将不同调查范围的各个小组之间的数据和结论进行对比。如果所有小组的调查范围都不够大，则可给出相应的指导意见，例如调查某个学校的上千人，调查某个商场的流动人群，调查某个小区的居民等。

3. 展示交流

本阶段针对前面两个阶段的阅读报告、统计报告、结果分析等，进行展示交流。

六、教学过程设计

1. 类比分析，形成原理

【问题1】阅读教科书第259页至第260页第二段结束的内容，并结合项目实施过程第一阶段的阅读报告，回答问题：(1)孟德尔遗传规律的完整内容是什么？(2)参考教科书第233页古典概型的特征和教科书第247页事件的相互独立性，孟德尔遗传规律和古典概型、事件的相互独立性有什么关系？

设计意图：通过对生物学中孟德尔遗传规律和数学中概率相关知识的类比分析，帮助学生建立理论上的内在联系。

预设的师生活动：学生分组讨论，并用自己的语言表述清楚即可。教师在学生思考的基础上进行完善。

(1)孟德尔遗传规律：分离定律和自由组合定律。

分离定律：决定生物遗传性状的一对等位基因在配子形成时彼此分开，分别进入一个配子中。

自由组合定律：当具有两对(或更多对)相对性状的亲本进行杂交，在子一代产生配子时，在等位基因分离的同时，非同源染色体上的基因表现为自由组合。

(2)古典概型有两个特征：

①有限性：样本空间的样本点只有有限个。而分离定律中说明，决定生物

遗传性状的只有一对等位基因,即只有两种。如果将配子挑选基因看成是一次试验,那么只有两种基因(有限个样本点)可供选择。

②等可能性:每个样本点发生的可能性相等。还是将配子挑选基因看成一次试验,由于一对等位基因彼此分开分别进入一个配子中,那么对于每一个配子,相当于都有相同的概率得到某种基因,即配子挑选基因的试验结果是等可能的。

事件的相互独立性表明,如果 $P(AB)=P(A)P(B)$,则事件 A 与事件 B 相互独立,即两个事件的发生概率,彼此不会相互影响。自由组合定律表明,非同源染色体上的基因表现为自由组合。也就是说,子代所含有的两个等位基因,分别来自两个父代,而一个父代的基因来源,不会受另一个父代的基因来源的影响,这两个基因是自由组合的。

引发思考:既然孟德尔遗传规律和数学中的概率有如此多的内在联系,那么能否建立合适的数学概率试验方法,模拟孟德尔的豌豆杂交试验?引出问题 2。

【问题 2】做盲抓袋中小球的游戏。准备两个不透明的口袋,每个口袋里装有大小相等的两个小球,一个小球标有 D,一个小球标有 d。选三名学生,其中两名学生各拿一个口袋,每次分别从各自的口袋中随机摸一个小球出来,第三名学生负责记录,然后再将摸出的小球放回口袋。进行 20 次。考虑在有限的游戏时间内,尽可能多地进行游戏次数,可以多增加几组学生同时进行游戏。统计游戏结果,并分析这个游戏,回答问题:预测统计结果中 DD,Dd,dd 的次数比为多少?根据实际的统计结果,能够发现什么?为什么每次摸出小球后需要再放回?

设计意图:通过做游戏,进一步理解孟德尔遗传规律所隐含的概率知识。

预设的师生活动:学生做游戏,统计分析游戏结果,并与孟德尔的豌豆杂交试验结果做对比,根据问题进行分析。

预测统计结果中 DD,Dd,dd 的次数比为 1∶2∶1。

通过实际的统计结果,DD,Dd,dd 的次数比的确近似为 1∶2∶1,这与孟德尔遗传规律所揭示的子二代豌豆的三种遗传类型的比例一致。由此可见,问题 1 中分析的孟德尔遗传规律与数学概率的联系是正确的,我们可以建立合适的数学概率试验,来模拟孟德尔的豌豆杂交试验。

每次摸出小球后需要再放回,是为了保证在下次摸小球时,摸出 D 和 d 的概率是相等的，都是$\frac{1}{2}$。因为在大量豌豆进行杂交试验时，子一代在产生 D 和 d 两种配子的概率也是相等的，都是$\frac{1}{2}$。

引发思考：孟德尔的豌豆杂交试验是统计子二代中不同性状豌豆的比例，我们的游戏是统计不同的试验结果的比例。但都能通过概率理论进行预测，这说明了什么？

【问题 3】阅读教科书第 260 页剩余的内容，并结合项目实施过程第一阶段的阅读报告，回答问题：(1)孟德尔是依据什么猜想事件 A 发生的概率为 0.25，从而构造遗传机理概率模型的？

(2)如果对某个随机现象，我们先提出一个理论概率模型，如何对模型的正确性进行验证呢？

设计意图：结合问题 2 最后的“引发思考”，加深对大数定律的理解。培养学生理论结合实际的科学精神，试验检验理论的探究方法。

预设的师生活动：学生结合教科书和游戏解释。

(1)大数定律阐述了随着试验次数的增加，频率稳定在概率附近。孟德尔就是根据大数定律，结合事件 A(在子二代豌豆中随机选择一粒子叶是绿色的豌豆)发生的频率约为 0.25，猜想事件 A 发生的概率为 0.25，从而构造遗传机理概率模型的。

(2)在提出一个理论概率模型后，根据概率模型，通过数学运算，预测出某些事件发生的概率。然后通过试验，统计这些事件实际发生的频率。如果实际的频率稳定在预测的概率附近，那么模型就是正确的，否则模型就是不正确的。

2. 初步应用，深化理解

【问题 4】阅读教科书第 260 页最后一段，并结合项目实施过程第一阶段的阅读报告，回答问题：

(1)从生物学的角度去看这段内容，是否有不当之处？

(2)当随机选择子二代豌豆进行自由交配时，按照孟德尔遗传规律，子三代豌豆的子叶是绿色的概率是多大？

设计意图：虽然是跨学科的内容，但也要注重科学的严谨性和统一性，否则各学科之间的概念、知识将是割裂的、独立的。所以第一个问题的设计，以及项目实施过程设计中的相关问题的设计，就是为了培养学生敢于质疑"权威"的精神，不迷信教科书上的就是真理；第二个问题，通过简单应用，进一步体会概率在遗传学中的应用，掌握概率计算的正确方法。

预设的师生活动：由于学生对生物学概念理解的不到位，可能会发现不了这里教科书上的错误。同时，学生对数学上概率计算的不熟练，也容易导致这里计算出错。预计会有不同的计算结果，学生间可以针对不同的计算结果，展开讨论。如果有学生能够正确算出最好，如果学生没有给出正确答案，则由教师给出正确的算法。

（1）指出教科书上的概念错误。遗传学中，杂交指的是不同的基因型的个体之间的交配，并且分为正交和反交。正交和反交是相对的，例如两个不同的基因型 A 和 B，如果 A 作父本 B 作母本称为正交，那么 A 作母本 B 作父本则称为反交。基因型相同的个体之间的交配，称为自交。按照教科书上的意思，最后一段所说的"随机选择子二代豌豆进行杂交"，应当更正为"随机选择子二代豌豆进行自由交配"更合适。

（2）解法一：子二代中 DD，Dd，dd 的比例为 1∶2∶1，即随机选择一个豌豆，选出的豌豆遗传因子为 DD，Dd，dd 的概率分别为$\frac{1}{4}$，$\frac{1}{2}$，$\frac{1}{4}$。那么考虑子三代豌豆的子叶是绿色的情况为：Dd 自交；dd 自交；Dd 和 dd 杂交。因此：

Dd 自交：父本有$\frac{1}{2}$的概率选到 Dd，母本有$\frac{1}{2}$的概率选到 Dd。Dd 和 Dd 自交时，有$\frac{1}{4}$的概率产生 dd。所以此时的概率为$\frac{1}{2}\times\frac{1}{2}\times\frac{1}{4}=\frac{1}{16}$；

dd 自交：父本有$\frac{1}{4}$的概率选到 dd，母本有$\frac{1}{4}$的概率选到 dd。dd 和 dd 自交时，有 1 的概率产生 dd。所以此时的概率为$\frac{1}{4}\times\frac{1}{4}\times1=\frac{1}{16}$；

Dd 和 dd 杂交：Dd 和 dd 正交时：父本有$\frac{1}{2}$的概率选到 Dd，母本有$\frac{1}{4}$的概率选到 dd，Dd 和 dd 杂交时，有$\frac{1}{2}$的概率产生 dd，此时的概率为$\frac{1}{2}\times\frac{1}{4}\times\frac{1}{2}=\frac{1}{16}$；Dd 和 dd 反交时：父本有$\frac{1}{4}$的概率选到 dd，母本有$\frac{1}{2}$的概率选到 Dd，Dd 和 dd

杂交时，有$\frac{1}{2}$的概率产生 dd，此时的概率为$\frac{1}{4}\times\frac{1}{2}\times\frac{1}{2}=\frac{1}{16}$。所以 Dd 和 dd 杂交的总概率为$\frac{1}{16}+\frac{1}{16}=\frac{1}{8}$。

综上，子三代豌豆的子叶是绿色的概率为$\frac{1}{16}+\frac{1}{16}+\frac{1}{8}=\frac{1}{4}$。即子三代豌豆的遗传因子为 dd 的概率为$\frac{1}{4}$。

进一步考虑，由于 DD 和 dd 的地位相等，根据对称性，子三代豌豆的遗传因子为 DD 的概率也为$\frac{1}{4}$。从而子三代豌豆的遗传因子为 Dd 的概率为$\frac{1}{2}$，即子三代中 DD，Dd，dd 的比例也为 1∶2∶1。

解法二：事实上，在生物学上，如果生物种群中 DD 和 dd 的比例满足 1∶1，即 D 配子和 d 配子的比例满足 1∶1，只要经过一代自由交配，子一代中 DD，Dd，dd 的比例就会成为 1∶2∶1. 通过数学的方法可以验证，不失一般性，可以设父代中 DD，Dd，dd 的比例为 1∶x∶1，此时 D 配子和 d 配子的比例满足 1∶1。随机选择一个样本，选出的样本遗传因子为 DD，Dd，dd 的概率分别为$\frac{1}{2+x}$，$\frac{x}{2+x}$，$\frac{1}{2+x}$。那么考虑子一代中遗传因子为 dd 的情况：Dd 自交；dd 自交；Dd 和 dd 杂交。因此：

Dd 自交：父本有$\frac{x}{2+x}$的概率选到 Dd，母本有$\frac{x}{2+x}$的概率选到 Dd。Dd 和 Dd 自交时，有$\frac{1}{4}$的概率产生 dd。所以此时的概率为$\frac{x}{2+x}\times\frac{x}{2+x}\times\frac{1}{4}=\frac{x^2}{4(2+x)^2}$；

dd 自交：父本有$\frac{1}{2+x}$的概率选到 dd，母本有$\frac{1}{2+x}$的概率选到 dd。dd 和 dd 自交时，有 1 的概率产生 dd。所以此时的概率为$\frac{1}{2+x}\times\frac{1}{2+x}\times1=\frac{1}{(2+x)^2}$；

Dd 和 dd 杂交：Dd 和 dd 正交时：父本有$\frac{x}{2+x}$的概率选到 Dd，母本有$\frac{1}{2+x}$的概率选到 dd，Dd 和 dd 杂交时，有$\frac{1}{2}$的概率产生 dd，此时的概率为$\frac{x}{2+x}\times\frac{1}{2+x}\times\frac{1}{2}=\frac{x}{2(2+x)^2}$；Dd 和 dd 反交时：父本有$\frac{1}{2+x}$的概率选到 dd，母本有$\frac{x}{2+x}$的概率选

到 Dd,Dd 和 dd 杂交时,有$\frac{1}{2}$的概率产生 dd,此时的概率为$\frac{1}{2+x}\times\frac{x}{2+x}\times\frac{1}{2}=\frac{x}{2(2+x)^2}$。所以 Dd 和 dd 杂交的总概率为$\frac{x}{2(2+x)^2}+\frac{x}{2(2+x)^2}=\frac{x}{(2+x)^2}$。

综上,子一代中遗传因子为 dd 的概率为$\frac{x^2}{4(2+x)^2}+\frac{1}{(2+x)^2}+\frac{x}{(2+x)^2}=\frac{1}{4}$。类似解法一后面的讨论,子一代中遗传因子为 DD 的概率也为$\frac{1}{4}$。从而子一代中遗传因子为 Dd 的概率为$\frac{1}{2}$。即子一代中 DD,Dd,dd 的比例也为 1∶2∶1。

追问 1:卡西欧 fx-CG50 图形计算器可以进行编程,等概率产生 0~1 之间的随机数,并且可以对程序输入多个输入值。利用图形计算器的编程和随机数功能,如何模拟实际情况,验证上述解法二中提出的生物学原理,即“如果生物种群中 DD 和 dd 的比例满足 1∶1,只要经过一代自由交配,子一代中 DD,Dd,dd 的比例就会成为 1∶2∶1”?对于编写的程序,需要哪些输入值?预期什么样的输出值?

设计意图:解法二的解答过程,是从数学理论上证明了该生物学原理。通过图形计算器的模拟程序,能够从模拟实际上验证该生物学原理。另外,模拟程序也是数学建模的一种方式,学生通过思考,设计出正确的模拟程序,也可以达到提升数学建模核心素养的目的。

预设的师生活动:通过前面的研究学习,学生应该有足够的能力解决此问题。本环节应由学生自主探索,合作交流,最后在教师的引导下形成答案,但该问题的答案不唯一,只要能正确解决该问题就可以。

由于 DD 和 dd 的比例满足 1∶1,所以只需要 2 个输入值:

1. 亲本 DD,Dd,dd 的总量。例如比例为 1∶2∶1 时,总量为 4。

2. 亲本为隐性基因 dd 的量。例如 DD,Dd,dd 的比例为 1∶2∶1 时,dd 的量为 1。

知道了这两个值之后,亲本中 DD,Dd,dd 各自占的比例就都知道了。输出值为子代中产生 dd 的数目或所占的比例。具体程序如下:

程序 1:YICHUAN1

“TOTAL　T=”（提示输入亲本 DD,Dd,dd 的总量,例如比例为 1∶2∶1 时,总量为 4)

? →T （输入亲本 DD,Dd,dd 的总量）

"YIN　Y=" （提示输入亲本为 dd 的量,例如 DD,Dd,dd 的比例为 1∶2∶1 时,dd 的量为 1）

? →Y （输入亲本为 dd 的量）

1 000→N （循环次数,即总统计次数）

1→I （循环计数）

0→A （记录子代中产生 dd 的数目）

While　I≤N

Ran#×T→F （随机产生一个 0~T 的数作为父本 F）

Ran#×T→M （随机产生一个 0~T 的数作为母本 M）

Ran#→S （随机产生一个 0~1 的数作为子代产生的概率 S）

If　F≤Y （如果父本 F 的值在 0~Y 之间,则认为是 dd,母本 M 同理）

Then

　If　M≤Y

　Then　A+1→A （父本母本同为 dd,子代必然为 dd,所以 A 计数加 1）

　Else

　　If　M≤T-Y （如果母本 M 的值在 Y~T-Y 之间,则认为是 Dd,母本 M 同理）

　　Then

　　　If　S≤0.5 （父本为 dd,母本为 Dd,子代有二分之一的概率为 dd）

　　　Then　A+1→A

　　　If　End

　　If　End

　If　End

Else

　If　F≤T-Y

　Then

　　If　M≤Y

　　Then

　　　If　S≤0.5 （父本为 Dd,母本为 dd,子代有二分之一的概率为 dd）

　　　Then　A+1→A

```
            If   End
          Else
            If   M≤T-Y
            Then
              If   S≤0.25  （父本母本同为Dd，子代有四分之一的概率为dd）
              Then   A+1→A
              If   End
            If   End
          If   End
        If   End
      If   End
      I+1→I
      While   End
      A ◢
```

程序 2：YICHUAN2

"TOTAL　T＝"　（提示输入亲本 DD，Dd，dd 的总量，例如比例为 1∶2∶1 时，总量为 4）

? →T　（输入亲本 DD，Dd，dd 的总量）

"YIN　Y＝"　（提示输入亲本为 dd 的量，例如 DD，Dd，dd 的比例为 1∶2∶1 时，dd 的量为 1）

? →Y　（输入亲本为 dd 的量）

1 000→N　（循环次数，即总统计次数）

1→I　（循环计数）

0→A　（记录子代中产生 dd 的数目）

While　I≤N

Ran#×T→F　（随机产生一个 0~T 的数作为父本 F）

Ran#×T→M　（随机产生一个 0~T 的数作为母本 M）

Ran#→S　（随机产生一个 0~1 的数作为子代产生的概率 S）

If　F≤Y　And　M≤Y　（如果父本 F 和母本 M 的值都在 0~Y 之间，则认为是 dd）

Then　A+1→A　（父本母本同为 dd，子代必然为 dd，所以 A 计数加 1）

```
If  End
If  (F≤Y  And  Y<M  And  M≤T-Y)Or(Y<F  And  F≤T-Y  And
M≤Y)
  (如果父本 F 的值在 Y~T-Y 之间,则认为是 Dd,母本 M 同理)
Then
    If  S≤0.5  (父本母本有一方为 dd,另一方为 Dd,子代有二分之一的概率为 dd)
    Then  A+1→A
    If  End
    If  End
    If  Y<F  And  F≤T-Y  And  Y<M  And  M≤T-Y
Then
   If  S≤0.25  (父本母本同为 Dd,子代有四分之一的概率为 dd)
   Then  A+1→A
   If  End
If  End
I+1→I
While  End
A ◢
```

这两个程序各有优缺点,它们算法比较如下:

	YICHUAN1	YICHUAN2
空间复杂度 (图形计算器内存占用量)	260 个字节	244 个字节
时间复杂度 (图形计算器执行 16 次平均用时)	约 18 秒	约 20.5 秒
逻辑流程 清晰程度	If 语句嵌套多, 不太清晰	比较清晰

程序执行结果

	YICHUAN1				YICHUAN2			
序号	TOTAL	YIN	A	时间(s)	TOTAL	YIN	A	时间(s)
1	4	1	247	17.32	4	1	252	20.53
2	4	1	263	17.27	4	1	254	20.52
3	4	1	246	17.16	4	1	252	20.52
4	4	1	245	17.23	4	1	256	20.56
5	6	1	233	17.99	6	1	249	20.82
6	6	1	264	18.13	6	1	239	20.79
7	6	1	225	18.01	6	1	246	20.80
8	6	1	241	18.05	6	1	277	20.77
9	8	1	260	18.48	8	1	274	20.92
10	8	1	235	18.50	8	1	266	20.94
11	8	1	239	18.60	8	1	241	20.92
12	8	1	254	18.55	8	1	235	20.90
13	10	1	256	18.72	10	1	264	21.14
14	10	1	247	18.67	10	1	250	21.09
15	10	1	227	18.75	10	1	253	20.92
16	10	1	234	18.79	10	1	238	21.08
平均			244.75	18.138 75			252.875	20.826 25

可以看出，两个程序在各自执行 16 次后，平均值基本都在 250 左右，占总次数 1 000 的约 25%，符合预期结果。由于对这 16 次结果数值的方差、标准差等统计量，不在此课题范围内，在此不做讨论。

图形计算器部分截图如下：

图 1

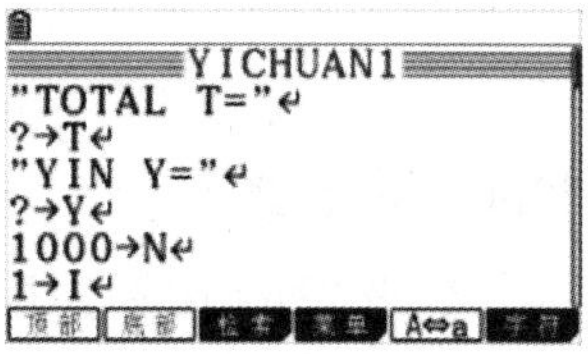

图 2

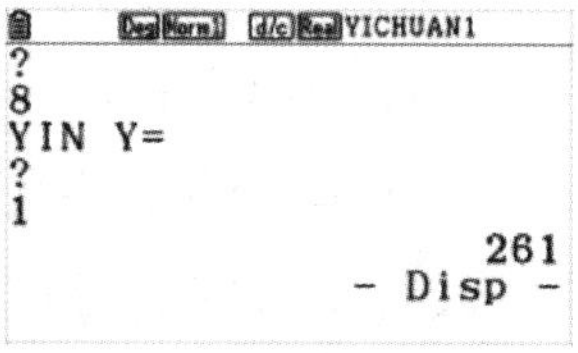

图 3

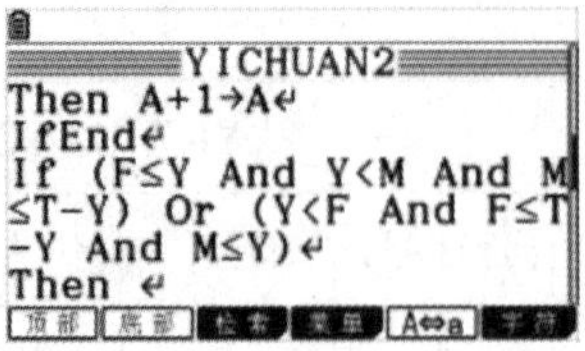

图 4

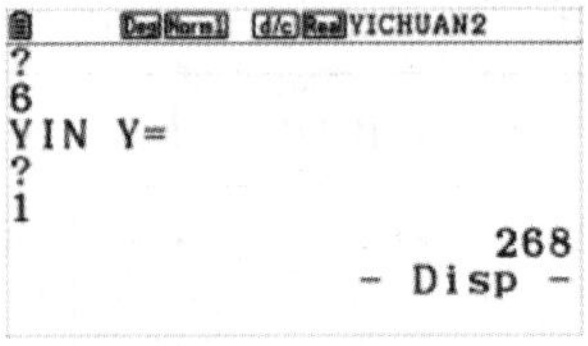

图 5

说明:本问题所讨论的都为理想情况,实际的生物种群中遗传因子的比例情况,可能会由于病害、自然灾害、自然选择等多种原因,导致 DD,Dd,dd 的比例不为 1∶2∶1,甚至连 D 配子和 d 配子的比例也不满足 1∶1。

点评:本问题是一个难题,首先是由于数学教科书中出现的生物学概念不严谨,导致学生理解容易产生偏差。另外,在正确理解的基础上,要严格遵循计数的两个基本原理:分类加法原理,分步乘法原理。首先要弄清楚,有三种交配情况会产生 dd,这三种情况的结果,要相加起来,这是一个分类加法的过程。其次对于每种交配情况,都要遵循先选父本母本,再进行交配的过程,这是一个分步乘法的过程。

【问题 5】人的某些相貌特点来自父母的遗传,比如发际,比较常见的有 V 形发际和平发际两种,发际的形状受常染色体的一对等位基因控制,V 形发际基因对平发际为显性。统计班里 V 形发际和平发际学生的数量,并结合项目实施过程第二阶段的统计报告和结果分析,回答问题:按照问题 4 的结论,人群中 V 形发际和平发际的比例应为 3∶1,实际统计的结果是否符合? 如不符合,可能的原因是什么?

设计意图:数学模型是纯理论的,生物学研究的问题还要考虑很多实际情况。理论联系实际,才能更好地将数学知识应用到处理实际问题中去。在分析造成不符情况的可能原因时,也提升了学生逻辑推理的核心素养。

预设的师生活动:学生互相观察发际,举手统计 V 形发际和平发际的人数。如果符合 3∶1 的比例,那么说明理论符合实际。如果不符合 3∶1 的比例,学生分析可能的原因,教师进行补充。

可能的原因:

1. 样本空间不够大,统计的人数不够多。

2. 观察判断有误,有些人的 V 形发际和平发际的特征不够明显,导致统计出错。

3. 由于人类基因自然选择、一定区域内人群基因的固化(没有或很少和外界人群产生基因交流）等原因，样本人群中的V形发际和平发际的一对等位基因的配子比例，本身就不满足1∶1，所以V形发际和平发际的人数就不符合3∶1的比例。

最后可以找两个小组，最好是一组调查范围比较大的，和一组调查范围比较小的，展示统计报告和分析结果，并进行比对。

【问题6】如果要重复孟德尔的试验，则需找到遗传因子为DD的黄色子叶豌豆和遗传因子为dd的绿色子叶豌豆。根据遗传性状，绿色子叶豌豆的遗传因子肯定为dd。但黄色子叶豌豆的遗传因子可能为DD，也可能为Dd。结合项目实施过程第一阶段的阅读报告，回答问题：应当如何选取到遗传因子为DD的黄色子叶豌豆呢？

设计意图：该问题不要求定量计算，只要求定性分析。通过定性分析，进一步体会概率理论在遗传学中的应用。

预设的师生活动：学生小组讨论，然后给出方案，教师在学生讨论的基础上，进行完善。

根据遗传规律可知，子代中D配子和d配子的比例，和父代中D配子和d配子的比例一样。所以可以选取大量黄色子叶豌豆，根据遗传规律，其中D配子和d配子的比例一定大于等于1∶1，进行一次自由交配，将产生出的绿色子叶豌豆去除，只留下黄色子叶豌豆。那么剩余的黄色子叶豌豆中，D配子和d配子的比例增大，黄色子叶豌豆的遗传因子为DD和Dd的比例也增大。反复进行该操作多次后，可知剩余的黄色子叶豌豆的遗传因子为DD的比例将会非常接近100%，可近似认为全部为遗传因子为DD的黄色子叶豌豆。

3. 梳理小结

【问题7】通过本节课的学习，你知道了什么，其本质是什么？其中蕴含着怎样的研究问题的方法？数学知识用于解决实际问题，要注意什么？

设计意图：帮助学生梳理基本知识，提升逻辑推理核心素养。

预设的师生活动：学生自主总结，展示交流。

通过本节课的学习，知道了孟德尔遗传规律，其本质是概率理论在遗传机理中的应用，包括大数定律，古典概型的特征，以及事件的相互独立性。其中蕴含了理论联系实际的研究问题的方法，将实际现象提升到理论高度，再用试验结果验证理论。数学知识解决实际问题，要注意实际问题可能存在的各种实际情况。

本节的结构图：

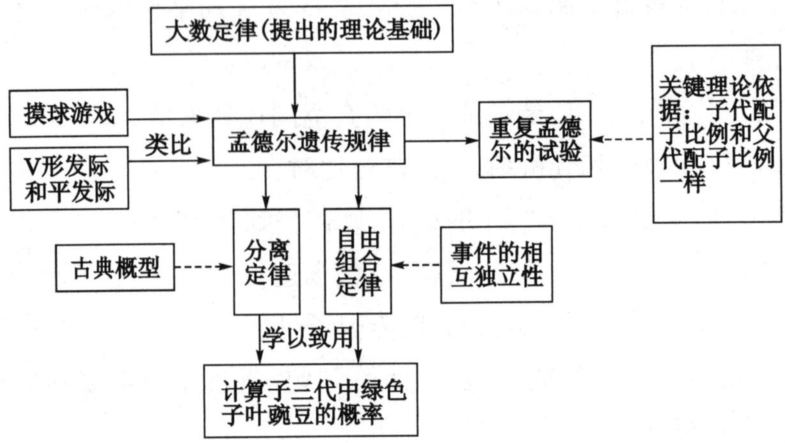

该结构图是板书的主要内容，是在教学过程中自然生成的，不是在最后的总结阶段整体给出。

布置作业：如果知道父代豌豆中遗传因子为DD，Dd，dd的比例为1∶2∶1，即黄色子叶豌豆的遗传因子为DD，Dd的比例为1∶2，那么按照问题6中的方法，将黄色子叶豌豆进行自由交配，产生的子一代中，遗传因子为DD，Dd的比例为多少？再将子一代中黄色子叶豌豆进行自由交配，产生的子二代中，遗传因子为DD，Dd的比例为多少？

注：有关问题4中提到的教科书中的不当之处，生物学上自交、正交、反交的相关概念，以及该问题解法二中提到的生物规律，还有问题5的相关内容，是在山西省实验中学高中生物组颜威老师的帮助下完成的。在此表示特别感谢。

案例分析

这是一个跨学科的实践型项目学习。

这节课，是以孟德尔遗传规律作为项目化学习的展示交流课，追求的是概率理论在遗传机理中的应用，以及如何正确地计算概率，为此精心设计了问题串。这些问题串和项目实施过程中的相关问题是相互呼应的，用问题将项目过程、教科书内容串起来，引起学生思考，深化学生理解。在问题串中还更正了教科书的不当之处，并用数学的方法证明了问题4的解法二中的生物学规律，帮助学生理解跨学科知识，避免各学科之间知识结构的相互孤立。在教学过程中，随着教学进程的推进，在黑板上逐渐勾勒出完整的结构图，展示了本节课的研究线索，将隐性的知识显性化，以期帮助学生提升逻辑推理核心素养,实践证明这样的设计和实践能有效地达成预期的目标。

说明:该案例已发表于《中国数学教育》2020 年第 7-8 期。

执笔人:山西省实验中学　田晨曦

山西省教育科学研究院　薛红霞,常磊

案例 16　教学小项目

——正余弦定理的拓展应用

一、项目的缘起

1.《课程标准》的要求

《课程标准》中指出,数学中的创新往往始于问题,发现和提出问题是创新的基础。反思传统课堂,我们的学生习惯于接受现成的理论,解决一些已经提出的问题,但创新不足。从实践来看,结合课程内容的实际要求和学生的年龄特点,适时、适度地引导学生从日常生活中和具体情境中发现,提出数学问题,进而分析解决问题,是有利于数学学习水平提高的。

2. 落实核心素养的需求

本项目学习从一道题目出发,系统地总结了一系列问题,深入浅出。本项目学习为学生提供了自主、合作、探究的机会,通过团队合作完成与实际学习相关的项目任务,能够提高学生学习数学的兴趣,增强学好数学的信心,对学生养成良好数学学习习惯,发展自主学习能力,提高从数学的角度发现问题、提出问题、分析问题、解决问题的能力有一定的帮助。

二、项目设计

1. 驱动问题

三角形是平面几何中最常见、最重要的图形之一,三角形的边角关系是三角形中最重要的关系之一,而正弦、余弦定理是刻画三角形边角关系最为重要的两个定理。它们为解三角形提供了基本而重要的工具。

驱动问题是,你能从解三角形这个系统之下审视这道题,然后提出值得研究的问题吗?

2. 项目作品

每组课后形成一份学习报告。学习报告的具体要求：

《正余弦定理的应用》微项目案例学习报告				
组号		组长		组员
知识的梳理： 方法的总结： 问题的延伸： 探索的启发：				

3. 项目评价

评价维度：

(1)对于具体题目求解的能力，方法优劣的掌握程度。

(2)在具体问题的基础上，进一步挖掘、探索新问题的能力。

(3)学习方法的延伸能力。

(4)小组合作的效果。

(5)课后归纳总结以及进一步探索的能力。

4. 项目实施规划

任务一：完成一道具体的应用正余弦求解的题目，并讨论方法的优劣。

任务二：基于任务一的成果，先个人提出值得研究的问题，再以小组为单位搜集、整理、分析，进一步提出值得研究的问题，并尝试解决。

任务三：以小组为单位展示交流，在展示交流过程中进一步深化和优化处理问题的方法。

任务四：课后个人梳理总结，小组形成学习报告。

三、项目实施及成果展示

任务一：

(1)出示题目，学生自主完成，之后小组核对，并筛选优解展示。

已知$\triangle ABC$中，$\angle A=60^\circ$，$a=\sqrt{3}$，求面积S的取值范围。

两个小组展示其求解的办法和结果。

展示一：$S=\frac{1}{2}bc\sin A=\frac{\sqrt{3}}{4}bc$，利用余弦定理得到：

$b^2+c^2-bc=3$，$3+bc=b^2+c^2\geqslant 2bc$，$bc\leqslant 3$。

从而问题解决。

展示二：$S=\frac{1}{2}bc\sin A=\frac{\sqrt{3}}{4}bc$，利用正弦定理得 $b=2\sin B, c=2\sin C$，所以 $S=\frac{\sqrt{3}}{4}\times 2\sin B\times 2\sin C=\sqrt{3}\sin B\sin C=\sqrt{3}\sin\left(\frac{2\pi}{3}-C\right)\sin C\left(0<C<\frac{2\pi}{3}\right)$。

从而问题解决。

(2)小组讨论上述两种解决方法的优点及不足。

展示三：用余弦定理和基本不等式解决上述问题简单易懂，缺点是求最值更为方便，但是解决取值范围时不太方便；用正弦定理解决问题时计算略烦琐，但是解决问题的类型更为广泛，应用更加成熟。

任务二与任务三并行推进：

小组一：该小组在上述问题的基础上提出了如下问题：

已知$\triangle ABC$中，$\angle A=60°$，$a=\sqrt{3}$，求周长 L 的取值范围。

这个小组不仅提出了问题，而且在前面解决问题的基础上很轻松地用两种方法解决了这个问题。解法 1 即 $L=a+b+c=\sqrt{3}+b+c$，由余弦定理和基本不等式可得$(b+c)^2-2bc-bc=3$，$(b+c)^2-3=3bc\leqslant 3\times\frac{(b+c)^2}{4}$，所以 $b+c\leqslant 2\sqrt{3}$，从而得到周长 L 的取值范围。解法 2 即应用正弦定理 $b=2\sin B, c=2\sin C$ 可得 $L=a+b+c=\sqrt{3}+b+c=\sqrt{3}+2\sin B+2\sin C$，从而得到周长 L 的取值范围。

小组二：小组二在展示的时候没有先提出自己的问题，而是对于小组一的问题提出了一种新的思路：我们利用基本不等式求周长最大值时发现它的最大值是在 $b=c$ 的时候即三角形是等腰三角形时取到的，而最小值是在只要能构成三角形这个临界状态下取到的。既然这样，如果作为一个小题，我们是否可以直接得到结果。这种思路为我们研究这类问题提供了一种崭新的思路，使我们对问题的了解更加地深入和通透。

小组三：小组三提出既然周长是和三角形三边有关的，那么其他和三角形三边有关的边是不是也都能解决取值范围的问题？但是小组三没能进一步提出更确切的问题。不过在小组三的提示下，老师再次组织各小组讨论，分析。

小组四：在小组三的提示下，小组四很快提出了例如能否求出三角形的 BC 边上高 AE 的取值范围？BC 边上的中线 AD 的取值范围？$\angle A$ 的平分线 AF 的取值范围？这些问题的提出使同学们顿时觉得豁然开朗，很快便自发地讨论起来要如何解决这些问题。有了前面的解决方法之后，这些问题的解决就显得很轻松了。

小组五：高 AE 可用等面积法 $S=\frac{1}{2}\times AE\times BC=\frac{1}{2}bc\sin A$，即 $AE=\frac{1}{2}bc$；中线 AD 可以利用向量得 $\overrightarrow{AD}=\frac{1}{2}\overrightarrow{AB}+\frac{1}{2}\overrightarrow{AC}$，即 $AD^2=\frac{1}{4}(b^2+c^2+bc)$；角平分线 AF 利用 $\triangle ABD$ 和 $\triangle ADC$ 中的正弦定理可得 $AD\left(\frac{1}{2\sin B}+\frac{1}{2\sin C}\right)=\sqrt{3}$，即 $AD\left(\frac{1}{b}+\frac{1}{c}\right)=\sqrt{3}$，即 $AD=\frac{\sqrt{3}bc}{b+c}$，高 AE、中线 AD、角平分线 AF 都可以用 $b+c$ 和 bc 表示，而 $b+c$ 和 bc 的范围我们可以从余弦定理得到的式子 $(b+c)^2-2bc-bc=3$ 获得，所以这几个问题就都得到了解决。

小组六：小组六提出的问题能否用前面的方法及知识解决 $b+2c$ 的取值范围？这个问题看似和前面的类似，但是解决起来却遇到了麻烦，因为由余弦定理我们能获得 $b+c$ 和 bc 的范围，但是想要由此得到 $b+2c$ 却很困难，这时有同学提出我们可以用正弦定理 $b=2\sin B$，$c=2\sin C$ 解决 $b+2c$ 的问题，即 $b+2c=2\sin B+4\sin C$，从而类似的问题都可以这样解决。

小组七：小组七提出的问题是如果将三角形改成锐角三角形，以上问题又该如何解决？将三角形改成锐角三角形之后，如果是用余弦定理解决的，那么我们就考虑当三角形接近直角三角形这个极端时以及是等腰时两种状态；如果是用正弦定理解决的，我们就将角的范围按锐角三角形的要求进行限定，这样的话问题也就解决了。在此基础上，有的同学提出，如果是个钝角三角形那么问题又该如何解决呢？我把这个问题留作了课后思考题，请同学们课后继续探讨、思考。

任务四：前面同学们顺利地完成了任务一、任务二、任务三，前三个任务的完成是同学们共同讨论的结果，是在不断地探索中得到的，在探索的过程中同学们能够不断地发现问题、提出问题、解决问题，为了让同学们这种探索的能力形成习惯以便能够融入日常的学习中，所以要求同学们课后将本项目中涉及的知识、方法、探索的过程等进行梳理，然后以小组形式形成学习报告（略）。

项目的评价反馈：

（1）学生对于任务一的完成可以说是非常顺利，说明具备对于具体问题的求解能力。但是方法的选择不能做到从容不迫，个人所擅长的方法较为单一。

（2）在具体问题上的进一步延伸、探索新问题的能力上，一小部分同学做得非常好，但是也有一些同学需要在组员的帮助下才能完成，还需要进一步加强。

(3)通过此次项目学习加强了同学们对于学习方法延伸的能力以及增强了小组合作探究的能力。

(4)最后的学习报告每个小组基本上都做到了条理清楚，但是对于探索的启发仍需要不断地引导。

四、项目反思

1. 项目学习应融入日常教学

很多老师和学生一直把项目学习孤立起来，把它作为一个额外的学习内容来研究，但实际上项目学习应该是我们平时学习的一个延伸与深化。本节课的研究由一道简单常见的习题引入，一开始是单纯的研究用什么样的思维和方法解决这个问题，如果是传统的课堂，我们可能讲到这里就结束了，但是本节课我们采用的方法是同学们自己寻找发现问题，然后再解决问题，整个过程都是学生完成的，在完成的过程中学习到了解决问题的方法，而且还有很多意想不到的收获。这也就启发了老师们，如果能够将这样的项目学习常态化，渗透到我们的日常学习中，那对于学生来说，应该能起到一个质的飞跃。对于教师本身来说也是一次新的提高。

2. 项目学习可以提高学生学习能力

项目学习是用高阶思维带动低阶思维的一种学习方式，高阶思维是系统化的思维，平时做题，就是一道题，是一个碎片化的过程，不管做多少题，学生始终是茫然的，而项目学习就是让学生通过自己的探索将这种碎片化的知识、方法进行整合，从而形成系统的思维方式。这种系统的思维方式不仅能解决“应用正余弦定理解三角形”这一类问题，而且对于学生发现、解决问题的能力的提高也至关重要。而这种能力一旦形成，以后的学习会变得非常轻松。

3. 项目学习可以激发学生的学习兴趣

传统的数学课堂是枯燥的，学生被动地接受，又由于学习的难度大，学生参与感不强，所以效果往往并不好。但是项目学习方式注重发现问题，所以同学们的参与感明显加强了。

案例分析

项目学习让习题课变得更有深度。

数学习题课常见的上法就是老师出题,学生解题,大量做题,训练学生的熟练度。那么习题课的功能到底是什么呢?首先要梳理基本知识使其系统化、结构化,方有利于学生理解、应用;其次,要梳理基本技能,使其条理化,方便学生调用;更重要的是培养学生分析问题、解决问题的能力,才能使学生用现在应对未来。如何实现?如上案例从一道题目出发,在求解的基础上让学生展开讨论,优化解法。进而让学生提出值得研究的题目,并互相讨论,形成小组的成果,并在全班展示交流,互相借鉴,最后形成报告即项目成果。以项目作品驱动学生进行探索,深挖与这个题目纵横交错的各种可能情况,并评价整合,完善成果。相信他们获得的不是一堆题目的解法,而是一类题目的解法,即其结构变化,将来面对一道新的题目,支撑他思考的就是一个立体全面的结构图,这样有助于提升其思维的灵活性,提高分析转化,求解问题的能力。

执笔人:山西省实验中学　常青,张贺,马胜利

案例 17　设计微项目　破解统计概率题

【试题】某快递公司收取快递费用的标准是:质量不超过 1 kg 的包裹收费 10 元;质量超过 1 kg 的包裹,除 1 kg 收费 10 元之外,超过 1 kg 的部分,每超出 1 kg(不足 1 kg,按 1 kg 计算)需再收 5 元。

该公司对近 60 天,每天揽件数量统计如下:

包裹件数范围	0~100	101~200	201~300	301~400	401~500
包裹件数(近似处理)	50	150	250	350	450
天数	6	6	30	12	6

(1)某人打算将 $A(0.3\ \text{kg})$,$B(1.8\ \text{kg})$,$C(1.5\ \text{kg})$三件礼物随机分装成两个包裹寄出,求他需支付的快递费不超过 30 元的概率;

(2)该公司从收取的每件快递的费用中抽取 5 元作为前台工作人员的工资和公司利润,剩余的作为其他费用。前台工作人员每人每天揽件不超过 150 件时,工资 100 元;目前前台有工作人员 3 人,那么,公司将前台工作人员裁员

1 人对提高公司利润是否更有利?

传统的教法:

某快递公司收取快递费用的标准是:质量不超过 1 kg 的包裹收费 10 元;质量超过 1 kg 的包裹,除 1 kg 收费 10 元之外,超过 1 kg 的部分,每超出 1 kg(不足 1 kg,按 1 kg 计算)需要再收 5 元。

该公司对近 60 天,每天揽件数量统计如下:

包裹件数范围	0~100	101~200	201~300	301~400	401~500
天数	6	6	30	12	6

(1)某人打算将 A(0.3 kg),B(1.8 kg),C(1.5 kg)三件礼物随机分装成两个包裹寄出,求该人支付的快递费不超过 30 元的概率;

(2)作出这些数据的频率分布直方图;

(3)假设前台工作人员每人每天揽件不超过 150 件,工资 100 元,如果前台有 3 名工作人员,估计每天平均能揽件多少? 如果前台裁员 1 人,估计每天平均能揽件多少?

(4)该公司除去其他支出,每揽一件包裹能挣 5 元,除去工人工资,其余的为公司纯利润,那么该公司雇佣几名工作人员合算?

(5)公司为了激发前台工作人员的积极性,规定揽件数达到 150 件时每超过一件工资增加一元,(假设每人每天最多可揽件 250 件且揽件均匀分配),那么只用两名工作人员对提高公司利润是否更为有利?

针对这个教学设计,试问几个"为什么":学生为什么要作频率分布直方图? 为什么要知道每天平均揽件多少? ……

可见,上述教学设计中的问题都是针对求解过程设计的,这种设计在教学中常见,其共同的特征就是:以标准答案为依据,以解题为目标,缺乏数学的分析。这也正是导致学生缺乏分析问题的能力,能解决熟悉的试题,面对新情境试题时比较恐慌的原因所在。

项目学习理念下的教法:

(1)初步了解公司营运情况

某快递公司收取快递费用的标准是:质量不超过 1 kg 的包裹收费 10 元;质量超过 1 kg 的包裹,除 1 kg 收费 10 元之外,超过 1 kg 的部分,每超出 1 kg(不足 1 kg,按 1 kg 计算)需要再收 5 元。

该公司对近 60 天,每天揽件数量统计如下:

包裹件数范围	0～100	101～200	201～300	301～400	401～500
天数	6	6	30	12	6

师:某人打算将 A(0.3 kg),B(1.8 kg),C(1.5 kg)三件礼物随机分装成两个包裹寄出,求该人按哪种组合支付快递费比较合算;

学生快速地解决完三种组合各自的快递费,对收费标准理解到位。

师:同学们能准确计算出各种组合的结果,说明我们能胜任接待员的工作了。根据这些数据还可以做什么呢?

生:用样本估计总体。

师:借助哪个统计知识呢?

生:频率分布直方图。

师:请作出频率分布直方图,并估计包裹的平均数、中位数、众数。

大部分学生能准确作出频率分布直方图,特别能注意到纵坐标轴代表的是频率/组距。教师在课堂巡查,发现有把直方图画错的,通过投影展示,让学生指出问题,并强调注意事项。通过板演,基本上学生能很熟练地计算得出平均数为 260,中位数为 260,众数为 250。

师:我们能够得到这些数据,说明大家能够胜任数据分析师的工作了。那么我们得到这些数据有什么用呢?从这些数据可以看出这 60 天包裹数量的平均值、中位数、众数在 260 附近。作为快递公司,需要哪些类型工作人员呢?

生:揽件员、快递员、收银员、话务员、清洁工,等等。

(2)分析数据,确定揽件员人数

师:那么处理包裹需要哪种工作人员处理?

生:揽件员。

师:作为经理,你觉得需要几名揽件员?依据是什么?假设前台工作人员也就是揽件员每人每天揽件不超过 150 件。

生甲:3 个。因为包裹数最多的有 450 件,所以需要 3 个人。

生乙:2 个。因为在这 60 天里,有 42 天两个人就能完成,3 个人就有点闲。

师:都有点道理。如果前台有 3 名工作人员,估计每天平均能揽件多少?如果前台有 2 名工作人员,估计每天平均能揽件多少?

让学生分组计算,若有 3 名工作人员,日平均揽件为 260;若有 2 名工作人员,日平均揽件 235 件。

师:那么我们从揽件数目上看,应该招几个人呢?

生:3 个。

师:我们只考虑揽件数够吗?(学生沉默)工资呢?该公司除去其他支出,每揽一件包裹能挣 5 元,每名工人工资为 100 元,除去工人工资,其余的为公司纯利润,那么该公司雇佣几名工作人员合算?

学生开始饶有兴趣地计算起来,很快学生得出结论了。如有 3 名工作人员,公司利润 1 000 元;若有 2 名工作人员,公司利润 975 元。

(3)结合实际,寻找更有效机制

师:这下大家就能得出确切结论了,招几个人呢?(学生一致认为是 3 人)这个决策在执行的过程中会出现什么样的状况?

生:员工积极性差,消极应对,工作不热情,反正每天 100 元,干多干少一个样。

师:结合我国经济发展,还会有什么状况?大家思考思考。

生:人工成本增加,物流费用不能轻易上调,行业竞争越来越激烈。

师:那么我们还有什么办法应对这种局面呢?

生:提高积极性,用两个人。

经过学生讨论、整理,最后形成以下激励机制:

公司为了激发前台工作人员的积极性,只招两名前台工作人员(假设每人每天最多可揽件 250 件且揽件均匀分配),准备了两种方案:第一种,规定揽件数达到 150 件时每超过一件工资在原有基础上增加一元;第二种,计件挣工资,揽一件,挣一元钱。哪种方案对公司有利,哪种方案对员工有利?

(4)获得答案

①由题意,寄出方式有以下三种可能:

情况	第一个包裹			第二个包裹			支付的总快递费(元)
	礼物	质量(kg)	快递费(元)	礼物	质量(kg)	快递费(元)	
1	A	0.3	10	B,C	3.3	25	35
2	B	1.8	15	A,C	1.8	15	30
3	C	1.5	15	A,B	2.1	20	35

所有 3 种可能中,有 1 种可能快递费未超过 30 元,根据古典概型计算公式,所求概率为$\frac{1}{3}$。

②将题目中的数据转化为频率,得

包裹件数范围	0~100	101~200	201~300	301~400	401~500
包裹件数(近似处理)	50	150	250	350	450
天数	6	6	30	12	6
频率	0.1	0.1	0.5	0.2	0.1

若不裁员,则每天可揽件的上限为450件,公司每日揽件数情况如下:

包裹件数(近似处理)	50	150	250	350	450
实际揽收件数	50	150	250	350	450
频率	0.1	0.1	0.5	0.2	0.1
平均揽件数	$50\times0.1+150\times0.1+250\times0.5+350\times0.2+450\times0.1=260$				

故公司平均每日利润为 $260\times5-3\times100=1\ 000$(元);

若裁员1人,则每天可揽件的上限为300件,公司每日揽件数情况如下:

包裹件数(近似处理)	50	150	250	350	450
实际揽收件数	50	150	250	300	300
频率	0.1	0.1	0.5	0.2	0.1
平均揽件数	$50\times0.1+150\times0.1+250\times0.5+300\times0.2+300\times0.1=235$				

故公司平均每日利润为 $235\times5-2\times100=975$(元)。

故公司将前台工作人员裁员1人对提高公司利润不利。

上述教学过程充满了生活的气息。学生在课余时间不但求解了本题,还把最后引申得到的两种方案的结果都计算出来了。这是一次愉快的教学过程。为此老师深切地感受到:概率统计题的背景多与生活息息相关,所以在讲解这类问题时要尽量让学生找那种身临其境的感觉,充当角色,熟悉流程,学生有了带入感,解题就不会太陌生。

案例分析

用微项目将学生带入真实情境,提高其分析问题的能力。

上述的求解过程在项目学习的背景下进行,在学生的心中有一个角色转换,即他是某快递门店的经理,为了提升门店的经济效益,需要在统计分析、概率计算的基础上做出决策。从这样的视角出发,面对这个题目时他不是简单的计算,而是首先搞清"事理",然后解决数学问题,最后做出决策,解决实际问题。

事实上,对于此类与现实结合紧密的试题,可以在项目学习的理念下进行教学设计,按照:事理→算理→决策,层层递进,破解此类统计概率难题。

执笔人:山西省阳泉市十五中　赵玉东
阳泉市第二中学校　郭金红

八、技术支持下的教学设计

案例 18　不同函数增长的差异

一、内容与内容解析

1. 内容

指数函数、一次函数、对数函数的增长差异,“指数爆炸”“直线上升”“对数增长”的含义。

2. 内容解析

本节课主要围绕一次函数 $y=kx(k>0)$、对数函数 $y=\log_a x(a>1)$、指数函数 $y=b^x(b>1)$ 的增长情况展开讨论,掌握不同函数增长的差异可以帮助我们在生活中选取恰当的函数模型,从而解决实际问题。

这三类函数在区间 $(0,+\infty)$ 上都单调递增,但增长速度差异很大,其中,一次函数 $y=kx(k>0)$ 的增长速度保持不变,呈现直线上升趋势;指数函数 $y=b^x(b>1)$ 的增长速度越来越快,呈现指数爆炸趋势;对数函数 $y=\log_a x(a>1)$ 的增长速度越来越慢,呈现对数增长趋势。因此总会存在一个 $x_0\in(0,+\infty)$,当 $x>x_0$ 时,$b^x>kx>\log_a x$ 成立。

本节课实质上是在研究一种新的函数性质——增长速度差异问题。是在确定函数单调性之后对函数变化趋势更深入的探讨,是研究函数的变化率与导数的基础。

类比函数性质的研究思路,先列出具体函数的对应值表,画出函数的图象,从表格和图象上依次观察当自变量变化值相同时,函数值变化的规律。直观感受函数增长的快慢差异,归纳不同函数的增长规律。

又由于一次函数 $y=kx(k>0)$ 增长速度恒定,所以依次让指数函数 $y=b^x$

$(b>1)$和对数函数 $y=\log_a x(a>1)$ 与之作对比，最后根据传递性得出三者的增长差异规律。

在函数变化过程中，保持不变的特征就是函数的性质。把不变性、规律性的特征归纳，再将定性的特征定量表示。这是发展数学核心素养的重要载体。

因此，本节课的教学重点是：通过实例认识指数函数、对数函数、一次函数的增长差异，体会直线上升、指数爆炸和对数增长。

二、目标与目标解析

1. 目标

(1)结合实例体会直线上升、指数爆炸、对数增长等不同增长函数模型的意义。

(2)提升学生的数学抽象、直观想象核心素养。

2. 目标解析

达成上述目标的标志是：

(1)学生首先需要清楚一次函数的地位，充分利用一次函数的“基准线”作用，依次让指数函数和对数函数与基准线进行增长差异的对比，然后根据传递性得到三者的增长差异规律。

(2)在比较指数函数和一次函数增长的差异时，学生能从特殊的函数入手，依次从表格，图象中形象地感知不同类型函数增长速度的差异，然后概括归纳出这两类函数增长的一般规律。并能将上述方法迁移到对数函数与一次函数的增长差异分析中。

(3)学生借助于表格和图象来研究基本初等函数的增长规律，建立形与数的联系，发展了利用图形描述、分析数学问题的能力，提升其直观想象核心素养；学生借助于信息技术手段，按照由特殊到一般，由具体到抽象的路径来研究函数的增长规律，发展了学生数学抽象核心素养。

三、问题诊断分析

识记一次函数、指数函数、对数函数的增长规律是容易的，但理解和应用它们的增长差异解决问题是有一定难度的。学生在之前的函数性质的学习过程中，基本形成了数形结合及从具体到一般的研究思路，但是从来没有接触过增长速度的概念。所以从图、表给出的信息中描述变化速度对于初学者是比较困难的。

感受到增长速度的差异后，将这种差异转化为一个恒成立的数量关系——存在一个 x_0,当 $x>x_0$ 时,$b^x>kx>\log_a x$ 成立,从增长差异的定性描述跨越到这个抽象的定量关系,对于学生也会稍显突兀。

因此本节课的教学难点是:理解一次函数、指数函数、对数函数的增长差异,并能将之定量刻画。

为此在指数函数与一次函数增长速度的对比中,要详细地解读信息技术所得的表格和图象,一定要体现出自变量的变化量相同时,函数值变化量的规律。

在 x_0 的存在性说明上,可以通过 GGB 中求交点坐标功能具体呈现,降低理解难度。在选择函数模型的时候,增长速度的差异是一个很重要的切入点,多一种选择的视角,选择的难度也会降低。

四、教学支持条件分析

GeoGebra 课件。

五、教学过程设计

(一)创设情境,引发思考

【问题 1】A,B 两人初始的能力值分别为 1.05 和 10,A 的成长方式是每天比前一天进步 5%,B 的成长方式是每天比前一天增加 10 个能力值,半年(180 天)后这两人谁的能力值更大?

设计意图:设计一个与大多数人直观感受相悖的例子,激发学生的认知冲突。

预设的师生活动:学生利用直觉猜想,根据不同答案将学生分成两组,各自用图形计算器计算半年后这两人的能力值。学生应该是先求出对应的函数解析式,再进行计算。A 的能力值随天数 x 变化的关系式是 $y=1.05^x$,B 的能力值随天数 x 变化的关系式是 $y=10x$,所以半年后,A 的能力值为 $1.05^{180}\approx$ 6 517,B 的能力值为 1 800,起点低又看似蜗牛爬的 A 比起点高的 B 变得强大的多。

追问 1:结合两种函数的性质回答 A 是如何实现逆袭的?

设计意图:从实例中引发研究课题,使学生感受进一步研究函数性质的必要性。

预设的师生活动:学生回忆这两类函数的性质,发现用现有性质无法解答问题,因为二者在区间$(0,+\infty)$上均为增函数,所以还需要研究它们增长情况在其他方面的差异。

（二）合作探究，归纳原理

1. 研究指数函数和一次函数增长的差异

（1）特例示范

【问题 2】本节课先研究指数函数和一次函数增长的差异，类比之前研究函数性质的研究路径，思考应该如何研究不同函数增长的差异？

设计意图：明确研究内容和研究路径。

预设的师生活动：学生回忆研究函数性质的“三步曲”：先画图象，观察图象并归纳共性；再用表格，微观研究；最后用符号表示一般规律。

追问 1：选取适当的指数函数与一次函数，探索它们在区间$[0,+\infty)$上的增长差异，你能描述一下指数函数增长的特点吗？

预设的师生活动：选取一组指数函数和一次函数，比如：$y=2^x$ 和 $y=2x$。列出这两个函数自变量与函数值的对应值表，如表 1，并在直角坐标系中画出它们的图象，如图 1。

x	$y=2^x$	$y=2x$
0	1	0
0.5	1.414	1
1	2	2
1.5	2.828	3
2	4	4
2.5	5.657	5
3	8	6
…	…	…

表 1

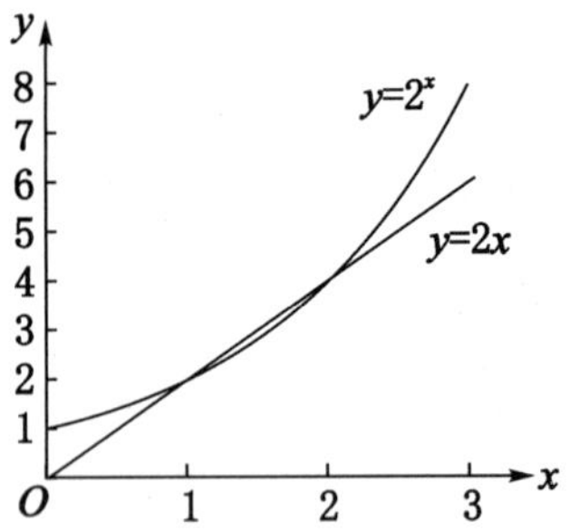

图 1

如图 1 所示，指数函数与一次函数有两个交点$(1,2)$，$(2,4)$，在区间$(0,1)$上，函数 $y=2^x$ 的图象位于 $y=2x$ 的图象上方，$2^x>2x$；在区间$(1,2)$上，函数 $y=2^x$ 的图象位于 $y=2x$ 的图象下方，$2^x<2x$；在区间$(2,3)$上，函数 $y=2^x$ 的图象位于 $y=2x$ 的图象上方，$2^x>2x$。这表明两个函数增长速度不同。

追问 2：通过对比这两个函数的自变量与函数值的对应值表，分别计算它们的变化率$\frac{\Delta y}{\Delta x}$，你能发现什么？

师生活动：学生独立完成，然后展示交流。

预设的答案：完成的变化率表如表 2。通过计算变化率$\frac{\Delta y}{\Delta x}$，发现一次函数 $y=2x$ 的自变量每增加 1 个单位，函数值均增加两个单位，即增长速度不变；指

数函数 $y=2^x$ 的自变量每增加 0.5 个单位，函数值的增加量在不断变大，即加速增长。

x	$y=2^x$	$\frac{\Delta y}{\Delta x}$	$y=2x$	$\frac{\Delta y}{\Delta x}$
0	1		0	
0.5	1.414	0.828	1	2
1	2	1.172	2	
1.5	2.828	1.656	3	
2	4	2.344	4	
2.5	5.657	3.314	5	
3	8	4.686	6	
…	…	…	…	…

表 2

追问 3：除了图 1 中的两个交点，这两个函数还有没有其他的交点，你能解释一下原因吗？

设计意图：将两个函数放在更大的范围内进行考察，以更加宏观的视角观察思考增长规律的差异。

预设的师生活动：学生在更大范围的区间里列出这两个函数自变量与函数值的对应值表（如表 3），教师可以邀请学生在 GGB 课件中滑动滚轮改变视窗范围在更大范围内观察图象（如图 2），确认交点的个数。

x	$y=2^x$	$y=2x$
0	1	0
2	4	4
4	16	8
6	64	12
8	256	16
10	1 024	20
12	4 096	24
…	…	…

表 3

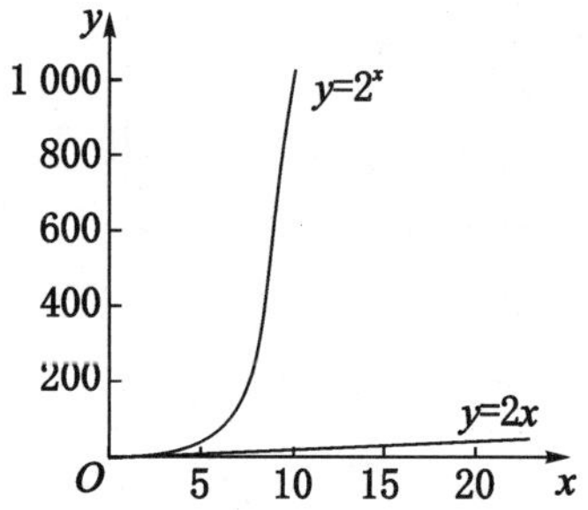

图 2

学生分析原因：从表 3、图 2 中解读出指数函数和一次函数由于增长速度的不同，而且是不在一个“档次”上。随着 x 的增大，$y=2^x$ 的图象就像与 x 轴垂直一样，2^x 的值快速增长；而 $y=2x$ 的增长速度保持不变，与函数 $y=2^x$ 的增长速度相比微不足道。所以,增速快的指数函数终会赶超一次函数,即存在一个 $x_0 \in (0,+\infty)$,当 $x>x_0$ 时,$2^x>2x$。

(2)推广到一般结论

【问题 3】这样的结论可以推广到任意一组指数函数 $y=a^x(a>1)$ 和一次函数 $y=kx(k>0)$ 中去吗?

设计意图:引导学生观察不同的指数函数和一次函数,在大量案例的基础上归纳总结,得出一般结论。

预设的师生活动:学生提议,在 GGB 软件中任意改变指数函数的底数 a 的取值和一次函数系数 k 的取值,然后对比分析。

老师引导学生在改变参数值时,要有对照的意识,比如先固定指数函数 $y=2^x$,然后任取一次函数。再任取指数函数中增速较慢的函数,和一次函数中增速较快的函数做对比。

图 3 是函数 $y=2^x$ 与 $y=1\ 000x$ 的图象;对比图 2 可知,针对相同指数函数即使选取一个增速较快的一次函数,当 x 取值较大时,一次函数的增长相对指数函数的增长也不值一提。

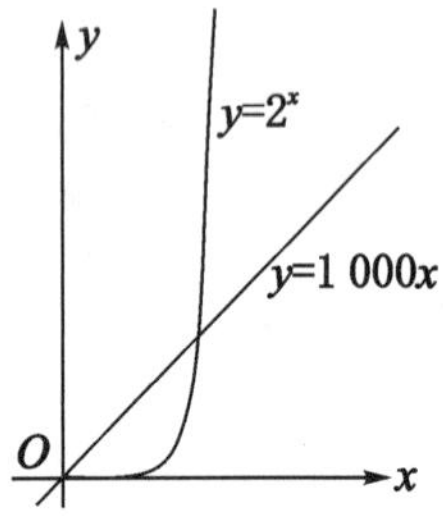

图 3

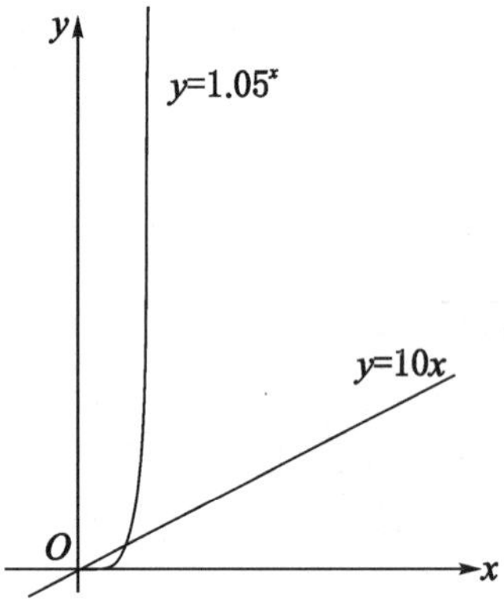

图 4

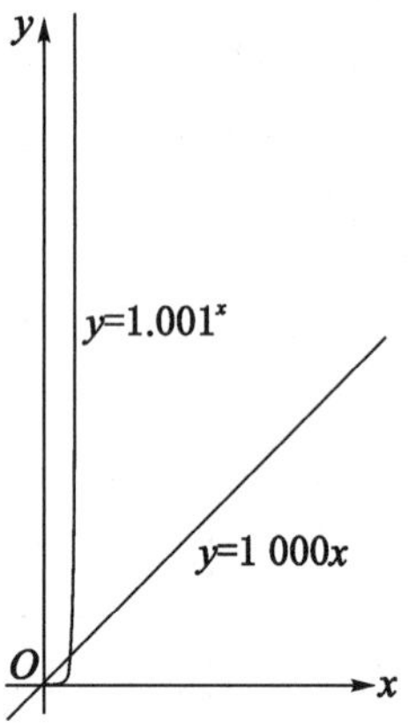

图 5

图 4 是函数 $y=1.05^x$ 与 $y=10x$ 的图象。图 4 还顺带回答了这节课最开始的问题,利用 GGB 的求交点功能,可知 A 从第 150 天起就超越了 B。

图 5 是函数 $y=1.001^x$ 与 $y=1\ 000x$ 的图象。

由图 4 和图 5 可知,当选取增长相对较慢的指数函数和增长相对较快的一次函数,当 x 取值较大时,一次函数的增长相对指数函数的增长也是不值一提。

学生进行最后汇总:指数函数 $y=a^x(a>1)$ 与一次函数 $y=kx(k>0)$ 的增长

差异都与上述情况类似。即使 k 的值远远大于 a 的值，$y=a^x(a>1)$ 的增长速度最终都会大大超过 $y=kx(k>0)$ 的增长速度。因此总存在一个 $x_0\in(0,+\infty)$，当 $x>x_0$ 时，$a^x>kx$。

点评：指数函数不像一次函数那样按同一速度增长，而是越来越快，呈爆炸式增长，所以俗称"指数爆炸"。所以问题 1 中的 A 就是带着指数光环实现逆袭的。

2. 研究对数函数与一次函数增长的差异

(1)类比确定研究方案

【问题 4】如何研究对数函数与一次函数增长的差异？请你设计方案，并完成，之后进行展示。

师生活动：学生类比研究指数函数 $y=a^x(a>1)$ 与一次函数 $y=kx(k>0)$ 增长差异的思路，先确定研究方案，之后分组合作完成，老师挑选典型图象演示，让当组学生解说研究思路并展示研究结果。

设计意图：在本环节中，充分给予学生主导权，调动学生学习的主动性和积极性，训练学生的知识迁移能力。

预设的研究方案：学生任意选取对数函数和一次函数，先画函数图象，观察图象并归纳共性；再用表格，微观研究；最后用符号表示一般规律。

预设的研究成果：

x	$y=\lg x$	$y=\frac{1}{10}x$
0	不存在	0
10	1	1
20	1. 301	2
30	1. 477	3
40	1. 602	4
50	1. 699	5
60	1. 778	6
…	…	…

表 4

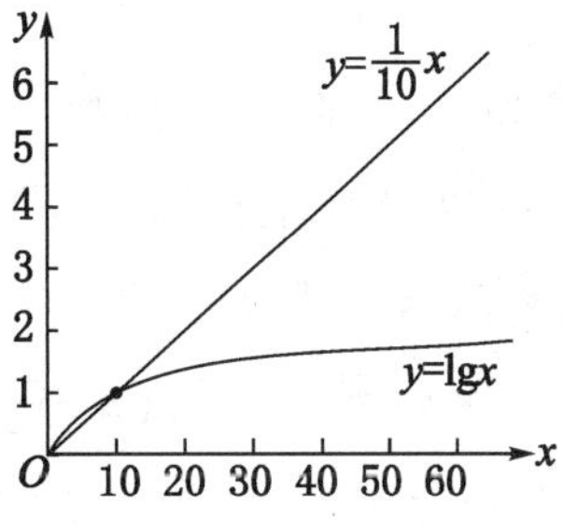

图 6

设计意图：从图象上直观感受两个函数的增长差异。此处为了解读方便，选取一组对数函数和一次函数，比如：$y=\lg x$ 和 $y=\frac{1}{10}x$，利用 GGB 列出这两个函数自变量与函数值的对应值表（如表 4），并在直角坐标系中画出它们的图象(如图6)。

鼓励学生说出自己的发现:它们在区间$(0,+\infty)$上均为单调递增函数,但增长速度存在明显差异。$y=\frac{1}{10}x$增长速度不变,而$y=\lg x$的增长速度在变小。随着x的增大,函数$y=\lg x$的图象越来越平缓,就像与x轴平行一样,当x的值从10增加到10 000,$y=\frac{1}{10}x$的函数值从1增加到1 000,而$y=\lg x$的函数值从1增加到4,与$y=\frac{1}{10}x$相比,$y=\lg x$增长得非常慢。因此总存在一个$x_0\in(0,+\infty)$,当$x>x_0$时,$\frac{1}{10}x>\lg x$成立。

在此基础上,利用GGB,固定对数函数$y=\lg x$,然后任意改变一次函数的系数k,尤其是与一次函数中增速较慢的函数做对比。请学生观察并总结规律。

而且由于换底公式$\log_a x=\frac{\lg x}{\lg a}$,所以任意对数函数与一次函数的增长均满足上述规律。

学生进行汇总:对数函数$y=\log_a x(a>1)$与一次函数$y=kx(k>0)$的增长差异都与上述情况类似。即使k的值远远小于a的值,$y=\log_a x(a>1)$的增长速度最终都会远远小于$y=kx(k>0)$的增长速度。因此总存在一个$x_0\in(0,+\infty)$,当$x>x_0$时,$kx>\log_a x$。

点评:对数函数不像一次函数那样按同一速度增长,而是越来越慢,俗称“对数增长”。对数函数比较适合于描述增长速度平缓的变化规律。

3. 研究三类函数增长的差异

【问题5】一次函数$y=kx(k>0)$、对数函数$y=\log_a x(a>1)$和指数函数$y=b^x(b>1)$的增长差异是什么?请你试着概括。

设计意图:知识汇总,归纳提升,帮助学生构建完整的知识体系。

预设的师生活动:因为随着x的增长,指数函数$y=b^x(b>1)$的增长速度越来越快,增速一定会超过匀速增长的一次函数$y=kx(k>0)$,对数函数$y=\log_a x(a>1)$的增长速度越来越慢,增速一定会低于匀速增长的一次函数$y=kx(k>0)$,所以存在一个$x_0\in(0,+\infty)$,当$x>x_0$时,$b^x>kx>\log_a x$成立。

(三)初步应用,深化理解

略

(四)梳理小结

略

本节的结构图如图 7 所示:

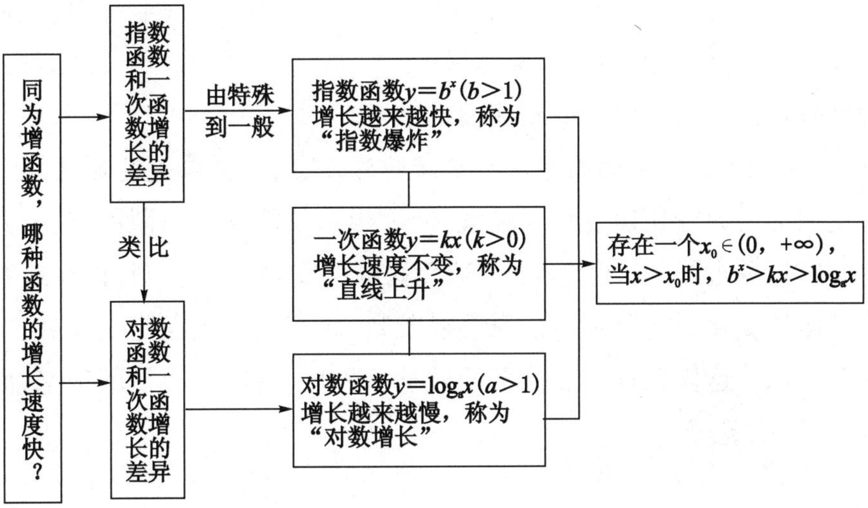

图 7

六、目标检测设计

略

案例分析

1. 按照函数性质研究的套路展开研究

"不同函数增长的差异"属于一类特殊的函数性质,研究函数性质的"研究视角"是寻找变化中的规律性、不变性,据此研究不同函数增长的差异,就是要对比不同函数在增速方面的规律。

如何研究增速方面的特征,又需要数形结合,从感性到理性的研究,这体现了研究函数性质时数形结合,不完全归纳的思想方法。也就是"一般观念"中依据心理学路径确定的"研究程序"。

最后结合本小节的内容,以一次函数的增长速度特点为切入点进行研究,这是本节课的具体研究思路。

综上,对"不同函数增长的差异"在"一般观念"下的三个维度分析如下:

研究套路是:背景(如何选择恰当的函数类型来刻画现实问题中的单调变

化的不同)→借助图象研究函数性质→应用(根据不同函数增长变化的特性,通过比较它们的增长差异加以区分)。

研究路径是基于具体函数的图象和对应值表,直观发现并归纳增长差异,获得猜想,然后验证猜想。由于学生研究函数增长的工具所限(主要是没有导数工具),本课时主要利用信息技术进行验证。最后用数学语言加以表达,并以一次函数作为标尺,用来“度量”指数函数和对数函数的增长差异,从而理解直线上升、指数爆炸和对数增长的含义。

研究视角是寻找变化中的不变性。

2. 理解技术,让学生的思维从有限穿越到无穷,从抽象走进直观

由于三类函数变化速度差异较大,徒手绘图仅能展示有限的部分,其余部分只能凭借想象进行,有了技术的支持,就可以突破这种限制,直观地看到三类函数具体的变化。而且可以任意变换参数,从有限的图象走到无穷,丰富学生的感性认识。这样在技术支持下的教学将不再是抽象、机械的记忆,而是生动、有意义的识记。

执笔人:太原市外国语学校　朱喜娜

太原市进山中学校　李林霞

案例 19　频率与概率

一、单元教学内容与内容解析

1. 教学内容

“频率与概率”是《普通高中教科书数学必修第二册》(人教 A 版)第十章中的内容。

本单元主要内容为:频率的稳定性;随机模拟:蒙特卡洛方法。

本单元建议用 2 课时:第一课时,频率的稳定性;第二课时,随机模拟。

2. 内容解析

本单元是在初中概率学习的基础上,进一步探究频率与概率的关系及其理论原理。随机性与规律性是随机事件对立统一的两大特性。在个别试验中,随机事件的发生与否是不确定的,不可预测的,具有随机性,但是在相同条件下,大量重复的试验和观察中,随机事件的发生与否就具有了一定的统计规

律,频率的稳定性就是这种规律性的体现。正确理解频率的稳定性,深刻体会频率与概率的关系,逐步感受用频率估计概率的合理性和实用性,能帮助我们更好地解释日常生活中常见的随机现象,从而进一步加深对概率意义的理解。

本单元的内容属于概念型知识及程序性知识,主要涵盖了处理数据、绘制图表和利用信息技术工具等进行具体操作的数学技能以及对统计思维和方法的正确理解。其中,"频率的稳定性"侧重的是通过学生在动手实践的过程中积累一些基本的数学活动经验,并借助信息技术工具直观地感知频率和概率的联系和区别,进而加深对概率的正确理解。因此,整体上,本单元知识的学习可以按"猜想—动手试验—数据收集—数据分析—发现结论—解释现象—解决问题"的过程进行安排。当学生理解了可以利用频率估计概率的合理性时,自然地不难想到这也是获得随机事件概率的一种有效方法,随机模拟也有了充分的理论基础,统计的思维和方法得以在实际中应用。

据此,本单元的教学重点是:频率与概率的联系和区别;设计、实施、运用随机模拟试验的方法得到事件发生的频率,并以此来估计概率。

二、单元教学目标与目标解析

1. 教学目标

(1)在具体情境中,了解随机事件发生的频率的稳定性;通过实例,进一步了解频率与概率的关系以及概率的意义;

(2)通过数据的收集、整理和分析,提升数据分析素养;

(3)了解随机数的意义;

(4)结合实例,能运用随机模拟方法(包括计算器产生随机数来进行模拟)估计概率,提升数学建模素养。

2. 目标解析

达成上述目标的标志是:

(1)学生能通过掷硬币的试验,形成对随机事件的随机性以及随机性中表现出来的规律性的直接感知;

(2)学生能理解在大量重复试验中,随着试验次数的增加,频率稳定在概率附近,进而能以此正确解释日常生活中遇到的一些与概率有关的随机现象;

(3)学生能通过图形计算器对得到的数据进行制表、绘图等操作处理,并得出一定的结论;

(4)学生能通过利用图形计算器产生随机数并意识到可以利用随机数表

示试验结果;

(5)学生能针对具体的实际问题设计合理的概率模型,并能通过图形计算器进行模拟试验得到所求概率的估计值。

三、单元教学问题诊断分析

学生在初中已经对频率与概率的关系有了初步认识,但对频率与概率的本质区别缺乏深刻认识。在前面的学习中,学生已经对随机事件发生的不确定性(随机性)及其概率有了一定的认识和理解,学生也有能力对典型实例(掷硬币试验)开展活动,统计分析试验数据。在“同时抛掷两枚硬币”试验中,学生能够很容易根据已学古典概型的知识得到相关事件的概率,在此基础上,组织学生进行手工试验及利用图形计算器模拟试验,并画出频率折线图,能让学生切实感受到频率具有稳定性,从而进一步加深对用频率估计概率的正确性、合理性的认识。但是,由于频率是随机的,而概率是一个客观存在的常数,因此,在试验次数较少时,试验中可能出现频率与概率的偏差程度过大的情况,这是随机现象的特性,也是学生感到困惑的地方,因此如何对随着试验次数的增大,频率偏离概率的幅度会缩小进行阐释是本单元的第一个教学难点。

本单元的第二个教学难点是利用所学知识把实际问题转化为随机模拟问题并设计恰当的概率模型实施操作。出现这个难点的原因主要是由于学生以前没有随机模拟的认识和体验,应用数学建模的意识也比较薄弱,所以教师应该在教学中首先让学生意识到随机模拟的基本思想是利用频率估计概率,其次要善于引导学生如何将解决实际问题中的数学思想方法迁移到信息技术工具中进行具体操作。

四、教学支持条件分析

在本单元的学习中,需要借助图形计算器 CACIO fx-CG50,它操作简单,功能强大,能帮助我们快速收集、处理数据,绘制统计图表,较好地加强了学生对频率稳定性的直观感受。另外,利用图形计算器产生随机数进行模拟试验,极大地提高了课堂教学水平,使学生对蒙特卡洛方法应用的广泛性和可操作性有了更深刻的认识和体会。

五、教学过程展示

第一课时 频率的稳定性

（一）课时教学内容：频率的稳定性

（二）课时教学目标

1. 通过掷硬币试验理解当试验次数较大时，试验频率稳定于概率，知道据此可估计某一随机事件发生的概率；

2. 通过实例，了解频率与概率的关系以及概率的意义；

3. 通过对统计数据进行整理分析，归纳总结试验结果，体会统计结果的真实性、随机性和规律性。

（三）课时教学重点与难点

教学重点：频率与概率的联系和区别，用频率估计概率。

教学难点：对频率的稳定性规律的理解。

（四）教学过程设计

1. 问题导入

【问题1】请你判断以下两种游戏是否公平，并说明理由。

游戏一：甲、乙两人通过掷两枚质地均匀的硬币做胜负游戏，规定：两枚硬币同时出现正面或同时出现反面算甲胜，一个正面、一个反面算乙胜。

游戏二：甲、乙两人通过从一定高度抛掷一枚图钉做胜负游戏，规定：钉尖着地算甲胜，钉帽着地算乙胜。

预设的师生活动：引导学生回顾古典概型公式的使用条件及公式，很容易求出游戏一中的两个事件的概率，并作出判断；对于游戏二，学生无法利用已学知识进行判断，只能凭生活经验进行猜测。

设计意图：通过生活中的实际问题，复习古典概型相关知识，并利用其对游戏的公平性作出评判，加深对古典概型知识的应用理解，同时由游戏二无法用古典概型知识进行判断引发寻求新的求概率的方法，为探索频率与概率的关系做铺垫。

教师小结：通过上述问题的讨论，我们注意到，对于样本点等可能的试验（比如游戏一），我们可以用古典概型公式计算出有关事件的概率。但是在现实中，很多试验的样本点往往不是等可能的或者是否等可能不容易判断（比如游戏二)。这时,我们就无法通过古典概型公式计算有关事件的概率,因此,我们需要寻求新的求概率的方法。

【问题 2】生活经验告诉我们,在“掷硬币”时,我们通过统计容易获得某一事件发生的频率,那么它与事件发生的概率之间到底有没有一定的关系,是怎样的关系呢?我们应该如何展开研究?

预设的师生活动:学生一般能说出频率与概率的关系,教师在学生回答的基础上给出研究路径:做重复的随机试验—观察、归纳试验结果的共同特征—比较、发现频率的特征(随机性和稳定性)。

设计意图:在一般观念的引领下,引导学生确定探究频率和概率关系的研究程序。

2. 试验探索

【问题 3】对于问题 1 中的游戏一,分别利用手工和图形计算器重复做同时抛掷两枚质地均匀的硬币的试验,设事件 A =“一个正面朝上,一个反面朝上”,统计 A 出现的次数并计算频率,再与其概率进行比较。你发现了什么规律?

预设的师生活动:学生分别利用手工和图形计算器进行试验,并根据要求交流并回答问题。

(1)手工试验

试验要求:

①每人重复做 20 次试验,记录事件 A 发生的次数,并计算频率,填入表 1;

②五人一组,组内相互比较各自试验结果;

③各组统计事件 A 发生的次数,计算事件 A 发生的频率,将结果填入表 2,并汇总展示。

表 1

学号	试验总次数	事件 A 发生的次数	事件 A 发生的频率
	20		

表2

小组序号	试验总次数	事件 A 发生的次数	事件 A 发生的频率
1	100		
2	100		
3	100		
…	100		

思考：通过自己试验 20 次，小组试验 100 次和全班试验 1 000 次的情况下，回答以下问题：

（1）各小组得到的事件 A 发生的频率一样吗？为什么会出现这种情况？

（2）随着试验次数的增加，事件 A 发生的频率有什么变化规律？

（3）是不是重复试验次数越多，事件 A 发生的频率就越接近其概率？为什么？

预设的师生活动：学生观察统计结果，教师引导学生以事件 A 的所有可能结果的相互关系为角度进行归纳，发现频率的特征，并用自己的语言表达对试验过程和结果的看法。

可能出现的问题：一是在试验次数少的情况下，试验中可能出现频率与概率的偏差程度过大的情况，导致统计结果不能很明显地体现出频率稳定于概率这一特征，即对“思考”中问题（2）的回答未达到预期效果；二是可能会有不少学生认为“思考”（3）的说法是正确的。

教师解释：试验中出现频率与概率偏差过大，这是随机现象的特性，每次试验的结果仅是一个随机事件，在一次试验中可能发生也可能不发生，随着试验次数的增大，频率偏离概率的幅度会逐渐缩小；而重复试验次数多时，随机事件的频率不一定比试验次数少时更接近概率，但是试验次数足够多时，频率的波动幅度小的可能性更大，教师要引导学生注意观察对比试验数据，并在此基础上提出利用图形计算器模拟试验，增大试验次数，来进一步验证上述结论。

（2）利用图形计算器模拟掷两枚硬币试验

试验要求：

①每组重复试验次数 100 次，记录事件 A 发生的频数，各做 5 组试验，将统计结果填入表 3；

②将十个组每次试验得到的事件 A 发生的频数汇总，并计算频率，统计结果填入表 4。

表 3

试验次数	$n=100$	
序号	频数	频率
1		
2		
3		
…		

表 4

试验总次数	$N=1\ 000$	
序号	频数	频率
1		
2		
3		
…		

预设的师生活动：1. 教师引导学生利用 1 表示硬币正面向上，用 0 表示硬币反面向上，这样利用图形计算器不断产生 0、1 两个数，就相当于不断地做抛掷硬币的试验。2. 学生以组利用图形计算器进行具体操作。

利用图形计算器模拟同时抛掷两枚硬币 100 次的试验，步骤如下：

(1) 在主菜单(MENU)窗口，按数字键[1]。如图 1，进入“计算 · 矩阵”窗口；

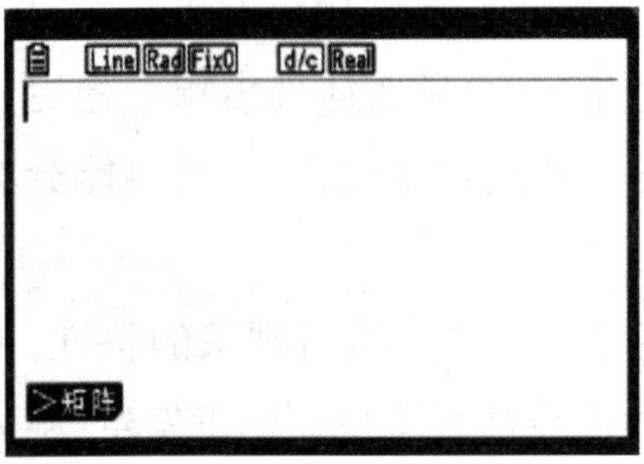

图 1

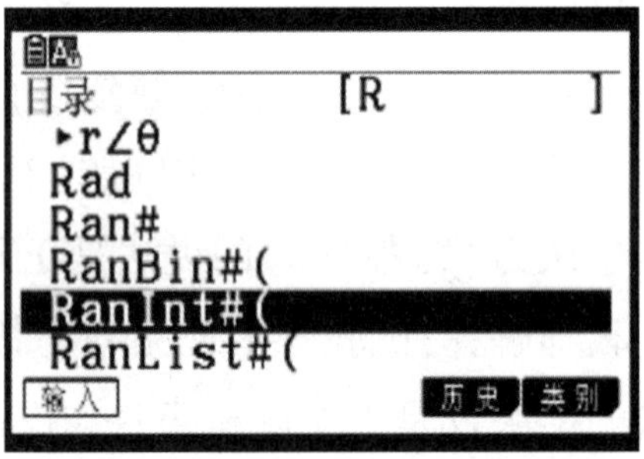

图 2

(2) 按[SHIFT]键，再按数字键[4]。在目录里输入 R，快速定位到首字母为 R 的命令符，拨动光标控制盘上的上下箭头于 RanInt#处，如图 2。按[EXE]键，把 RanInt#复制过来，如图 3；

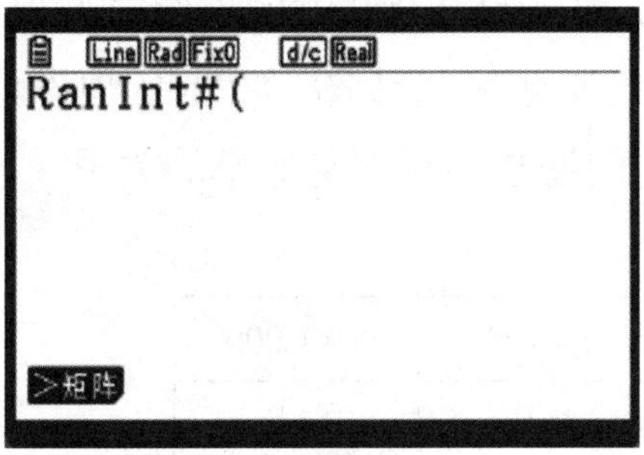

图 3

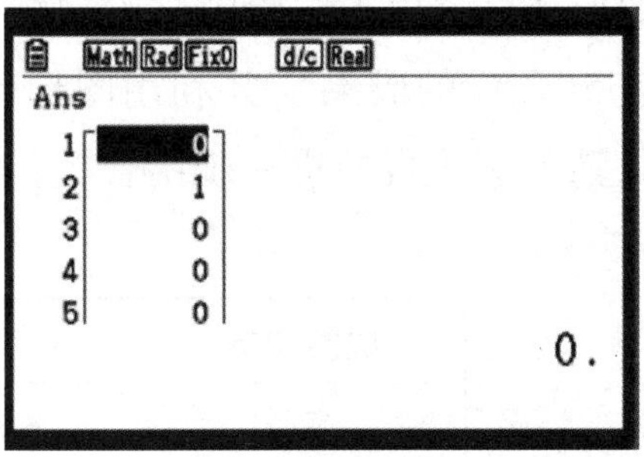

图 4

(3)在 RanInt#的括号中依次输入 0,1,100,按EXE键,一次产生 100 个 0 或 1 的随机数,结果存储在 ListAns 存储器中,如图 4;

(4)按照(2)和(3)的步骤再产生一组 100 个 0 或 1 的随机数,并分别编辑 RanInt#(0,1,100)→List 1,RanInt#(0,1,100)→List 2,如图 5。按EXE键,这两组 100 个随机数将出现在统计功能下的串列中,如图 6;

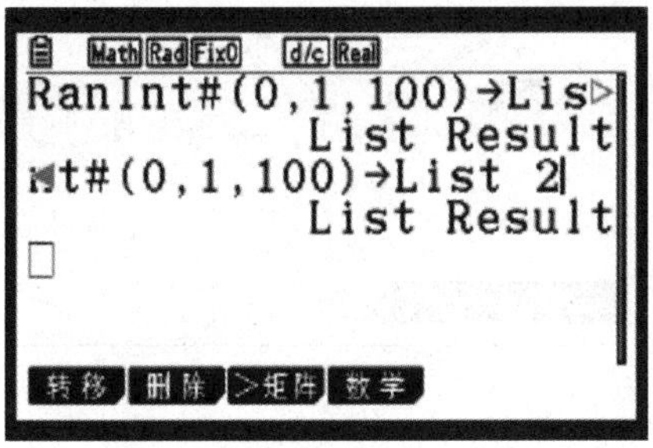

图 5

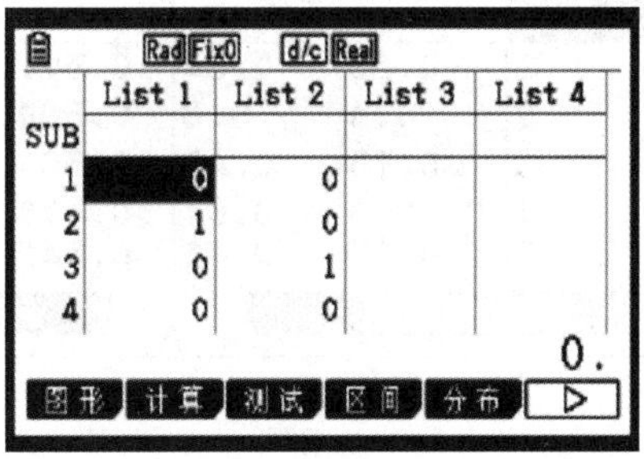

图 6

(5)按MENU,1,按SHIFT,4。如图 7,编辑 List 1+List 2→List 3,按EXE,即计算 List 1 与 List 2 的和,并将结果存放 List 3 中,如图 8;

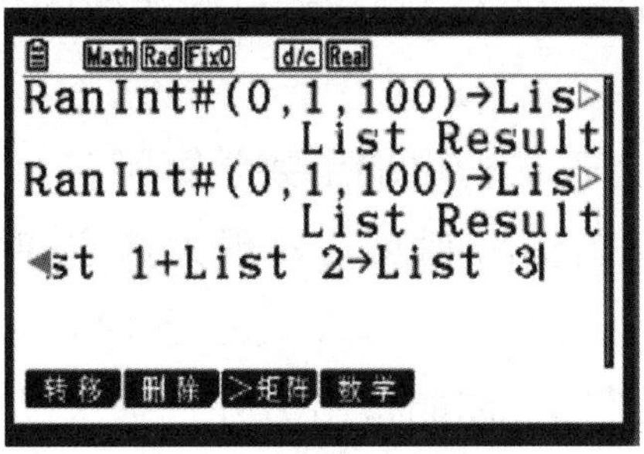

图 7

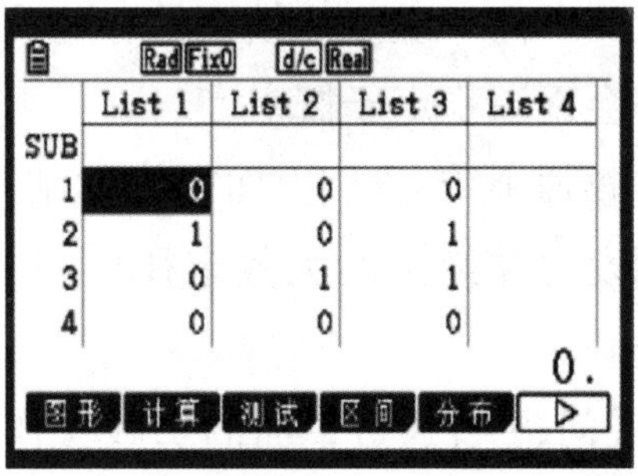

图 8

(6)统计 List 3 中 1 出现的次数,即为事件 *A* 发生的频数。

教师引导:现在,为了更直观清楚地看清规律,我们将抽取手工试验和利用图形计算器模拟试验中试验次数分别为 20,100,1 000 时的五组试验结果,如表 5(预设的成果),并利用图形计算器绘制频率折线图,如图 9(预设的成果),请大家观察并进一步结合“思考”中的问题总结频率与概率的关系。

表 5

试验次数	$n=20$	$n=100$	$n=1\ 000$
序号	频数	频数	频数
1	13	64	521
2	8	60	534
3	15	47	502
4	6	54	476
5	9	45	542

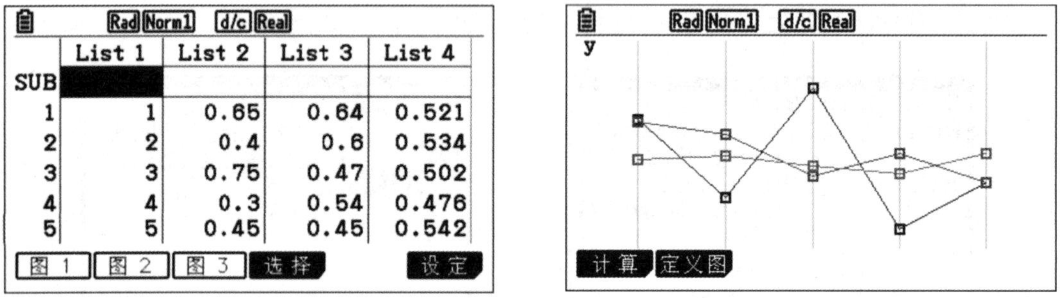

图 9

预设的师生活动:从图 9 中,学生能非常直观地发现:随着试验次数的增加,事件 A 发生的频率波动幅度越来越小,逐渐稳定于其概率。

设计意图:通过手工试验和利用图形计算器进行模拟试验,使学生经历重复试验,收集、整理试验数据,并利用图表表示试验数据,通过观察、比较直观感受到事件 A 发生的频率具有随机性,同时深刻体会到随着试验次数的增加,频率会逐渐稳定于概率。

教师小结:我们上面得到的结论实际上是最初由瑞士数学家雅各布 · 伯努利发现并给出的大数定律(可以简单介绍伯努利及其发现大数定律的数学史)。

【问题 4】通过上面的实践操作和总结归纳,你能得出另外一种求随机事件概率的方法吗?

预设的师生活动:学生组织语言并进行回答,教师注意强调这种方法得到的只是真实概率的估计值。

设计意图:强调通过做大量重复试验,可以利用频率的稳定值作为概率的估计值,让学生意识到这也是求随机事件的概率的一种有效方法,也是本节内容的应有之义。

3. 拓展应用

略

4. 小结

【问题5】通过本节课的学习,你能说说主要研究了什么内容吗?得到了什么结论?

预设的师生活动:学生独立思考,自主总结,展示交流。教师根据学生的回答,进一步引导学生体会频率和概率的联系和区别。

设计意图:促进学生对本节课的核心知识的理解掌握。

布置作业:

(1)利用图形计算器探索问题1中“两枚硬币同时出现正面或同时出现反面”的频率变化情况。

设计意图:再一次观察频率的变化情况,进一步验证体会频率的稳定性。

(2)教科书P254练习题1、3。

设计意图:让学生进一步感受频率的稳定性的广泛应用,并以此解释生活现象。

(五)目标检测设计

略

第二课时 随机模拟

案例分析

1. “一般观念”指导下开展真正的概率教学

首先,依据数学学习对象确定“研究套路”,据此规划研究内容。对于本单元而言,具体的研究“套路”是:实例(做重复的掷硬币试验)→概念(频率和概率的联系和区别)→性质(频率的稳定性)→应用(利用图形计算器进行随机模拟)。按照这样的“套路”进行重新设计,使得单元的内容逻辑连贯,问题提出自然衔接,知识生成水到渠成。

其次,依据数学教育心理学确定的“研究路径”,据此设计研究程序。问题

2 先提出本单元的研究路径,再利用后续问题和教师引导不断完善本单元的研究程序。对于本单元而言,研究程序为:做重复的掷硬币试验→观察、归纳试验结果的共同特征→比较、发现频率的特征(随机性和稳定性)→用随机事件发生的频率估计概率→利用随机模拟代替手工试验求概率。

最后,依据数学知识内在联系确定的"研究思路",据此明确研究视角问题。本单元的研究思路是利用类比、归纳等数学思想。由教师在整个探究过程中类比古典概型研究方法不断渗透。

类比如下:

	古典概型	频率与概率
背景 (研究必要性)	利用实验和观察得到概率费时费力,而且还是概率近似值	不符合古典概型的随机事件如何求概率
概念	建立数学概率模型——古典概型	频率和概率的关系
性质	样本点的有限性和发生的等可能性	频率的随机性和稳定性
应用	计算一类型随机事件的概率	利用频率求概率(随机模拟)

2. 技术的应用是概率教学的必需

如上可见,没有技术的支持,概率教学就是纸上谈兵,不可能让学生理解其本质,也不能提出值得研究的问题。

《课程标准》指出"注重信息技术与数学课程的深度融合,提高教学的实效性"。为此要理解为什么用技术,何时用技术,用怎样的技术,才能实现深度融合,提高教学实效性。并指出"教师应注重信息技术与数学课程的深度融合,实现传统教学手段难以达到的效果。例如,利用计算机展示函数图象、几何图形运动变化过程,利用计算机探究算法、进行较大规模的计算,从数据库中获得数据,绘制合适的统计图表;利用计算机的随机模拟结果,帮助学生更好地理解随机事件以及随机事件发生的概率"。技术手段的选择是多样的,如上课例中使用的是我们课题组常用的工具 CASIO 图形计算器,它是一种手持技术,优势在于学生可以人手一台,自主探索,便捷使用,而且没有其他内容的干扰。使用哪一种工具可以根据你的实际情况进行选择。但是建议尽量使用可以学生自主探索的,而不是教师演示给学生看的。

执笔人:山西省孝义中学校　白伟
太原市成成中学　高鹏

第二篇　新课程教学评价探索

一、新高考方向研究

1. 新高考加强创新能力考查的方式和途径

一是增强考试内容的基础性、综合性，多角度、多层次考查学生的综合素质。创新能力的考查有多种方式和途径。高考是以学科为基础的考试，利用学科知识设置情境，既科学又实用，达到能力和知识考查双赢。又进一步建立统一的考试体系和目标框架，科学设计考试内容，扩大共同基础，突出主干知识，保证学科考试内容的完整性和系统性，拓展试题素材来源，丰富材料呈现形式，创设新情境，融会多学科知识，多角度、多层次考查学生的综合素质。

二是突出分析问题、解决问题能力的考查。高考是以学科为基础的考试，对学科知识全面深入的考查是基本要求。面对考查创新能力的时代要求，高考要更新考查理念，研究对学科知识考查的新形式。在使高考试题表述贴近生活的同时，要追寻其背后的科学依据，使学生通过解题，能够利用已有的知识由此及彼、由表及里、层层递进地深入分析事物或问题的本质，并独立地得出合理结论或解决问题的方法和依据。

三是增强试题的开放性和探究性，加强独立思考能力的考查。在新高考中考查创新能力对试题设计提出了更新更高的要求。传统的高考试题一般是封闭型的试题，试题条件完善封闭，试题的设问指向明确，试题的结论固定唯一。新高考对试题的设计进行革命性的突破，要通过提供多种形式的材料、设计开放结论、解题方法多样、答案不唯一的试题，增强试题的开放性和探究性，引导学生打破常规进行思考，自主发现问题，提出解决方案，做出独立的判断和解答，创造性地解决问题。

四是创设新颖情境，创新试题呈现方式。新的能力考查要求需要新的考试呈现形式。为加强对创新能力的考查，在设置试题情境时，要努力实现试题呈现方式的多样性，为学生提供更加丰富新颖的信息。要在传统的文字、数字、公式的基础上，增加具有综合性和形式独特的信息，如非连续文本、图表、表格、统计数据、实景图片、特殊符号或接近真实的实验场景。让学生依据所学的学科基本规律进行分析、判断和预测，既有助于提高学生学习的热情，也有助于解决实际问题，更有利于激发学生的探索欲望，培养学生的创新精神。

五是渗透文化内涵，培养核心价值观。高考对学生创新能力的考查还要加强试题文化理念的渗透，特别是中国传统文化的渗透。通过试题材料渲染核心价值观理念、反映传统文化活力要扩大选材范围，丰富材料呈现形式，选取积极向上、反映社会进步、承载传统文化、体现法治精神的素材，营造试题主题和情境，引导学生学习、领会、认可试题背后的深层价值取向和人文精神。要创新试题设计，调动思维，使学生能够通过理性思考达到对试题价值理念的理解。这样的试题设计将能力立意与价值引导相结合起来，使积极情感与理性认识统一起来，形成二者相互强化的良性促进效果。

六是设置开放型的参考答案，建立多元、综合的评价标准。考查学生的创新能力，还应该根据能力考查的要点和主旨，建立学科化的能力赋分标准，确定能力的层级与评分等次的对应关系。具体方法是，要完善考查目标，结合考试内容，在学科能力体系基础上建立分层级的能力评价标准。按照分层级的能力评价标准和考核目标体系，设计便于能力考查的试卷，合理布局和题型比例。科学拟制试题答案及评分参考，体现不同的能力层级和思维水平。培训、指导、监督阅卷工作，贯彻能力评分的设计意图，强化能力评分的方式、方法和手段。

说明：以上内容摘编自：任子朝，陈昂，单旭峰，《高考加强创新能力考查的研究》，《教育理论与实践》2017 年第 1 期，29—32 页。

执笔人：大同一中　董凯

2. 深化高考内容改革，助推素质教育发展

（1）确定科学合理的考试定位和考试目标，正确引导中学教学。考查目标决定了考试的方向、重点和考核方式，是考试的根本和灵魂。高考评价体系确立了高考总体目标的框架，各学科要根据高考评价体系的总体要求，依据各学科特点确定考试目标。按照包括必备知识、关键能力、学科素养和核心价值的高考四层考查目标，各学科考试目标要科学全面、结构合理，要求适度。正确的学科考试目标将对素质教育发挥积极正确的引导和促进作用。

（2）制订严谨规范的考试标准，严格依照标准命题。教育部在《教育系统学习贯彻党的十九大精神，写好教育“奋进之笔”总体方案》中对高考内容提

出明确要求:改革新高考考试内容,构建高考评价体系,加强高考考试内容改革的顶层设计,研究制订新高考统考科目和学业水平考试的考试标准。2018年考试大纲在总纲中明确指出:“考试大纲是高考命题的规范性文件和标准,是考试评价、复习备考的依据。”它具体说明考试的目的、性质、内容范围和考查能力层次的要求,同时还包括试卷结构、试题形式、考试时间等。因此考试标准是考试的宪法,严谨规范的考试标准是科学性、规范性的保证。考试标准是高考命题的依据,使高考科学化、规范化的指导性文件。考试标准依据高考人才选拔要求和国家课程标准设计,体现了国家选材要求和高中教育目标基于素质教育理念的统一。另外,高考命题严格依据考试标准命题,还可以实现以下目的:一是全面考查基础知识;二是注重对主干内容的考查,特别是对与大学教学相衔接内容的考查;三是注重基本方法和运用;四是注重基本实验操作的考查。高考命题注重学科基础知识,聚焦学科主干内容,以支撑学生继续学习和终身发展的必备知识为基础设计试题。可以避免繁难试题和深怪试题,引导高中教学遵循教育规律,回归课堂教材,注重基础和主干,避免超纲超量的教与学,促进改变应试教育倾向,着力发展素质教育。

(3)增强应用性,考查理论联系实际解决问题能力。增强试题的应用性和实用性,将考试内容与国家经济社会发展、科学技术进步、生产生活实际紧密结合起来。无论是题眼的设计、考核的内容、呈现的形式、情境的创设,都应贴近生活、贴近时代。高考命题贴近实际情境,把课堂所学的理论知识同生产生活实际、发展阶段特点中的具体实例紧密地结合起来,让学生学会运用科学的立场、观点、方法,分析和解决实际问题,做到知识、能力、素养三者的统一,助推素质教育发展。另外,在实际设计中要体现公平性的原则,试题在材料选择和问题设计过程中应注意照顾到学生在城乡、地域、民族、性别等方面的差异。为保证考试的公平性,问题所涉及的内容应该是所有学生都了解的,在分析、解决问题中所运用的知识和方法也应该是学生已经掌握的。与此同时,评分方式应有所创新,应对学生解决问题时的路径、方法进行准确评价,保证试题具有良好的区分度,体现选拔功能。

(4)研究学业水平考试的特点,科学命题。我国的学业水平考试分为等级性考试和合格性考试两种,具有不同的特点和作用。在命题中要掌握其不同的命题原则和形式。首先是内容标准不同,合格性考试的范围是《课程标准》的必修课程内容,等级性考试的范围是必修和选择性必修课程内容。其次是难度设计不同，合格性考试要实行“窄全距”的试题难度分布设计，即在合格标准附近命更多的试题，给学生提供更多的机会。等级性考试以层次性的课程设计为基础，实行层次化的试卷难度设计。再次是考试形式不同，合格性考试可以采用多种评价形式，如课程作业、口试、小论文、观察操作、课堂问答或讨论等，等级性考试多以闭卷笔试的形式进行。最后是用途不同，合格性考试用于衡量学生是否达到课程标准规定的高中学生毕业的水平，等级性考试则衡量学生是否达到大学合格新生的标准，其成绩直接应用于大学录取。学业水平考试中的等级性考试同于高校录取后，对其质量水平提出了更高的要求。首先，试题试卷应具有较高的信度和效度，必要的区分度和适当的难度，能够有效检测学生的真实水平，区分学生的不同能力。因此要加强命题的效度研究，提高试题的效度，收集多方面证据，利用证据和相关理论支持高考考试结果的有效性。要保证命题的一致性、稳定性和可靠性，通过诸如设计合理的试卷结构、合适的难度、科学合理的评分标准等措施，努力提高考试的信度。

(5)科学调控试题难度，合理减轻学生负担。随着我国经济社会的发展，高等教育毛入学率将突破50%，高等教育正在从大众化阶段走向普及化阶段。2017年高考录取率达到74.5%，其中本科录取率为39.5%。对入选新生的区分和选拔不应只关注在高层次的考生，对中上等和中等的考生也应进行区分，以利于一般本科和高职高专院校的招生和选拔。因此，高考和学业水平考试试卷应更关注全卷的难度和结构难度，保证对考生全距的区分。试题应以考查基础知识和基本能力为主，杜绝偏、难、深、怪的试题，避免过于烦琐的低层次运算，不纠缠非学科主干内容的枝节问题，不给考生增加不必要的背诵和书写负担，通过优化考试内容遏制反复刷题现象，死记硬背和猜题、押题现象，减轻学生过重的学习负担和备考压力，促进学生全面而有个性发展。试题要突出对学科思想的理解和学科方法应用能力的考查，同时还应保持有一定跨度、思维深度和挑战性的试题，这些试题要集中在主干知识、今后学习必备的基础知识和与大学相关的知识，以满足高考区分和选拔的要求，使低分段学生有满足感，中分段学生有获得感，高分段学生有成就感，有利于引导更多的学生喜欢学习、热爱科学，积极探索。

说明：以上内容摘编自：任子朝，赵轩，陈昂，《深化高考内容改革，助推素质教育发展》，《中国高教研究》2019年第1期，38—42页。

执笔人：运城市教育局教研室　何宏杰

3. 指明改革方向，绘就培养蓝图

（1）高考评价体系明确高考的价值取向，引导教师深化对数学课程育人功能的认识，形成全面育人的数学教育观。首先，高考评价体系明确价值引领，高考评价体系将立德树人确立为高考的根本任务。高考评价体系由“一核”“四层”“四翼”三部分组成，重视育人的价值引领，作为高考考查目标的“一核”，是对素质教育中高考核心功能的概括，作为高考考查内容的“四层”，是素质教育目标在高考中的提炼，作为高考考查要求的“四翼”，是素质教育的评价维度在高考中的体现。如何在数学教学中培养学生的社会责任感、创新精神和实践能力，这是立德树人的根本内容，教师必须在数学教学中很好地理解和落实，才能在数学课程与教学中更好地帮助学生用数学眼光观察世界，用数学思维思考世界，用数学语言表达世界。因此基于立德树人的价值引领，在促进学生思维能力、实践能力和创新能力的发展，在学生形成正确的人生观、价值观、世界观等方面起着特殊的作用。

其次，数学学科考试的功能定位强调了数学课程的育人价值。数学是重要的基础学科，高考数学学科不仅担负着重要的选拔功能，更肩负着重要的育人功能。数学课程的育人价值必须与立德树人保持高度一致。数学课程的育人价值要在培养学生的理想信念、爱国情怀和知识见识上做积极探索。结合数学史和中华优秀传统文化，联系数学在现代化建设中的重要作用，在数学课程与教学中引导学生树立远大的理想信念，培养学生为国家发展、科学进步勇于奉献的优秀品质。数学课程的育人价值要在培养学生的奋斗精神和综合素质上做积极探索，成功的数学教育应当使数学的精神、数学的思维方法深深地、永远地铭刻在学生的大脑里，并对学生未来的学习与工作产生深远影响。

（2）高考评价体系坚持评价的系统性和创新性，引导教师深化对数学本质的认识，探索教学评价的实践研究。高考评价体系是科学系统的评价体系，也是创新的评价体系，要深刻理解高考评价体系，应该从高考评价的系统性和创新性这两个方面形成认识。

从系统性上认识高考评价体系，就是要认识到高考评价体系是由“一核”“四层”“四翼”构成的有机统一体，是一个完整的系统。“一核”“四层”“四翼”各为一个相对独立的子系统，整个系统具有整体性和层次性，也具有稳定性和适应性。评价的子系统与整个评价系统在立德树人上保持高度统一。“一核”重在把握“立德树人”选人的考查方向；“四层”重在把握“立德树人”选人的考查内容。“四翼”重在“立德树人”选人的考查方法上。为此，普通高等学校招生全国统一考试数学学科命题标准作了准确的学科解读。评价的子系统“四层”体现学科的本质，重视学科素养。数学命题标准明确界定了考查内容中的核心价值、学科素养、关键能力、必备知识的意义和内涵。学科素养作为“四层”的一个子系统，对整个系统具有特殊的学科意义和独特的系统定位。学科素养是在正确的思想观念指导下综合运用学科知识能力处理并解决复杂任务的综合品质。数学学科素养包括理性思维、数学应用、数学探究、数学文化四项内容。要从系统上认识“四层”，“四层”的四个方面也是相互独立而又有联系的子系统，而数学学科素养的四个方面同样又是相互独立而又有联系的子系统，必须充分认识数学学科素养在系统中的特殊地位和作用，从数学的本质上进行思考，对“四层”进行全面解释和科学应用。由此可见，“四层”是整个系统的子系统，而数学学科素养(理性思维、数学应用、数学探究、数学文化)又是“四层”的子系统。加强对数学本质的研究，有利于我们全面而深入地认识数学学科素养这一子系统的意义和内涵、这一子系统在相应的系统中的地位与价值，以及这一子系统在整个系统中所起的作用，由此能帮助我们更好地认识高考评价系统，并促进我们对数学教育教学的认识和把握。

从创新性上认识高考评价体系，就是要明确高考评价体系中的三个方面的创新以及创新对数学教学评价的实践研究的导向作用。三个方面的创新分别为，一是在教育功能上的创新，高考评价体系由原来的单一的考试评价向立德树人重要载体和素质教育关键环节的转变。二是在评价理念上的创新，高考评价体系由传统的“知识能力立意”评价向“价值引领，素养导向”评价转变。例如，高考评价体系强调基于真实的问题背景来创设“问题情境”，从而使情境更好地成为“价值引领、素养导向”的综合考查载体。三是在评价模式上的创新，高考评价体系由主要基于“考查内容”的一维评价向“考查内容、考查要求，考查载体”三位一体评价的转变。

高考评价体系的创新对数学教学评价的实践研究的导向作用是指，高考评价体系中“核心价值指标体系”和“学科素养指标体系”对改进数学教学评价的实践研究有十分重要的意义，有什么样的教学评价，就会有什么样的教育世界。在数学教学评价的实践研究上要突出立德树人核心价值的评价，使数学教学高度关注学生的价值观和创造力，高度关注人格教育与学科素养，使数学教学走向数学教育，使“价值引领，素养导向”真正引导数学教学评价的研究。在数学教学评价的实践研究中,要重视数学考查内容的研究,从而改进和不断完善数学教学评价的实践研究。数学教学评价的实践研究影响着课堂教学评价的方向和内容,要将核心价值引领、学科素养的导向与数学教学的评价指标有机联系,在课堂教学中重视数学对人类文明和进步所做出的贡献的教育。

(3)高考评价体系育人视角的解读与应用,助力素质教育发展,促进核心素养落实,引导数学教学改革。要正确认识"立德树人""四层"与"科学素养"之间的关系,把握数学教学的本质,深入推进数学教学的改革。教师在教学中,要树立正确的数学教学观,在数学教学中要充分展示理性思维,要重视数学的应用价值,重视基于探究的数学教学的实践研究。要深入研究数学文化的教育价值,通过对学生进行数学文化价值的教育,塑造学生健全的人格,培养学生的审美能力和发现创造能力。

说明:以上内容摘编自:祁平,任子朝,赵轩,《指明改革方向　绘就培养蓝图》,《数学通报》2020 年第 4 期,1—6 页。

执笔人:吕梁市市教育局教研室　任建宝

4. 基于高考评价体系的数学学科考试内容改革实施路径

高考数学学科内容改革的路径要从它的功能定位、考查内容、考查要求和考查载体四方面进行理解。高考是连接基础教育与高等教育的关键环节,高考科目的设置、高考内容的选取,既对高校选拔高素质多样化人才起到决定性作用,也对基础教育教学取得重要的导向和反驳作用。

(1)高考数学学科的功能定位:发挥数学学科特点,以测试数学综合能力,发展数学核心素养为目标,通过创新试卷结构与试题形式,更好地实现高考立德树人、服务选材,引导教学的核心功能。

(2)数学学科的考查内容主要有核心价值、学科素养、关键能力、必备知识四项。首先,核心价值是指即将进入高等学校的学习者应当具备的良好政治素质、道德品质和科学思想方法的综合,是在各学科中起着价值引领作用的思想观念体系,是学生面对现实的问题情境时应当表现出来的正确的情感态度和价值观的综合。高考要解决"为谁培养人、培养什么人"这个根本性的问题,因此,高考评价体系以"立德树人"为统领,将"核心价值"放在首位,无论是高校人才的选拔需求，还是基础教育培养目标，都要求学生具有社会主义核心价值观、辩证唯物主义的世界观与为人民服务的人生观。

其次，学科素养是指即将进入高等学校的学习者在面对生活实践或学习探索问题情境时，能够在正确的思想价值观念指导下，合理运用科学的思维方式与方法，有效地整合学科相关知识，运用学科相关能力，高质量的认识问题、分析问题、解决问题的综合品质。凝练为学习掌握、实践探索、思维方法三项内容。《课程标准》提出数学抽象、逻辑推理、数学建模、直观想象、数学运算、数据分析六类数学学科核心素养。在高考评价体系和《课程标准》的基础上，将高考数学考查的学科素养提炼为理性思维、数学应用、数学探索和数学文化。高考数学考查的学科素养、高考评价体系提出的学科素养、《课程标准》提出的数学学科核心素养三者的关系如图所示。

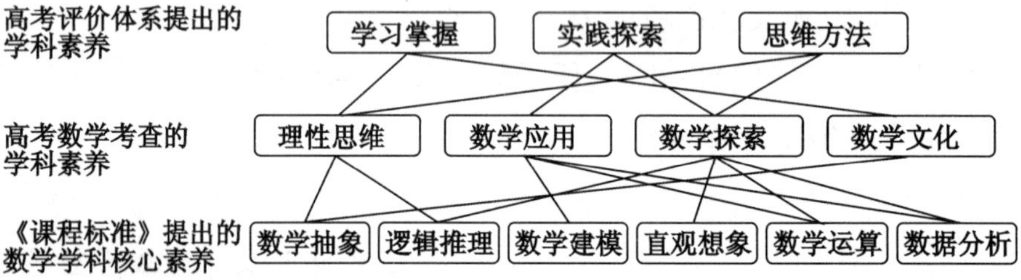

相对于高考评价体系，高考数学考查的学科素养是对评价体系的学科化和具体化，具有数学的特点和数学考试评价的特点，相对于《课程标准》提出的核心素养，高考数学考查的学科素养更加概括和凝练。

再次，关键能力是指即将进入高等学校的学习者在面对学科相关的生活实践或学习探索问题情境时，有效地认识问题、分析问题、解决问题所必须具备的能力。关键能力是支撑高水平人才终身发展和适应时代要求的能力，是发展学科素养、培育核心价值所必须具备的能力基础，由知识获取能力群、实践操作能力群、思维认知能力群构成。根据高考评价体系的整体框架，结合《课程标准》提出的学科核心素养，高考数学学科提出五项关键能力：逻辑思维能力、运算求解能力、空间想象能力、数学建模能力和创新能力。其中，前四项关键能力具有鲜明的数学学科特点，是学生学习数学必须具备的能力，也是数学教学着力培养的、数学考试着重考查的能力。学科素养是考查理念和总体要求，关键能力是学科素养的细化和具体体现。在命题中，关键能力是具体的考查目标，是实现学科素养考查目标的手段和媒介。

最后,必备知识是指即将进入高等学校的学习者在面对与学科相关的生活实践或学习探索问题情境时,有效地认识问题、分析问题、解决问题所必须具备的知识。数学学科甄选必备知识的原则是有利于高考与课程标准的对接,有利于高考与中学数学的对接,有利于考试整体把握数学知识体系。高中数学学科的知识体系与课程标准知识体系总体是一致的。基本按照知识的发展脉络编排,按不同数学分支分成相对完整的知识系统,每个系统包含若干单元。但是,高考更加注重知识的系统性、整体性和结构性,更加注重完整的知识脉络。《课程标准》将数学课程内容分为预备知识、函数、几何与代数、概率与统计、数学建模活动与数学探究活动五个主题,高中数学将其整合,按逻辑体系将分散在必修课程和选择性必修课程中相互衔接的内容组成有机的结构体系。例如,在函数部分,必修课程讲授函数的概念、图象、性质,幂函数、指数函数、对数函数等,选择性必修课程讲授一元函数导数,在设计高考数学考查内容时,将这些内容有机整合,组成完整的函数系列知识。

(3)数学学科考查要求。高考评价体系提出的“四翼”考查要求是从国家人才强国战略出发,结合高校人才需求提出的,着重体现了国家未来发展所需应用型和创新型人才的培养要求,是高考各科考试的共同要求。数学学科考试根据学科特点,细化共同要求,制订了学科化的考查要求,具有鲜明的学科性和时代性。为落实“四翼”考查要求,高考数学学科的考试设计应注意下面几个问题:一是注意学科间的渗透和交叉,适当增加具有自然科学和社会人文学科情境的试题,促进学科间的融合以及对核心素养的有效考查;二是关注探究能力、数学学习能力的考查,通过创新题型,对学生的创新能力进行考查;三是通过调整试卷结构,打破固有模式,探索试题排列新方式,努力破除复习备考中题海战术和套路训练的影响。

(4)数学学科考查载体。试题情境是实现考查内容和考查要求的载体。情境化试题是指提供一定的情境性材料,要求学生在充分理解材料的基础上,寻求解决问题的途径。情境化试题更能深刻、精准地反映学生分析问题、解决问题的能力。根据数学学科的特点,高考数学的试题情境可分为课程学习情境、探索创新情境、生活实践情境三类。数学课程学习情境包括数学概念建构、数学原理习得、数学运算学习、数学推理学习等问题情境,关注已有知识的基础和准备程度。数学探索创新情境包括推演数学命题、数学探究、数据分析、数学实验等问题情境,关注与未来学习的关联和数学学科内部的更深入的探索。这两类情境是考查学生数学基础和数学抽象的重要载体，指向考查学生理性思维素养和数学探究素养，为高校选才提供关于学生应对大学数学学习准备程度的依据。生活实践情境是需要考生将问题情境与学科知识、方法建立联系，应用学科工具解决问题，生活实践情境关注与其他学科和社会实践的关联，是考查学生数学应用素养、理性思维素养和数学文化素养的重要载体。三种问题情境在高考数学中将发挥不同的作用，以课程学习情境为检验基础的量尺，以探索创新情境为区分甄选的手段，以生活实践情境为拓展应用的渠道。在保持课程学习情境试题占一定比例的前提下，增加探索创新情境和生活实践情境试题的比例，以更好实现学科素养和关键能力的考查目标。

说明：以上内容摘编自：任子朝，赵轩，《基于高考评价体系的数学学科考试内容改革实施路径》，《中国考试》2019 年第 12 期，27—32 页。

执笔人：长治太行中学　李叶，栗忠勇

5. 高考数学学科批判性思维考查

批判性思维由两个维度组成，在情感态度层面包括相信理性、尊重事实、谨慎判断、公正评价、敏于探究、追求真理等一系列思维品质；在认知层面包括对概念、方法、标准、证据等要素进行阐释、分析、评价与推理等一系列技能。数学学科作为重要的基础科学学科和工具学科，对培养学生归类、论证分析、判断评价、设想多种可能性、导出结论、说明结果等批判性思维技能起到独特的作用。在数学学科高考中，强调批判性思维，就是要引导学生独立思考、树立不盲从的科学精神、清晰而有条理地分析问题，追求思维过程的合理性。

数学具有严谨的理论和逻辑体系，是培养理性思维与批判性思维的良好载体。高中数学教学中培养学生的批判性思维，很重要的一点就是树立学生尊重事实和依据，严谨务实的科学态度，培养运用科学的方法认识事物、解决问题的思维习惯与能力。所以高中数学学科的批判性思维训练和考查，要从下面四方面着手。

（1）增强开放性，引导学生自主探究

例 1　（2016 年Ⅰ卷文科 20 题）在直角坐标系 xOy 中，直线 $l:y=t(t\neq0)$ 交 y 轴于点 M，交抛物线 $C:y^2=2px(p>0)$ 于点 P，M 关于点 P 的对称点为 N，连接 ON 并延长交 C 于点 H。

(1)求$\frac{|OH|}{|ON|}$;

(2)除 H 以外,直线 MH 与 C 是否有其他公共点? 说明理由。

本题考查抛物线概念、性质和抛物线与直线的位置关系,其几何意义是展现了从抛物线外一点通过尺规作图的方法作抛物线切线的过程。第(1)问是计算题,通过求出点 N、点 H 的坐标计算求的$\frac{|OH|}{|ON|}$值。第(2)问是开放性问题,可以通过多种方法获得结论。用常规的解析几何做法可以先求出直线 MH 的方程,联立直线 MH 与抛物线的方程求交点坐标,得到只有一个交点的结论;也可以由题目本质出发,从切线的角度进行思考,求出抛物线 M 点切线的斜率。证明该斜率等于直线 MH 的斜率,从而得出直线 MH 是抛物线的切线,因此只有一个交点的结论。试题有明确的几何直观意义,考查了运用解析几何方法解决问题的能力。结合题目背景可以提出一系列类比问题,如"其他圆锥曲线有没有与本题类似的性质""能否过圆锥曲线外一点用尺规作图作出切线"等。这些类比问题都很好地引导学生拓展性的思考其中蕴含的思想方法,从而促进学生自主探究。

(2)体现综合性,加强理性思维考查

例 2　(2018 年Ⅰ卷理科 12 题)已知正方体的棱长为 1,每条棱所在直线与平面 α 所成的角都相等,则 α 截此正方体所得的截面面积的最大值为　　(　　)

A. $\frac{3\sqrt{3}}{4}$　　　　B. $\frac{2\sqrt{3}}{3}$

C. $\frac{3\sqrt{2}}{4}$　　　　D. $\frac{\sqrt{3}}{2}$

试题要求学生灵活运用转化思想、对称思想来分析研究问题,题设条件可化归为过正方体同一顶点的三条棱与截面 α 所成角相等的问题探索,抓住问题的本质特征,提高思维的有效性。解题思路可以从多个角度出发,既可以用几何方法来做,也可以转化为求函数最值的问题。体现了知识的综合运用,对立体几何教学如何更好地培养学生的核心素养,发挥积极的导向作用。

(3)突出创新性,强调合理运用知识

例 3　(2017 年Ⅰ卷理科 12 题)几位大学生响应国家的创业号召,开发了一款应用软件,为激发大家学习数学的兴趣,他们推出了“解数学题获取软件激活码”的活动。这款软件的激活码为下面数学问题的答案:已知数列 1,1,2,1,2,4,1,2,4,8,1,2,4,8,16,…,其中第一项是 2^0,接下来的两项是 $2^0,2^1$,再接下来的三项是 $2^0,2^1,2^2$,依此类推。求满足如下条件的最小整数 N:$N>100$ 且该数列的前 N 项和为 2 的整数幂,那么该款软件的激活码是 (　　)

A. 440　　B. 330

C. 220　　D. 110

本题通过合理设计,将等差数列和等比数列有机地结合在一起,具有一定的难度。学生在解题过程中,需要知道求什么,通过什么方法可以求,这就要求学生有扎实的数列认知和转化能力,能够熟练掌握并综合运用等差数列、等比数列的基础知识。试题打破了数列题目的常规,题目解答避开了解题套路与现成的方法,同时又展现了数学的巧妙性和趣味性,有助于培养和保持学生不断学习数学的兴趣。

(4)增加思维量,考查理解分析能力

例 4 (2018 年Ⅱ卷文(理)科 18 题)下图是某地区 2000 年至 2016 年环境基础设施投资额 y(单位:亿元)的折线图。

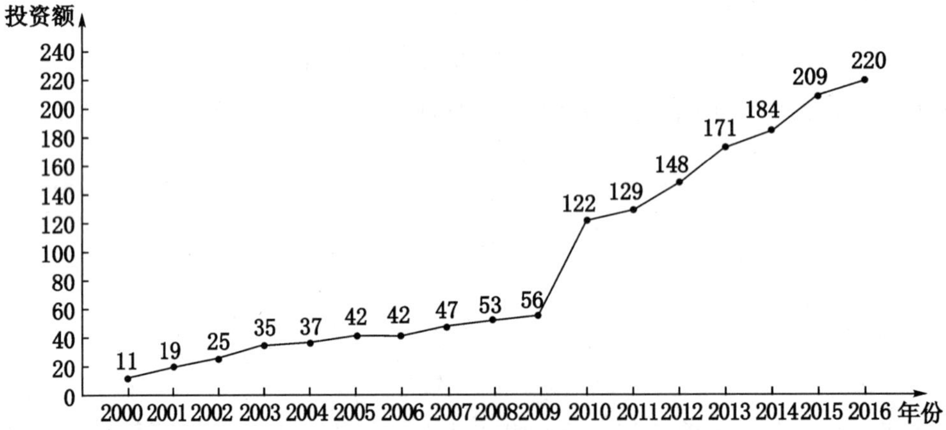

为了预测该地区 2018 年的环境基础设施投资额,建立了 y 与时间变量 t 的两个线性回归模型。根据 2000 年至 2016 年的数据(时间变量 t 的值依次为 1,2,…,17)建立模型①$\hat{y}=-30.4+13.5t$;根据 2010 年至 2016 年的数据(时间变量 t 的值依次为 1,2,…,7)建立模型②$\hat{y}=99+17.5t$。

(1)分别利用这两个模型,求该地区 2018 年的环境基础设施投资额的预测值;

(2)你认为用哪个模型得到的预测值更可靠?并说明理由。

本题的新颖之处在于,不要求学生根据数据计算求解,而是直接给出了回归方程,要求学生对其进行分析和判断,避免了烦琐的计算。突出了对于概率统计基本思想、基本能力的考查。题目减少了烦琐的数据整理步骤,将考查重点放在运用概率统计思想方法分析和解释数据之上,突出了考查重点,对于中学概率统计知识的教学具有良好的导向作用,引导教学从“解题”到“解决问题”能力的培养。

高考立足于考查支撑学生终身发展和适应时代要求的能力,加强批判性思维考查,培养学生创新意识和独立思考的能力,是时代赋予高考的历史使命。高考数学要结合学科特点,通过增强考生的开放性、综合性、创新性,引导考生创造性地思考问题,灵活地运用所学知识、方法解决问题,培养学生学习数学的兴趣。

说明:以上内容摘编自:赵轩,任子朝,陈昂,《高考数学批判性思维考查研究》,《数学通报》2019 年第 12 期,38—42 页。

执笔人:晋中市太谷中学　祝妍,刘文武

6. 高考数学逻辑思维能力测评新举措

逻辑思维能力是基础教育领域重要的关键能力,一直是高考数学科目的考查重点,基于“一核”“四层”“四翼”高考评价体系,高考数学提出考查学生理性思维素养和逻辑思维能力的目标,通过在试题中设置日常生活情境、开发多项选择题、增加开放性试题、提高对语言表达的要求来达到对学生逻辑思维能力考查的目的。高考作为上接高等教育下连基础教育的重要环节和纽带,要基于国家对人才的要求,发挥考试评价的反拨作用,加强学生逻辑思维能力的考查。

(1)设置日常生活情境

例 1　甲、乙、丙三位同学被问到是否去过 A、B、C 三个城市时,甲说:我去过的城市比乙多,但没去过 B 城市;乙说:我没去过 C 城市;丙说:我们 3 人去过同一城市。由此可判断乙去过的城市为______。

该题突破了高考数学考查逻辑思维能力的一般模式,通过日常生活情境考查考生的逻辑思维能力,体现了高考改革的方向。试题融逻辑问题于生动的对话情境中,体现了数学源于生活的思想,启发学生在日常生活中发现数学、学习数学,主动提出问题,并通过思考得出答案。试题在提高学生学习数学兴趣、培养逻辑思维能力、提升解决实际问题的能力方面有着很好的引导作用,体现了新课标提出的注重从实践中激发学生的学习兴趣、注重自主学习、注重理论和实际相结合的教学理念。

(2)开发多项选择题

例 2 对任意 $A,B\subseteq\mathbf{R}$,记 $A\oplus B=\{x\mid x\in A\cup B,x\notin A\cap B\}$,并称 $A\oplus B$ 为集合 A,B 的对称差。例如,若 $A=\{1,2,3\}$,$B=\{2,3,4\}$,则 $A\oplus B=\{1,4\}$。下列命题中,为真命题的是 ( )

A. 若 $A,B\subseteq\mathbf{R}$ 且 $A\oplus B=B$,则 $A=\varnothing$

B. 若 $A,B\subseteq\mathbf{R}$ 且 $A\oplus B=\varnothing$,则 $A=B$

C. 若 $A,B\subseteq\mathbf{R}$ 且 $A\oplus B\subseteq A$,则 $A\subseteq B$

D. 存在 $A,B\subseteq\mathbf{R}$,使得 $A\oplus B=\complement_{\mathbf{R}}A\oplus\complement_{\mathbf{R}}B$

E. 存在 $A,B\subseteq\mathbf{R}$,使得 $A\oplus B\neq B\oplus A$

本题考查的是逻辑学中的真假命题概念。题目引入了对称差的概念,要求考生在集合概念的基础上建立这个新概念,并结合已有知识进行推理和运算,对学生的逻辑思维能力要求较高。数学多项选择题具有无需解题过程,考查要求高、容量大,解题思路广,包含数学思想丰富,对学生进行多层次区分等特点。因此多项选择题对能力的考查更加深入,要求学生具备细致、全面的思维品质,对考试的区分更加精确。

(3)增加开放性试题

例 3 给出一个满足以下条件的函数 $f(x)$,并证明你的结论。

①$f(x)$ 的定义域是 $\mathbf{R}$,且其图象是一条连续不断的曲线;

②$f(x)$ 是偶函数;

③$f(x)$ 在 $(0,+\infty)$ 上不是单调函数;

④$f(x)$ 恰有 2 个零点。

本题是一道开放性试题,学生可以用自己熟悉的函数类型,构造满足条件的函数。试测后根据学生答题情况,发现满足条件的函数至少有十六种。这种新型题对学生的区分效果非常好,能够选拔出思维较灵活、能力较强的学生。开放性试题有助于学生打破常规进行思考,跳出题海训练的固有模式,对于降低机械刷题收益有很好的作用。

(4)提高对语言表达的要求

例4 地球围绕太阳公转的轨道是一个椭圆,太阳位于该椭圆的一个焦点,每单位时间地球公转扫过椭圆内区域的面积相同。我国古代劳动人民根据长期的生产经验总结创立了二十四节气。将一年(地球围绕太阳公转一周)划分为二十四个节气,规则是:任意两个相邻节气,地球与太阳的连线成15°角。地球在小寒前约三四天到达近日点,在小暑前约三四天到达远日点。

①从冬至到小寒与从夏至到小暑,哪一段时间更长?

②以立春为始,排在偶数位的12个节气又称为中气。农历规定没有中气的那个月为闰月。经统计,1931年至2050年间,闰月最多的3个月份是:闰4月7次,闰5月9次,闰6月8次。闰月最少的3个月份是:闰11月1次,闰12月0次,闰1月0次。为什么会出现这种现象?请说明理由。

学生在答本题时存在以下问题,一是多数学生没有理解题目,例4不是用通常的方程公式给出,没有要求计算椭圆的离心率、长短轴或讨论椭圆与直线相交的位置关系,而是完全用文字叙述,学生不够适应。二是学生不知道开普勒第二定律,未掌握地球的运动轨迹、我国农历节气的定义,缺乏答题的基础。三是部分学生虽然能够理解题目,但不能用规范、流畅的语言进行表达,词不达意,语意不清。该题充分说明逻辑思维能力在解决数学问题中的基础和支柱作用。

说明:以上内容摘编自:任子朝,赵轩,《高考数学逻辑思维能力测评研究》,《中国考试》2019年第6期,32—36页。

执笔人:大同市教研科研中心　张士彩

7. 数学文化视角下的高考数学

教育部考试中心下发《关于2017年普通高考考试大纲修订内容的通知》,该通知增加了数学文化的要求,明确提出在高考数学考题中要体现数学文化,这体现了数学学科对学生核心素养的考核。要求学生加强对数学文化知识的学习。自觉地、有针对性地重视对于数学文化修养的提升。在高考考试中渗透数学文化,不仅彰显数学的人文特征,丰富数学高考内容,而且可以正确引导中学数学的教学,使得更多的教师关注数学文化,强化立德树人的理念,将数学的本质教授给学生。关于数学文化在高考数学中的体现,可以通过以下方式实现。

(1)以数学文化为载体的数学命题

如何在高考试题中体现数学文化？全国高考命题的基本理念和做法是，数学文化主要考查我国古代优秀数学成果和数学史的内容。通过命题引导学生提高人文素养，传承民族精神，树立民族自信心和自豪感。近几年来，高考数学命题进行了积极有益的尝试，全国卷及各省份的高考试题以及模考试题已经在这方面有所体现，出现了一些渗透数学文化的精彩题目，分析汇总大致可以归纳为以下三类。

一是命题渗透数学史。比如(2017 年全国卷Ⅱ)：我国古代数学名著《算法统宗》有如下问题，“远望巍巍塔七层，红光点点倍加增，共灯三百八十一，请问尖头几盏灯？”意思是一座 7 层塔共挂了 381 盏灯，且相邻两层中的下一层灯数是上一层灯数的 2 倍，则塔的顶层共有几盏灯？

二是命题渗透数学美。比如(2017 年全国卷Ⅰ)：如图，正方形 $ABCD$ 内的图形来自中国古代的太极图。正方形内切圆中的黑色部分和白色部分关于正方形的中心成中心对称。在正方形内随机取一点，则此点取自黑色部分的概率是多少？

三是命题渗透理性精神。比如(2017 年山东卷)：已知当 $x\in[0,1]$ 时，函数 $y=(mx-1)^2$ 的图象与 $y=\sqrt{x}+m$ 的图象有且只有一个交点，则正实数 m 的取值范围是多少？

(2)彰显数学文化的数学应用题

高考数学应用题的设置关注社会发展的科技进步的时代特征，也着重体现数学的应用价值，以及数学作为一种文化的育人价值。数学学习不仅要关注数学核心素养的培养，也要关注丰富的生活世界，努力培养创新精神和实践能力。如果能发现并应用所学的知识去解决社会与生活中的实际问题，是数学应用的价值所在。

数学文化在数学应用题中的体现有下面几个特点。

一是关注社会热点问题，这些与社会热点问题密切相关的数学应用题构思精妙，具有强烈的德育功能，又可让学生从数学的角度分析社会现象提高应用能力，既重视考查数学思想和方法，又可引导学生关注社会热点、增加社会责任感。

二是突出数学建模意识。数学中的各种基本概念，都是以各自相应的现实原型作为背景而抽象出来的数学概念，各种数学公式、方程式、定理、理论体系等，都是一些具体的数学模型，加强应用意识和创新意识，突出数学建模的考查，是近年来数学高考命题进行探索与改革的重要思路与创新举措。它有助于培养学生自觉地运用数学知识去思考和处理日常生活、生产中所遇到的问题。比如（2017 年北京卷）：三名工人加工同一种零件，他们在一天中的工作情况如图所示。其中点 A_i 的横、纵坐标分别为第 i 名工人上午的工作时间和加工的零件数，点 B_i 的横、纵坐标分别为第 i 名工人下午的工作时间和加工的零件数，$i=1,2,3$。

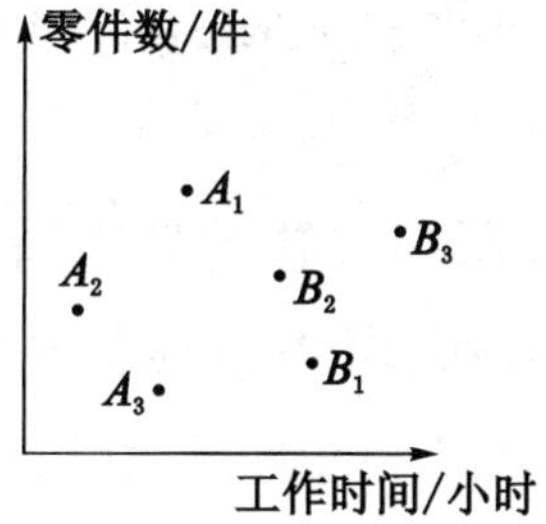

①记 Q_i 为第 i 名工人在这一天中加工的零件总数，则 Q_1,Q_2,Q_3 中最大的是＿＿＿＿＿＿。

②记 p_i 为第 i 名工人在这一天中平均每小时加工的零件数，则 p_1,p_2,p_3 中最大的是＿＿＿＿＿＿。

说明：以上内容摘编自：祁平，任子朝，陈昂，赵轩，《基于数学文化视角的命题研究》，《数学通报》2018 年第 9 期，19—24 页。

执笔人：山西大学附属中学　宋文霞
晋中市教育局教研室　杜海旺

二、高考新题型研究

(一)关于高考新题型的探索研究

1. 开放性、探索性试题

2019年高考数学试卷增加了探索性、开放性试题,以开放性试题考查发散思维、以探究性试题考查独立思考能力,体现创新性的考查要求。新题型试题注重考查考生的逻辑推理、信息加工、阅读理解和分析解决实际问题的能力,注重培养学生支撑终身发展、适应时代要求的关键能力。在区分考生、科学选才中发挥积极作用。

例1 (2019年Ⅰ卷文科21题)已知点A,B关于坐标原点O对称,$|AB|=4$,$\odot M$过点A,B且与直线$x+2=0$相切。

(1)若点A在直线$x+y=0$上,求$\odot M$的半径;

(2)是否存在定点P,使得当点A运动时,$|MA|-|MP|$为定值?并说明理由。

本题第(1)问给出点A,B所在位置的特殊情况,求$\odot M$的半径,解决问题的方法为解析几何中的常用方法,考查直线与圆的位置关系以及解析几何中通性通法的掌握程度。试题第(2)问为开放性的探究问题,探寻是否存在定点,使得相应的表达式为定值。要求学生能够熟练应用平面几何与解析几何知识,设计简便可行的解题路径,最终解决问题。本试题全面地考查了学生的逻辑思维能力、应用解析几何思想解决问题的能力和运算能力。

例2 (2019年Ⅰ卷理科11题)关于函数$f(x)=\sin|x|+|\sin x|$有下述四个结论:

①$f(x)$是偶函数;

②$f(x)$在区间$\left(\frac{\pi}{2},\pi\right)$内单调递增;

③$f(x)$在区间$[-\pi,\pi]$上有4个零点;

④$f(x)$的最大值为2。

其中所有正确结论的编号是 ( )

A. ①②④　　B. ②④

C. ①④　　D. ①③

本题是开放性的多选题,有多个正确的结论,通过组合式选择构成单选题。学生需要以题目所给的函数为基础，逐个判断四个结论，做出正确的选择。试题以学生熟悉的正弦函数的基本性质为基础，对其进行两种变形，这两种变形都具有几何意义。因为试题有多个正确结论，学生需要逐个进行分析判断，因此对学生思维的考查更加深入，对学生的区分更加精细。学生既可以通过分类讨论解决问题，也可以通过画出函数图象解决问题，给不同的学生提供了各自的发挥空间。试题的各种思路及不同的求解方法，考查了各水平层次学生的综合能力，有利于区分和选拔。

2. 填空题一题两空

例 3 （2019 年Ⅱ卷文（理）科 16 题）中国有悠久的金石文化，印信是金石文化的代表之一。印信的形状多为长方体、正方体或圆柱体，但南北朝时期的官员独孤信的印信形状是“半正多面体”（图 1）。半正多面体是由两种或两种以上的正多边形围成的多面体。半正多面体体现了数学的对称美。图 2 是一个棱数为 48 的半正多面体，它的所有顶点都在同一个正方体的表面上，且此正方体的棱长为 1，则该半正多面体共有________个面，其棱长为________。（本题第一空 2 分，第二空 3 分）

图 1

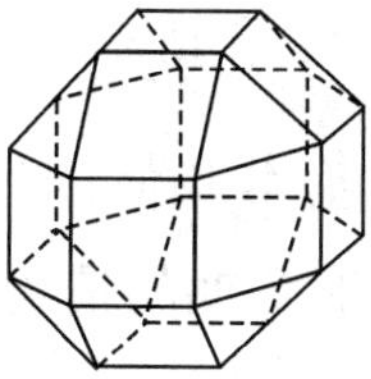

图 2

试题设计了两个空，分出了难度梯次，使得不同层次的学生都有展示自己的平台，加大了试题的区分度，也为文理合卷后的试题结构变化做了有益探索。试题要求学生能根据条件作出正确的截面，将立体问题转化为平面问题，止确分析出图形中的基本元素及其相互关系，这是立体几何教学的能力要求之一。题目侧重于知识的理解和应用，对中学立体几何的教学有积极的引导作用。

填空题从过去的一题一空发展到一题两空，目的就是为了更精确地区分学生。以往的填空题一题一空，没有中间分，学生不是得 5 分就是得 0 分，一知半解和功亏一篑是同样的结果。改为一题两空后，学生可以得到中间分数，对学生的区分更加细致。填空题一题两空可以采取平行设计，也可以采取递进设计。平行设计的试题,两空的关联性较弱,解答互不影响,一个空受阻还可以解答另外一个空。递进设计使问题层层深入,对知识的考查更加深入,对考生能力的考查体现出层次性。

3. 情境化试题

情境化试题是在题干中以不同形式呈现与生活实际有关的信息,要求学生结合题干信息和所学知识来解决的一类试题。情境化是基于学科学习情境和现实生活情境材料编制的试题。

例4 (2019年Ⅲ卷理科19题)图3是由矩形$ADEB$,Rt$\triangle ABC$和菱形$BFGC$组成的一个平面图形,其中$AB=1$,$BE=BF=2$,$\angle FBC=60°$,将其沿AB,BC折起使得BE与BF重合,连接DG,如图4。

(1)证明:图4中的A,C,G,D四点共面,且平面$ABC\perp$平面$BCGE$;

(2)求图4中的二面角$B-CG-A$的大小。

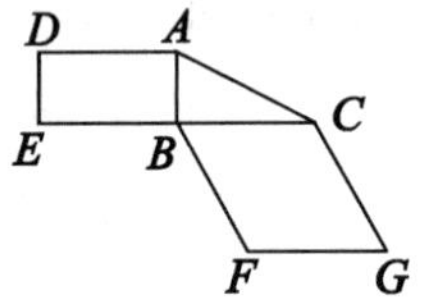

图3

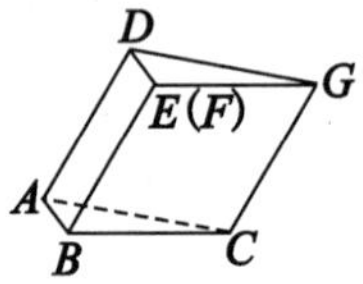

图4

本题考查学生对基本几何图形的变形、组合和折叠变换的想象、掌握程度。试题设置空间图形变换的情境,考查数学推理能力,主要考查学生的理性思维,体现基础性和综合性。

试题的命制是从矩形$ADEB$,Rt$\triangle ABC$和菱形$BFGC$入手,将其沿AB,BC折起使得BE与BF重合,连接DG,从而构建一个确定的空间图形。第(1)问通过折叠前后图形中的某些位置关系的不变性,认识四点共面和面面垂直关系,给广大学生充分发挥和展示自己能力的机会。第(2)问设置在第(1)问面面垂直的基础上,有利于学生通过搭建空间直角坐标系,求解二面角$B-CG-A$的大小。从空间几何体的基本元素出发,从整体到局部,逐步展示空间几何体的数量关系,综合考查学生的空间想象能力、逻辑推理能力和运算求解能力。

例5 (2019年Ⅲ卷理科3题)《西游记》《三国演义》《水浒传》和《红楼梦》是中国古典文学瑰宝,并称为中国古典小说四大名著。某中学为了解本校学生阅读四大名著的情况,随机调查了100位学生,其中阅读过《西游记》或《红楼梦》的学生共有90位,阅读过《红楼梦》的学生共有80位,阅读过《西游

记》且阅读过《红楼梦》的学生共有60位，则该校阅读过《西游记》的学生人数与该校学生总数比值的估计值为 (　　)

A. 0.5　　　　B. 0.6

C. 0.7　　　　D. 0.8

本题以调查学生阅读四大名著的情况为背景，随机调查了100位学生，给出了阅读过《西游记》或《红楼梦》的总人数，阅读《红楼梦》的人数，以及阅读过这两本书的人数，从而可以计算读过《西游记》的人数。因此，可以估计全校学生中阅读过《西游记》的人数与该校总人数的比值。试题以四大名著的阅读情况为情境，考查用样本推断总体以及频率估计概率的思想方法，考查学生处理数据、分析数据的能力。

例6　(2019年Ⅱ卷文科5题)在“一带一路”知识测验后，甲、乙、丙三人对成绩进行预测。

甲:我的成绩比乙高。

乙:丙的成绩比我和甲的都高。

丙:我的成绩比乙高。

成绩公布后，三人成绩互不相同且只有一个人预测正确，那么三人按成绩由高到低的次序为 (　　)

A. 甲、乙、丙　　　　B. 乙、甲、丙

C. 丙、乙、甲　　　　D. 甲、丙、乙

本题结合“一带一路”的情境设置逻辑推理问题。文理科学生都需要加强逻辑思维能力的培养，而本题针对文科学生设计，在叙述中没有数字、符号和图表等纯数学环境，更贴近社会实际。在这个逻辑问题的解决过程中，学生要从文字叙述(对话)中精确抽取有用信息，并加工信息，利用各信息中的逻辑关系，通过逻辑推理，最终做出判断。

在未来文理合卷的要求下，需要研究数学考试目的、考试要求以及合卷后学生的特点;创设面向全体学生的试题，要更关注最基本思维能力的考查，特别要适合文理不分科后学生的特点和数学水平，使得那些在数学计算、数学整理变形技巧等方面有差距的学生也能发挥自己的水平，也有展示自己的舞台。本题融逻辑问题于生动的对话情境中，考查学生的逻辑推理与判断能力。试题体现了数学来源于生活的思想，能够启发学生在日常生活中发现数学、学习数学，引导学生主动提出问题并思考，自主寻找答案。试题在提高学生学习数

学的兴趣，培养学生的逻辑思维能力，提升学生解决实际问题的能力等方面有着很好的引导作用。

例 7 （2019 年Ⅰ卷理科 21 题）为了治疗某种疾病，研制了甲、乙两种新药，希望知道哪种新药更有效，为此进行动物试验。试验方案如下：每一轮选取两只白鼠对药效进行对比试验。对于两只白鼠，随机选一只施以甲药，另一只施以乙药。一轮的治疗结果得出后，再安排下一轮试验。当其中一种药治愈的白鼠比另一种药治愈的白鼠多 4 只时，就停止试验，并认为治愈只数多的药更有效，为了方便描述问题，约定：对于每轮试验，若施以甲药的白鼠治愈且施以乙药的白鼠未治愈则甲药得 1 分，乙药得 -1 分；若施以乙药的白鼠治愈且施以甲药的白鼠未治愈则乙药得 1 分，甲药得 -1 分；若都治愈或都未治愈则两种药均得 0 分。甲、乙两种药的治愈率分别记为 α 和 β，一轮试验中甲药的得分记为 X。

（1）求 X 的分布列；

（2）若甲药、乙药在试验开始时都赋予 4 分，$p_i(i=0,1,\cdots,8)$ 表示“甲药的累计得分为 i 时，最终认为甲药比乙药更有效”的概率，则 $p_0=0$，$p_8=1$，$p_i=ap_{i-1}+bp_i+cp_{i+1}(i=1,2,\cdots,7)$，其中 $a=P(X=-1)$，$b=P(X=0)$，$c=P(X=1)$。假设 $\alpha=0.5$，$\beta=0.8$。

①证明：$\{p_{i+1}-p_i\}(i=0,1,2,\cdots,7)$ 为等比数列；

②求 p_4，并根据 p_4 的值解释这种试验方案的合理性。

本题关注数学与其他学科的关联，结合生物学的实验进行数学实验和数学探究。试题主要考查学生的数学探究素养，着重体现创新性；考查概率的基本知识、基本思想和方法；考查随机事件概率的计算和随机变量的分布列；考查学生分析问题和解决问题的能力。

新药的研制是一个漫长的过程，对药物疗效的试验，疗效的比较和检验是其中重要的环节。药物试验的方法与方案有多种，不同的试验方案对应着不同的统计模型及分析数据的方法。试验的成本和所做出的结论的可靠程度是评价试验方案和选择试验方案需重点考虑的因素。本试题中给出了一种比较两种药物疗效的试验方案，着眼于对试验方案效能估计，也就是要考虑做出错误判断的可能性有多大。试题中给出的“当其中一种药治愈的白鼠比另一种药治愈的白鼠多 4 只时，就停止试验，并认为治愈只数多的药更有效”的判断规则并不是一成不变的，这里给出“多 4 只”只是一种决策，也是为了计算简单，实际中，根据问题的要求，可以制订“多5只”“多6只”的决策要求。

4. 结构不良试题

例8 在①$b_1+b_3=a_2$，②$a_4=b_4$，③$S_5=-25$这三个条件中选择一个，补充在下面题目中，使得正整数k的值存在，并求出k的值。

设等差数列$\{a_n\}$的前n项和为S_n，$\{b_n\}$是等比数列，且$b_1=a_5$，$b_2=3$，$b_5=-81$。若$S_k>S_{k+1}$且$S_{k+1}<S_{k+2}$，求k。

本题属于结构不良试题，选择条件①可以考查等比数列的通项公式的应用，选择条件③可以考查等差数列的前n项和公式的应用。选择条件①③可以求出k的值，而选择条件②不能求出k的值。按照题目的要求，选择条件①③可以得分，选择条件②不能得分。这样就造成选择条件②的学生虽然花费了时间和精力，但却不能得分，而且回答补充条件②不能求出k值的过程，也需要学生理解并进行思考。为了体现对选择条件②的学生的公平，要对题目再次进行修改完善，使题目更具有开放性，无论选择哪个条件，只要进行正确解答，都能得分。同时在题目中加了一个空，表明要将条件补充到题目中。

例9 在①$b_1+b_3=a_2$，②$a_4=b_4$，③$S_5=-25$这三个条件中选择一个，补充在下面题目中，若问题中的k存在，求k的值；若k不存在，说明理由。

设等差数列$\{a_n\}$的前n项和为S_n，$\{b_n\}$是等比数列，________，$b_1=a_5$，$b_2=3$，$b_5=-81$。是否存在k，使得$S_k>S_{k+1}$且$S_{k+1}<S_{k+2}$？（如果选择多个条件分别解答，按第一个解答计分）

在数学考试中引入、设置结构不良试题是考试内容改革的要求。结构不良问题设计可以选取学科内容材料，也可以选取自然、社会等真实素材，并对这些素材进行结构化处理，保持其足够适当的开放性，促进学生与真实情境之间持续而有意义的互动，促进学生将既有知识经验和思维方法迁移到问题的解决中，并在问题解决过程中丰富体验，发展思维。

在教学中，结构不良问题的设计要以主题式、项目式组织情境和问题，为讨论式学习、合作探究式学习提供多维度思考空间，更好地拓展学生思维广度，更好地促进学生交流合作，从而激发学生的思维创新能力，提高学生的合作能力。运用其结构不良特性，更好地激发学生学习兴趣，更好地培养学生发现问题、解决问题的能力，以及应对现实挑战的创新能力和实践能力。因此，结构不良问题设计要根据其特性，一方面对真实的情境进行适当的加工，使其蕴含着有价值的问题，期待学生从多个视角去发现、探究它；另一方面对条件、结论、方法等问题结构要素进行合理设置,或使条件部分呈现,或调用的概念、原理不明确,或解决方法多样。当然,因为教学有时间和空间限制,情境过于开放、结构不良程度过大不利于特定的教学目标实现,是不切实际的。设问的角度要指向课堂教学目标,做到问题开放有度、解决有法,启发性和思考性相得益彰。

5. 多选题

例 10 设 α 是给定的平面,A,B 是不在 α 内的任意两点,则 ( )

A. 在 α 内存在直线与直线 AB 异面

B. 在 α 内存在直线与直线 AB 相交

C. 在 α 内存在直线与直线 AB 平行

D. 存在过直线 AB 的平面与 α 垂直

E. 存在过直线 AB 的平面与 α 平行

多选题的引入有利于提高全卷得分率,有利于区分学生。相对于传统单选题而言,学生作答多选题时会有更多得分模式。从多选题的得分情况来看,得中间分数(2 分)的学生比例较大,即多选题更容易让学生得到基础分,从而有利于全卷得分率的提升。多选题的多级得分模式有利于提高低水平学生的得分,也有利于区分出高水平的学生。

说明:以上内容摘编自:任子朝,陈昂,黄熙彤,赵轩,《新高考数学多选题考查功能研究》,《中国数学教育·高中版》2019 年第 1-2 期,4—19 页。

执笔人:太原市教研科研中心　李三有,张立平

三、对新高考卷部分真题的分析

2020 年新高考Ⅰ卷真题分析

1. (2020 年新高考Ⅰ卷 4 题)日晷是中国古代用来测定时间的仪器,利用与晷面垂直的晷针投射到晷面的影子来测定时间。把地球看成一个球(球心记为 O),地球上一点 A 的纬度是指 OA 与地球赤道所在平面所成角,点 A 处的水平面是指过点 A 且与 OA 垂直的平面。在点 A 处放置一个日晷,若晷面与赤

道所在平面平行，点 A 处的纬度为北纬 $40°$，则晷针与点 A 处的水平面所成角为（　　）

A. $20°$　　B. $40°$

C. $50°$　　D. $90°$

【考查目标】试题考查直线与平面所成角、平面与平面平行的性质、直线与平面垂直的性质等基础知识，考查阅读理解能力、空间想象能力、运算求解能力和创新能力等关键能力。

【命制过程】试题以我国古代普遍使用的测定时间的仪器"日晷"为背景，设计了一个直线与平面所成角的计算问题，贴近实际。通过对本题的求解，可以使学生体会到立体几何的运用，体会到我国传统文化的博大精深。

【解题思路】画出截面图如下图所示，其中 CD 是赤道所在平面的截线；l 是点 A 处的水平面的截线，依题意可知 $OA\perp l$，AB 是晷针所在直线，m 是晷面的截线，依题意，晷面和赤道平面平行，晷针与晷面垂直，

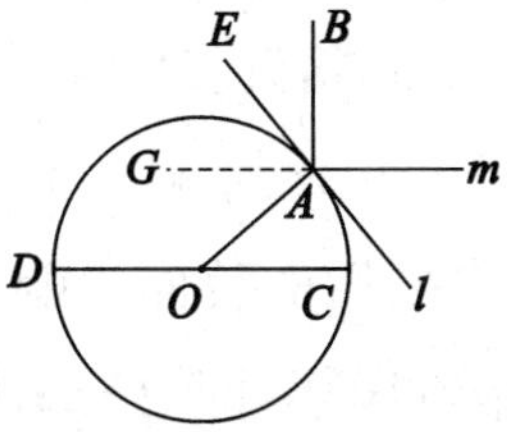

根据平面平行的性质定理可得 $m/\!/CD$，根据线面垂直的定义可得 $AB\perp m$。

由于 $\angle AOC=40°$，$m/\!/CD$，所以 $\angle OAG=\angle AOC=40°$。

由于 $\angle OAG+\angle GAE=\angle BAE+\angle GAE=90°$，

所以 $\angle BAE=\angle OAG=40°$，也即晷针与点 A 处的水平面所成角为 $\angle BAE=40°$。

故选 B。

【答案】B

【试题评价】日晷也叫日晷仪，是我国古代普遍使用的计时仪器，它根据日影的位置指定当时的时刻。本题将中国古代传统文化元素"日晷"融入高考真

题,使题目具有了强烈的人文气息,试题以优秀传统文化情境为载体,考查直线与平面所成角、平面与平面平行的性质、直线与平面垂直的性质;考查阅读理解能力、空间想象能力、运算求解能力和创新能力等关键能力,弘扬了中国优秀传统文化,使考生感受到中国古代传统文化,增强了考生的民族自豪感;考查了数学文化的高考学科素养,体现了高考试题的育人功能。本题与地理学科中的纬度知识相联系,体现了以生活实践情境为载体。

2. (2020 年新高考Ⅰ卷 6 题)基本再生数 R_0 与世代间隔 T 是新冠肺炎的流行病学基本参数。基本再生数指一个感染者传染的平均人数,世代间隔指相邻两代间传染所需的平均时间。在新冠肺炎疫情初始阶段,可以用指数模型:$I(t)=e^{rt}$ 描述累计感染病例数 $I(t)$ 随时间 t(单位:天)的变化规律,指数增长率 r 与 R_0,T 近似满足 $R_0=1+rT$。有学者基于已有数据估计出 $R_0=3.28$,$T=6$。据此,在新冠肺炎疫情初始阶段,累计感染病例数增加 1 倍需要的时间约为($\ln 2\approx 0.69$) ( )

A. 1.2 天　　B. 1.8 天

C. 2.5 天　　D. 3.5 天

【考查目标】试题考查指数型函数模型的应用、指数式化为对数式,考查学生的阅读理解能力、运算求解能力和数学建模能力等关键能力。

【命制过程】2019 年年末,新冠肺炎疫情暴发,逐步席卷全球,给全世界各国人民的生产生活带来了巨大的负面影响。不幸中的万幸,我国在防疫抗疫领域取得了骄人的成绩,将新冠疫情的负面影响尽可能降到了最低。

本题以新冠肺炎疫情初始阶段累计感染病例数的数学模型的研究成果为背景,揭示了病毒传播规律,体现科学防控,考查相关的数学知识和从资料中提取信息的能力,突出数学和数学模型的应用。

【解题思路】略

【答案】B

【试题评价】本题以新冠肺炎疫情初始阶段累计感染病例数的数学模型的研究成果为背景,以生活实践情境为载体,考查了指数型函数模型的应用、指数式化对数式、数学知识在生活实践中的应用;考查了学生的阅读理解能力、运算求解能力和数学建模能力等关键能力;考查了学生的探究意识、创新意识和应用意识,旨在考查数学建模、数学运算的学科核心素养、数学探索的学科素养。同时,该指数模型的建立凝聚了科学家的劳动成果,从而将劳育渗透到高考试题中。

3.(2020年新高考Ⅰ卷12题)信息熵是信息论中的一个重要概念。设随机变量 X 所有可能的取值为 $1,2,\cdots,n$,且 $P(X=i)=p_i>0(i=1,2,\cdots,n)$,$\sum_{i=1}^{n}p_i=1$,定义 X 的信息熵 $H(X)=-\sum_{i=1}^{n}p_i\log_2 p_i$ ( )

A. 若 $n=1$,则 $H(X)=0$

B. 若 $n=2$,则 $H(X)$ 随着 p_1 的增大而增大

C. 若 $p_i=\frac{1}{n}(i=1,2,\cdots,n)$,则 $H(X)$ 随着 n 的增大而增大

D. 若 $n=2m$,随机变量 Y 所有可能的取值为 $1,2,\cdots,m$,且 $P(Y=j)=p_j+p_{2m+1-j}(j=1,2,\cdots,m)$,则 $H(X)\leqslant H(Y)$

【考查目标】试题考查对数运算、对数函数、不等式的基本性质的运用,考查学生阅读理解能力、推理论证能力、运算求解能力、创新意识和应用意识以及逻辑推理的数学学科核心素养。

【命制过程】试题以信息论中的重要概念信息熵为背景,结合中学所学数学知识,编制信息熵数学性质的4个命题,考查学生获取新知识的能力和对新问题的理解探究能力。

【解题思路】对于A选项,若 $n=1$,则 $i=1$,$p_1=1$,所以 $H(X)=-(1\times\log_2 1)=0$,所以A选项正确。

对于B选项,若 $n=2$,则 $i=1,2$,$p_2=1-p_1$,

所以 $H(X)=-[p_1\cdot\log_2 p_1+(1-p_1)\cdot\log_2(1-p_1)]$,

当 $p_1=\frac{1}{4}$ 时,$H(X)=-\left(\frac{1}{4}\cdot\log_2\frac{1}{4}+\frac{3}{4}\cdot\log_2\frac{3}{4}\right)$,

当 $p_1=\frac{3}{4}$ 时,$H(X)=-\left(\frac{3}{4}\cdot\log_2\frac{3}{4}+\frac{1}{4}\cdot\log_2\frac{1}{4}\right)$,

两者相等,所以B选项错误。

对于C选项,若 $p_i=\frac{1}{n}(i=1,2,\cdots,n)$,则

$$H(X)=-\left(\frac{1}{n}\cdot\log_2\frac{1}{n}\right)\times n=-\log_2\frac{1}{n}=\log_2 n,$$

则 $H(X)$ 随着 n 的增大而增大,所以C选项正确。

对于 D 选项，若 $n=2m$，随机变量 Y 的所有可能的取值为 $1,2,\cdots,m$，且 $P(Y=j)=p_j+p_{2m+1-j}(j=1,2,\cdots,m)$。

$$H(X)=-\sum_{i=1}^{2m}p_i\cdot\log_2 p_i$$

$$=\sum_{i=1}^{2m}p_i\cdot\log_2\frac{1}{p_i}$$

$$=p_1\cdot\log_2\frac{1}{p_1}+p_2\cdot\log_2\frac{1}{p_2}+\cdots+p_{2m-1}\cdot\log_2\frac{1}{p_{2m-1}}+p_{2m}\cdot\log_2\frac{1}{p_{2m}}。$$

$$H(Y)=(p_1+p_{2m})\cdot\log_2\frac{1}{p_1+p_{2m}}+(p_2+p_{2m-1})\cdot\log_2\frac{1}{p_2+p_{2m-1}}+\cdots+(p_m+p_{m+1})\cdot\log_2\frac{1}{p_m+p_{m+1}}$$

$$=p_1\cdot\log_2\frac{1}{p_1+p_{2m}}+p_2\cdot\log_2\frac{1}{p_2+p_{2m-1}}+\cdots+p_{2m-1}\cdot\log_2\frac{1}{p_2+p_{2m-1}}+p_{2m}\cdot\log_2\frac{1}{p_1+p_{2m}},$$

由于 $p_i>0(i=1,2,\cdots,2m)$，

所以 $\frac{1}{p_i}>\frac{1}{p_i+p_{2m+1-i}}$，

所以 $\log_2\frac{1}{p_i}>\log_2\frac{1}{p_i+p_{2m+1-i}}$，

所以 $p_i\cdot\log_2\frac{1}{p_i}>p_i\cdot\log_2\frac{1}{p_i+p_{2m+1-i}}$，

所以 $H(X)>H(Y)$，所以 D 选项错误。

故选 AC。

【答案】AC

【试题评价】本小题主要考查对新定义“信息熵”的理解和运用，是一道信息创新型多项选择题。多项选择题考查知识容量大，运算量大，可以更深入地考查学生的综合思维能力，具有很好的梯度。

4.（2020 年新高考Ⅰ卷 15 题）某中学开展劳动实习，学生加工制作零件，零件的截面如图所示。O 为圆孔及轮廓圆弧 AB 所在圆的圆心，A 是圆弧 AB 与直线 AG 的切点，B 是圆弧 AB 与直线 BC 的切点，四边形 $DEFG$ 为矩形，BC

$\perp DG$,垂足为 C,$\tan\angle ODC=\frac{3}{5}$,$BH/\!/DG$,$EF=12\text{ cm}$,$DE=2\text{ cm}$,$A$ 到直线 DE 和 EF 的距离均为 7 cm,圆孔半径为 1 cm,则图中阴影部分的面积为________cm^2。

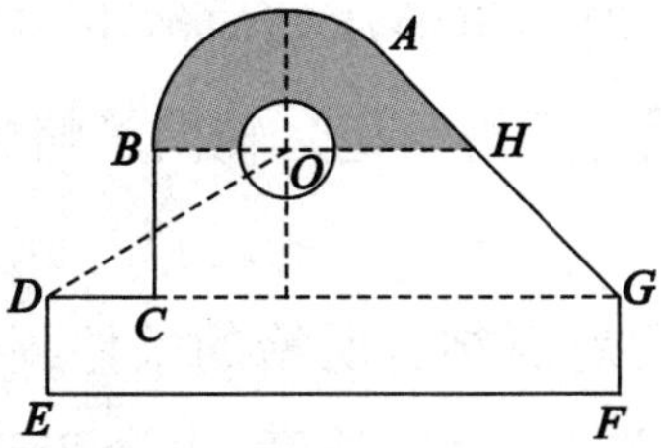

【考查目标】试题考查三角函数在实际中的应用、扇形的面积公式等平面几何知识;考查学生阅读理解能力、推理论证能力、运算求解能力、创新意识和应用意识以及逻辑推理的数学学科核心素养。

【命制过程】试题为应用性题目,以劳动实习为背景,创设生活实践情境,考查三角函数在实际中的应用、扇形的面积公式等基础知识。通过对本问题的求解,使考生领会平面几何知识的魅力与其在实际问题中的应用。

【解题思路】略

【答案】$\left(4+\frac{5}{2}\pi\right)$

【试题评价】试题以劳动实习为背景,在考查几何知识的同时,培养学生的数学应用意识,发挥高考试题在培养劳动观念中的引导作用,体现了五育并举的育人方针。

5.(2020 年新高考Ⅰ卷 17 题)在①$ac=\sqrt{3}$,②$c\sin A=3$,③$c=\sqrt{3}b$ 这三个条件中任选一个,补充在下面问题中,若问题中的三角形存在,求 c 的值;若问题中的三角形不存在,说明理由。

问题:是否存在△ABC,它的内角 A,B,C 的对边分别为 a,b,c,且 $\sin A=\sqrt{3}\sin B$,$C=\frac{\pi}{6}$,________?

注:如果选择多个条件分别解答,按第一个解答计分。

【考查目标】试题考查正弦定理、余弦定理在解三角形中的应用,考查运算求解能力和逻辑思维能力,考查学生综合应用所学知识解决问题的创新能力。

【命制过程】试题以解三角形为背景设计,给定若干条件(在这些条件下三角形并不能随之确定),要求学生在另外给出的几个条件中做出选择:若问题中的三角形存在,求解三角形;若问题中的三角形不存在,说明理由。选择本身就是本题要考查的内容之一,不同的选择导致不同的结论,难度也有区别。结构不良题的命制,是把数学知识与现实生活联系起来,使学生体会到,高考数学主要不是考知识,而是更关注如何解决现实生活中无处不在的结构不良问题,引导学生从知识的习得与记忆转向策略的选择,使得数学应用在思维层面真正发生。

【解题思路】思路 1　由题意结合所给的条件,利用正弦定理角化边,得到 a,b 的比例关系,根据比例关系,设出长度,由余弦定理得到 c 的长度,根据选择的条件进行分析判断和求解。

思路 2　利用诱导公式和两角和的三角函数公式求得 $\tan A$ 的值,得到角 A,B,C 的值,然后根据选择的条件进行分析判断和求解。

【答案】略

【试题评价】试题与常规的解三角形题相比,涉及的解三角形知识广泛,注重考查考生整体运用解三角形知识的能力。本题是一道开放性试题,设问方式有了创新,需要考生补充已知条件(三选一)并解答,条件不同,结论不同,但考查的知识点相同,这样的开放性试题可以破除高考试题题型设置的八股化,可以很好地考查考生的探究意识和创新意识,是新时代高考数学转型的一大亮点。

6. (2020 年新高考Ⅰ卷 22 题)已知椭圆 $C:\frac{x^2}{a^2}+\frac{y^2}{b^2}=1(a>b>0)$ 的离心率为 $\frac{\sqrt{2}}{2}$,且过点 $A(2,1)$。

(1)求 C 的方程;

(2)点 M,N 在 C 上,且 $AM\perp AN$,$AD\perp MN$,D 为垂足。证明:存在定点 Q,使得 $|DQ|$ 为定值。

【考查目标】试题考查椭圆的标准方程和几何性质、直线与椭圆的位置关系、直线过定点问题,考查学生逻辑思维能力、运算求解能力以及用代数方法解决几何问题的能力。试题重点考查了解析几何的基本思想和基本方法。

【命制过程】试题基于"圆锥曲线中张角为直角的弦所在直线过定点"这一结论进行了设计。第(1)问已知椭圆的离心率和椭圆上一点,求椭圆的标准方程，是解析几何中较为基本的一个问题，体现了对广大学生的关怀，也体现了试题的基础性。第(2)问是通过直线过定点问题来解决线段长度定值问题，思路难寻，难度较大，对学生的逻辑思维能力和运算求解能力有较高要求。

【解题思路】(1)由题意得到关于 a,b,c 的方程组，求解方程组即可确定椭圆方程。

(2)本题的关键点是利用 $AM\perp AN$ 得 $\overrightarrow{AM}\cdot\overrightarrow{AN}=0$。设出点 M,N 的坐标 $M(x_1,y_1)$，$N(x_2,y_2)$，在斜率存在时设方程为 $y=kx+m$，联立直线方程与椭圆方程消去 y 可得 x_1+x_2，x_1x_2，代入 $\overrightarrow{AM}\cdot\overrightarrow{AN}=0$，进而得直线 MN 恒过定点；在直线斜率不存在时要单独验证，然后结合直角三角形的性质即可确定满足题意的点 Q 的位置。

【答案】略

【试题评价】试题考查了椭圆的标准方程和几何性质、直线与椭圆的位置关系等基础知识，同时也考查了学生用解析几何思想方法解决几何问题的能力。试题重视对数学核心素养的考查，试题进行了很好的设计，对学生的逻辑推理等素养具有一定的要求，有利于高校选拔人才，有利于中学教学的改革，对培养学生核心素养、发展素质教育有积极的导向作用。

执笔人：忻州市第一中学校　卫锋

临汾一中　刘跃梅

2021 年新高考Ⅱ卷真题分析

1. (2021 年新高考Ⅱ卷 4 题)北斗三号全球卫星导航系统是我国航天事业的重要成果。在卫星导航系统中，地球静止同步轨道卫星的轨道位于地球赤道所在平面，轨迹高度为 36 000 km(轨道高度是指卫星到地球表面的距离)。将地球看作是一个球心为 O，半径 r 为 6 400 km 的球，其上点 A 的纬度是指 OA 与赤道平面所成角的度数。地球表面上能直接观测到的一颗地球静止同步轨道卫星点的纬度最大值为 α，该卫星信号覆盖地球表面的表面积 $S=2\pi r^2(1-\cos\alpha)$(单位：km^2)，则 S 占地球表面积的百分比约为 (　　)

A. 26%　　　　B. 34%

C. 42%　　　　　　　　　　　D. 50%

【考查目标】试题考查球体的表面积公式、直角三角形中的锐角三角函数定义等基础知识；考查阅读理解能力、空间想象能力、运算求解能力和创新能力等关键能力。

【命制过程】试题以我国航天事业的重要成果北斗三号全球卫星导航系统为情境设计立体几何问题，与地理学科中的纬度知识相联系，结合了地理上赤道、纬度等知识。通过对本问题的求解，让学生体会数学在科学领域的应用。

【解题思路】由题意，作出地球静止同步卫星轨道的左右两端的竖直截面图（如图），则 $OB=36\ 000+6\ 400=42\ 400$，那么 $\cos\alpha=\dfrac{6\ 400}{42\ 400}=\dfrac{8}{53}$。

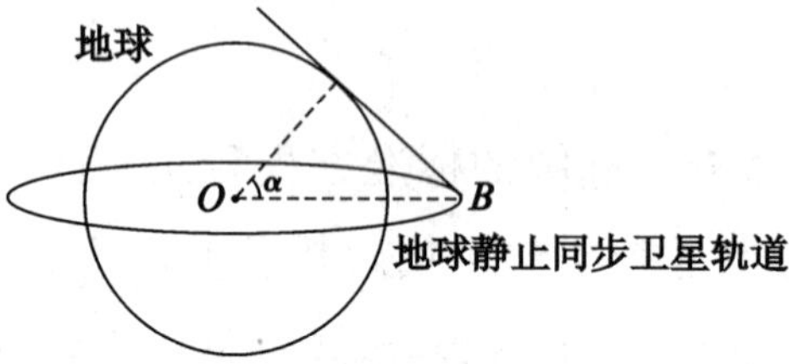

卫星信号覆盖的地球表面的表面积 $S=2\pi r^2(1-\cos\alpha)$，

那么，S 占地球表面积的百分比为 $\dfrac{2\pi r^2(1-\cos\alpha)}{4\pi r^2}\times100\%=\dfrac{45}{106}\times100\%\approx42\%$。

【答案】C

【试题评价】本题以我国航天事业的重要成果北斗三号全球卫星导航系统为试题情境设计立体几何问题，考查球体的表面积公式，空间中线面位置关系，三角函数等知识，考查阅读理解能力、空间想象能力、运算求解能力和创新能力等关键能力，使学生感受到了我国在航天科技领域的强大实力，增强了学生的民族自豪感，考查了数学文化的高考学科素养，体现了高考试题的育人功能。

2.（2021年新高考Ⅱ卷5题）正四棱台的上、下底面的边长分别为2，4，侧棱长为2，则其体积为　　　　　　（　　）

A. $20+12\sqrt{3}$　　　　　　B. $28\sqrt{2}$

C. $\dfrac{56}{3}$　　　　　　D. $\dfrac{28\sqrt{2}}{3}$

【考查目标】本题考查学生空间几何体的结构特征、空间中线线、线面、面面的位置关系、棱台的体积公式等基础知识,考查空间想象能力、运算求解能力和推理论证等关键能力。

【命制过程】本题的命制以正四棱台为载体,构建直线与平面、平面与平面的位置关系,要求学生知道正四棱台的几何特征,从而构建空间图形,为了利用棱台的体积公式,要先求出棱台的高,将立体几何构图转化为平面几何再求解。

【解题思路】过点 A 作 $AE\perp A_1B_1$,得 $A_1E=\dfrac{4-2}{2}=1$,$AE=\sqrt{AA_1^2-A_1E^2}=\sqrt{3}$。连接 AC,A_1C_1,过点 A 作 $AG\perp A_1C_1$,求出 $A_1G=\sqrt{2}$,从而 $AG=\sqrt{AA_1^2-A_1G^2}=\sqrt{2}$,由此能求出正四棱台的体积。

【解答】略

【答案】D

【试题评价】本题要求学生在理性思维的指导下,能够想象并构建相应的几何图形,并进行严谨的数学计算,使学生的空间想象能力、逻辑推理能力、运算求解能力得到了综合考查。试题注重基础性,注重分析能力,符合新课程的教学改革理念。

3.(2021 年新高考Ⅱ卷 12 题)设正整数 $n=a_0\cdot 2^0+a_1\cdot 2^1+\cdots+a_{k-1}\cdot 2^{k-1}+a_k\cdot 2^k$,其中 $a_i\in\{0,1\}$,记 $\omega(n)=a_0+a_1+\cdots+a_k$,则 ( )

A. $\omega(2n)=\omega(n)$

B. $\omega(2n+3)=\omega(n)+1$

C. $\omega(8n+5)=\omega(4n+3)$

D. $\omega(2^n-1)=n$

【考查目标】本题以等比数列的前 n 项和公式和通项公式为背景,考查学生的逻辑推理能力、运算求解能力、创新应用能力、学习理解能力以及综合运用知识分析问题与解决问题的能力。

【命制过程】本题以十进制化二进制数、等比数列为素材,着重考查学生的运算求解能力和创新应用能力以及化归与转化的思想。

【解题思路】

思路 1　题目可以理解成任何一个正整数都可以表示一个以 2 为公比的等比数列的各项乘 0 或 1 的和,所求的函数值其实就是各项系数之和。具体过程略。

思路2　对于选项 A，$2n$ 是在二进制意义下末尾添 0，不改变各位数字之和；

对于选项 B，$2n+3$ 是在二进制意义下末尾添 0，然后加上 $11_{(2)}$，可能会改变各位数字之和，如 $10_{(2)}\to111_{(2)}$；

对于选项 C，$8n+5$ 是在二进制意义下末尾添 101，$4n+3$ 是二进制意义下末尾添 11，各位数字之和相等；

对于选项 D，$(2^n-1)_{(10)}=\underbrace{11\cdots1}_{n个}{}_{(2)}$ 各位数字之和为 n。

【答案】ACD

【试题评价】本题通过合理设计，将数列和二进制数有机结合在一起，体现了二进制数的按位置计数原则和数列的本质特点和数学魅力。要正确作答，学生需要知道求什么，怎么求。学生在读懂题、审准题的基础上把试题的信息转化为自己学过的某种类型问题，看到题目的本质和解题目标，那么解题的思维和眼界会更进一步。要完成本题，除了要求学生有扎实的数列认知和转化能力外，还要求学生有较强的应用意识，本题的解答避开解题套路与现成方法，要求学生认真分析，仔细求解。本题的设置需要学生进行一定的逻辑思维与分析能力，具有一定的难度，较好地考查了学生解决复杂问题的能力，体现了学习的本质是能力的提高。本题设计新颖，有助于培养和保持学生不断学习数学的兴趣，又是多选题，难度合理，具有很好的区分度和选拔功能。

4.（2021 年新高考Ⅱ卷 14 题）写出一个同时具有下列性质①②③的函数 $f(x)$：________。

①$f(x_1x_2)=f(x_1)f(x_2)$；

②当 $x\in(0,+\infty)$ 时，$f'(x)>0$；

③$f'(x)$ 是奇函数。

【考查目标】本题通过基本初等函数的单调性、奇偶性、导数的运算和导数与原函数之间的关系，考查学生逻辑推理能力、运算求解能力以及综合运用所学知识、思想方法分析问题和解决问题的能力。

【命制过程】本题以幂函数为背景，把函数的单调性与其导函数的正负的关系，导数的运算，函数的奇偶性紧密联系，设计了一个条件确定、结论开放性试题，通过条件联想、分析、推理，最终写出其中一个符合要求的答案即可。

【解题思路】幂函数 $f(x)=x^2$ 即可满足条件① $f(x_1x_2)=(x_1x_2)^2=x_1^2x_2^2=f(x_1)f(x_2)$；当 $x\in(0,+\infty)$ 时，$f'(x)=2x>0$；原函数是偶函数即可满足条件③ $f'(x)=2x$ 是奇函数。故答案为：$f(x)=x^2$。

【答案】$f(x)=x^2$[答案不唯一，$f(x)=x^{2n}(n\in\mathbf{N}^*)$ 均满足]

【试题评价】本题为条件确定、结论开放性试题，学生需要熟悉常见基本初等函数的基本性质有利于构造，给不同水平的学生提供充分发挥数学能力的空间，在考查思维的灵活性方面起到了很好的作用。

5.（2021 年新高考Ⅱ卷 20 题）已知椭圆 C 的方程为 $\frac{x^2}{a^2}+\frac{y^2}{b^2}=1(a>b>0)$，右焦点为 $F(\sqrt{2},0)$，且离心率为 $\frac{\sqrt{6}}{3}$。

（1）求椭圆 C 的方程；

（2）设 M,N 是椭圆 C 上的两点，直线 MN 与曲线 $x^2+y^2=b^2(x>0)$ 相切。证明：M,N,F 三点共线的充要条件是 $|MN|=\sqrt{3}$。

【考查目标】试题通过椭圆的几何图形、标准方程、简单几何性质，以及圆的方程、直线和椭圆的位置关系、直线与圆的位置关系等解析几何的基本内容和方法，考查学生数形结合思想以及逻辑推理能力、运算求解能力、综合应用数学知识分析问题和解决问题的能力。

【命制过程】本题第（1）问考查了椭圆离心率公式，和椭圆标准方程中 c 的几何意义。第（2）问设计过椭圆右焦点的一条直线与以椭圆中心为圆心，短半轴长为半径的圆相切的特殊位置状态为背景，求椭圆所截直线的线段长，在解决直线与圆锥曲线位置关系的问题时，一般会联立直线与圆锥曲线的方程，利用韦达定理和“设而不求”的方法进行研究。

【解题思路】（1）利用离心率以及焦点的坐标，求出 a 和 c 的值，结合 $a^2=b^2+c^2$，即可求出 b 的值，从而得到椭圆的标准方程；

（2）先证明充分性，设直线 MN 的方程，利用圆心到直线的距离公式求出 m 的值，联立直线与椭圆的方程，求出 $|MN|$ 即可；再证明必要性，设直线 MN 的方程，由圆心到直线的距离公式求出 m 和 t 的关系，联立直线与椭圆的方程，求出 $|MN|$，得到方程，求出 m 和 t 的值，从而得到直线 MN 必过点 F，即可证明必要性。

【答案】略

【试题评价】本题通过直线、椭圆的基本概念、基本方法,考查学生用解析几何思想方法解决几何问题的能力。本题重视数学基础,重视对数学核心素养的考查,引导中学数学教学回归教材,重视基本概念、基本方法,重视理性思维的培养,试题进行了很好的设计,对于弦长问题,联立方程,利用一元二次方程根与系数的关系是一种通用方法,但是要注意不同的问题选择的区别,在计算过程中,要注意把代数运算变形与几何特征的分析紧密结合起来。本题对学生的逻辑推理、运算求解能力等素养具有一定要求。试题重基础、重能力、重创新,对引领中学数学课程教学与改革起到了积极的导向作用,具有较好的区分度和较好的选拔功能。

6.(2021 年新高考Ⅱ卷 21 题)一种微生物群体可以经过自身繁殖不断生存下来,设一个这种微生物为第 0 代,经过一次繁殖后为第 1 代,再经过一次繁殖后为第 2 代,……,该微生物每代繁殖的个数是相互独立的且有相同的分布列,设 X 表示 1 个微生物个体繁殖下一代的个数,$P(X=i)=p_i(i=0,1,2,3)$。

(1)已知 $p_0=0.4,p_1=0.3,p_2=0.2,p_3=0.1$,求 $E(X)$;

(2)设 p 表示该种微生物经过多代繁殖后临近灭绝的概率,p 是关于 x 的方程:$p_0+p_1x+p_2x^2+p_3x^3=x$ 的一个最小正实根,求证:当 $E(X)\leqslant 1$ 时,$p=1$,当 $E(X)>1$ 时,$p<1$;

(3)根据你的理解说明(2)问结论的实际含义。

【考查目标】本题考查概率与统计的基础知识和基本思想方法,随机变量期望的计算与应用,考查学生应用所学的概率与统计知识分析问题、解决问题的能力。

【命制过程】本题取材于生命科学中的真实问题,以种群的繁殖延续为背景,考虑到中学生知识范围,把种群繁衍这个复杂的问题,设计了一个较简单的决策问题,简化为只考虑繁殖下一代个数的概率问题。随机变量的均值是用来刻画随机变量取值规律的重要数字特征,反映的是“随机变量取值的平均水平”。在许多情形下,人们往往不需要知道随机变量的分布,只需要知道它的数字特征,或者有时求不出随机变量的分布,退而求其次,只能设法求其数字特征,从而分析总体特征。

【解题思路】(1)利用数学期望的计算公式求解即可;

(2)对 $p_0+p_1x+p_2x^2+p_3x^3=x$ 进行等量代换,然后再进行因式分解,构造函数 $f(x)$,由二次函数的性质分析证明即可。

(3)由题中 p 的含义,分析 $p=1$ 和 $p<1$ 的含义即可。

【解答过程】(1)解:由题意,$p_0=0.4$,$p_1=0.3$,$p_2=0.2$,$p_3=0.1$,

故 $E(X)=0\times0.4+1\times0.3+2\times0.2+3\times0.1=1$。

(2)由题意可知,$p_0+p_1+p_2+p_3=1$,则 $E(X)=p_1+2p_2+3p_3$,

所以 $p_0+p_1x+p_2x^2+p_3x^3=x$,变形为 $p_0-(1-p_1)x+p_2x^2+p_3x^3=0$,

所以 $p_0+p_2x^2+p_3x^3-(p_0+p_2+p_3)x=0$,

即 $p_0(1-x)+p_2x(x-1)+p_3x(x-1)(x+1)=0$,

即 $(x-1)[p_3x^2+(p_2+p_3)x-p_0]=0$,

令 $f(x)=p_3x^2+(p_2+p_3)x-p_0$,

则 $f(x)$ 的对称轴为直线 $x=-\dfrac{p_2+p_3}{2p_3}<0$,

注意到 $f(0)=-p_0\leqslant0$,$f(1)=2p_3+p_2-p_0=p_1+2p_2+3p_3-1=E(X)-1$,

当 $E(X)\leqslant1$ 时,$f(1)\leqslant0$,$f(x)=0$ 的正实根 $x_0\geqslant1$,原方程的最小正实根 $p=1$,

当 $E(X)>1$ 时,$f(1)>0$,$f(0)<0$,所以 $f(x)=0$ 的正实根 $0<x_0<1$,原方程的最小正实根 $p=x_0<1$;

(3)当 1 个微生物个体繁殖下一代的期望小于等于 1 时,这种微生物经过多代繁殖后临近灭绝;当 1 个微生物个体繁殖下一代的期望大于 1 时,这种微生物经过多代繁殖后还有继续繁殖的可能。

【试题评价】概率统计是一门应用性很强的数学分支,在生物学、医学、社会学等领域有着广泛和重要的应用。面对各种各样的随机现象,需要做出决策的问题是经常遇到的,这类问题的解决需要建立概率统计模型,并用到概率统计的相关知识和方法。特别有意思的是第(3)问概率估计与决策,属于开放性问题,反映出该生物多代繁殖后,期望值越小,临近灭绝的概率越大,期望值越大,临近灭绝的概率越小。从这个角度看这似乎是一道响应国家二孩、三孩政策的题。本题的情境是真实的,所考查的问题是生命科研领域中真实存在和需要解决的问题。题中问题设计巧妙、自然,学生通过本问题的解决,可以深入地体会到所学知识的应用价值,体会到数学知识在解决实际问题时的威力,从而在提高学生学习数学与统计知识的兴趣、培养学生应用意识、提升学生解决实际问题的能力等方面有着积极的引导作用，通过本问题的解决，给学生展示了问题的提出、模型的建立、统计与概率知识的应用，直至问题的解决。本题涉及的问题有一定难度，考查了学生数学抽象、逻辑推理、数学建模等数学核心素养，体现了基础性、综合性、应用性、创新性的考查要求。

7.（2021年新高考Ⅱ卷22题）已知函数$f(x)=(x-1)e^x-ax^2+b$。

（1）讨论$f(x)$的单调性；

（2）从下面两个条件中选一个，证明：$f(x)$恰有一个零点。

①$\frac{1}{2}<a\leqslant\frac{e^2}{2}$，$b>2a$；

②$0<a<\frac{1}{2}$，$b\leqslant 2a$。

【考查目标】试题通过利用导数判断函数单调性的方法、函数极值点的概念、函数零点的概念以及导数公式和导数运算法则，考查学生灵活运用导数工具分析、解决问题的能力、推理论证能力、运算求解能力以及分类讨论的思想。

【命制过程】试题第（1）问通过合理的设计，使得学生可以求出$f'(x)$的零点，进而对参数a分类讨论，从而得到函数$f(x)$的单调性。此问的设计面向大部分学生，只要学生能够准确应用导数公式和求导法则进行导数运算，合理进行分类讨论就可以解决问题。由于所选函数中含有参数，所以必须针对参数进行讨论，这对学生思维的全面性和严密性也提出了一定的要求。第（2）问需要学生打破常规思维，利用化归与转化的思想根据参数的范围，将函数$f(x)$恰有一个零点转化为函数的极值与0的大小比较，再结合单调性、零点存在性定理证明零点个数。这就要求学生运用所学知识，寻找合理的解题策略，为学生的发挥提供广阔的空间，对学生的问题转化能力和推理论证能力都提出了较高要求，有一定难度，突出了选拔功能。

【解题思路】（1）对函数$f(x)$求导，对导数$f'(x)$分$a\leqslant 0$、$0<a<\frac{1}{2}$、$a=\frac{1}{2}$、$a>\frac{1}{2}$四种情况讨论，即可求解。（2）结合第（1）问单调性以及零点存在定理来证明$f(x)$有一个零点。

【答案】略

【点评】本题从多角度考查了导数的基础知识及利用导数研究函数性质的

方法，而且对学生的逻辑推理能力、运算求解能力、分析与归纳的能力以及问题转化的思想方法提出了较高的要求，尤其对逻辑推理能力的考查，层次分明，区分度较高，使学生个体理性思维的广度和深度得到了充分展示，较好地考查了学生进一步学习的潜能，对中学数学教学具有较好的引导作用。

执笔人：山西省实验中学　梁豪豪，王晓光